SILVINA FUNES LAPPONI (COORDINADORA)

Damián Saint-Mezard Opezzo
Mabel Tomasini
Concepción Martínez Vírseda
Colectivo de Profesores del colegio Marqués de Santillana (Palencia)
Domingo Rivero Sánchez
Cristina Barandiarán Piedra
Juan de Vicente Abad
Pino Mazorra, Jesús María Simón y Lourdes Arvelo
Isabel Fernández García

GESTIÓN EFICAZ DE LA CONVIVENCIA EN LOS CENTROS EDUCATIVOS

Segunda edición: Junio 2012

ISBN: 978-84-9987-064-9

Depósito Legal: M-21209-2012
Impreso por Wolters Kluwer España, S.A.

Índice

AGRADECIMIENTOS... 13

PRÓLOGO. Mercedes Cabrera.. 15

PRESENTACIÓN. Manuel Segura Morales................................... 19

INTRODUCCIÓN. Silvina Funes Lapponi 21

**I. QUÉ ES Y CÓMO LLEVAR A CABO LA GESTIÓN EFICAZ DE
LA CONVIVENCIA**. Silvina Funes Lapponi............................. 25

   1. Introducción.. 27

   2. Gestión eficaz de la convivencia 29

      2.1. ¿Qué es la gestión?.. 29

      2.2. ¿Por qué debe ser eficaz la gestión de la convivencia?............ 31

      2.3. ¿Qué entendemos por convivencia?............................. 32

         2.3.1. El poder 35

         2.3.2. La disciplina 36

         2.3.3. Modelos de regulación de la convivencia 37

         2.3.4. Plan de convivencia... 38

   3. Relación entre estos conceptos y nuestra propuesta........... 39

      3.1. Qué son los tutores o coordinadores de convivencia 42

3.2. ¿Cuáles son las funciones de estos agentes? 44

4. Bibliografía 48

5. Normativa 51

6. Anexo. Preguntas para revisar y reflexionar sobre el estado de la
convivencia en el centro 51

II. LA ESCUELA: RELACIONES INTERPERSONALES,
COMUNICACIÓN Y CONFLICTO. Damián Saint-Mezard Opezzo... 53

1. La comunicación 55

2. Relación, estatus y poder 58

3. El diálogo 59

4. Las pausas 61

5. La escucha 62

6. Los significados 65

7. Las preguntas 66

8. La comunicación no verbal 68

9. El contexto, el espacio y la proximidad física 70

10. Bibliografía 72

III. GUIA DE RECURSOS EFICACES PARA ABORDAR
SITUACIONES CONFLICTIVAS. Silvina Funes Lapponi y
Damián Saint-Mezard Opezzo 75

1. Introducción 77

2. Dimensión comunicativa 77

2.1. La negociación 81

3. Tratamiento de conflictos 87

4. Bibliografía 92

IV. CREATIVIDAD, HUMOR Y ESTILOS EN LA NEGOCIACIÓN.
Mabel Tomasini 93

1. ¿Creatividad? Y además... ¿humor? 95

2. Buena comprensión del otro: conocer los estilos de respuesta
de sus interlocutores 96

2.1. Los estilos, sus características y el perfil del tutor de convivencia   97

2.1.1. Herramientas y estrategias a utilizar en la negociación   99

2.2. Herramientas y estrategias para neutralizar respuestas negativas del estilo amenazante del bulldog 101

2.3. Herramientas y estrategias para neutralizar respuestas negativas del estilo manipulador del zorro 105

2.4. Herramientas y estrategias para neutralizar respuestas negativas del estilo huidizo del ciervo 106

3. Mecanismos que operan en el pensamiento para el desarrollo de la creatividad. Estrategia del ciclo creativo de Walt Disney 107

3.1. Seis sombreros para pensar 109

4. El uso del sentido del humor en el tratamiento de conflictos 111

4.1. Formas de expresar el sentido del humor: distintos recursos ... 113

4.1.1. Preparación 113

4.1.2. Formas y recursos 113

4.2. Filosofía del humor 116

4.3. El humor desde un punto de vista médico 117

5. Bibliografía 118

V. **ALGUNAS PROPUESTAS PARA TRABAJAR LA CONVIVENCIA EN PRIMARIA**. Concepción Martínez Vírseda 119

1. Introducción 121

2. Claves relacionadas con la mejora de la convivencia escolar en la Educación Primaria 122

3. Proceso de elaboración de un Plan de Convivencia 126

3.1. Los referentes 127

3.2. Fases de elaboración del Plan de Convivencia 128

3.3. Factores dinámicos 133

4. Descripción de algunas medidas para el desarrollo de la convivencia en Primaria 135

4.1. Resolución dialogada de conflictos 135

4.1.1. Cuestiones previas 135

4.1.2. Conceptualización y análisis del conflicto 136

4.1.3. Proceso de resolución dialogada de conflictos 136

4.2. Programas de ayuda entre iguales 146

4.3. Medidas en el aula desde la acción tutorial 150

4.3.1. Actividades de los primeros días 151

4.3.2. Elaboración participativa de las normas de aula 153

4.3.3. Actividades específicas para el desarrollo socioafectivo 154

4.4. Actuaciones en espacios no docentes. El recreo como espacio educativo 157

5. Para terminar 159

6. Bibliografía 159

7. Anexo. Materiales de apoyo 161

VI. «CHOCA LA PALA»: MIL HISTORIAS CON ACENTOS. UNA EXPERIENCIA DE MEJORA DE LA CONVIVENCIA EN PRIMARIA. Mar Ayuela Fernández y Colectivo de Profesores del colegio Marqués de Santillana (Palencia) 165

1. Presentación 167

2. El centro 167

3. Antecedentes de la experiencia de calidad: justificación 168

4. El punto de partida 172

5. Marco teórico 173

6. Metodología 174

7. Funciones específicas del coordinador de convivencia en el desarrollo de la experiencia

8. Desarrollo de la experiencia 176

   8.1. A nivel del profesorado 177

      8.1.1. Recogida de los conflictos más frecuentes y significativos 178

      8.1.2. Mejora de las relaciones interpersonales: habilidades sociales 178

      8.1.3. Reuniones de profesores que atienden una misma aula para hablar de temas conflictivos 179

      8.1.4. Organizar espacios individuales para hacer el seguimiento de alumnos excesivamente pasivos 179

      8.1.5. Seguimiento de un itinerario formativo 179

   8.2. A nivel de alumnos 180

      8.2.1. Grupo de clase 180

      8.2.2. A nivel de escuela de agentes de mediación «Choca la pala» 181

8.3. A nivel de padres 189

    8.3.1. Información de la escuela de mediadores 189

    8.3.2. Elaboración de propuestas 190

9. Valoración 190

  9.1. A nivel de maestros 190

  9.2. A nivel de niños 192

10. Propuestas de mejora 195

11. A modo de reflexión 196

12. Bibliografía 197

VII. UNA EXPERIENCIA DEL TRÁNSITO DE PRIMARIA A SECUNDARIA: EL ACOMPAÑAMIENTO SOCIOEMOCIONAL DEL ALUMNADO AL INICIAR LA ENSEÑANZA SECUNDARIA OBLIGATORIA. Domingo Rivero Sánchez 199

1. Propuesta de coordinación de Primaria y Secundaria desde una experiencia educativa en la Comunidad Autónoma Canaria 201

2. Fundamentación legal 202

3. De la mejora educativa de los procesos de enseñanza-aprendizaje 204

4. De las prácticas educativas de los inicios de cada curso escolar 206

5. Evaluación del desarrollo del protocolo 209

6. Bibliografía 211

VIII. UNA PROPUESTA PARA LA INSERCIÓN DEL ALUMNADO INMIGRANTE EN LA COMUNIDAD EDUCATIVA. Cristina Barandiarán Piedra 213

1. Descripción del programa 217

2. Valoración del programa 225

3. Bibliografía 230

IX. PREVENCIÓN E INTERVENCIÓN ANTE EL MALTRATO ENTRE IGUALES. Juan de Vicente Abad 233

1. Comprender el maltrato entre iguales 236

  1.1. Definición y características 236

  1.2. Los actores del maltrato 238

    1.2.1. Los espectadores 238

1.2.2. Las víctimas 239

1.2.3. Los agresores 241

2. Actuar ante el maltrato entre iguales 243

2.1. Fase inicial: creación y puesta en funcionamiento de la red de apoyo 245

2.2. Fase de detección 247

2.3. Fase de recogida de información y análisis 248

2.4. Fase de toma de decisiones 252

2.5. Fase de intervención educativa 253

2.6. Fase de cierre 258

3. Bibliografía 259

4. Anexos 260

X. EL TUTOR DE CONVIVENCIA EN UN PLAN GLOBAL Y COMUNITARIO DE GESTIÓN DEL CLIMA ESCOLAR.

Pino Mazorra Manrique de Lara, Jesús María Simón Fernández y Lourdes Arvelo Gil

Pino Mazorra Manrique de Lara, Jesús María Simón Fernández y Lourdes Arvelo Gil 263

1. Introducción 265

2. Nuestro instituto y su proyecto educativo 267

3. Antecedentes y puesta en marcha del Plan de Convivencia 270

3.1. El punto de partida de nuestra experiencia 270

3.2. El proceso de investigación e indagación: fase reactiva ante los problemas de convivencia 271

3.2.1. Análisis de los problemas de convivencia 272

3.2.2. Reflexión sobre el modelo de gestión punitivo 273

3.2.3. Propuestas de la comunidad escolar y definición de objetivos 274

3.3. La fase proactiva: el proceso de innovación inicial 276

4. Descripción del plan y estado actual 277

4.1. Nuestro modelo de convivencia 277

4.2. Plan de Convivencia del IES Eusebio Barreto Lorenzo 279

4.2.1. Plan de gestión de la disciplina y tratamiento del conflicto 280

4.2.2. Plan de prevención del conflicto 288

5. El Aula de Convivencia y el tutor de convivencia 292

5.1. Definición del Aula de Convivencia y funciones del tutor de convivencia 292

5.2. Objetivos del Aula de Convivencia 294

5.3. Motivos para asistir al Aula de Convivencia 295

5.4. Estrategias de actuación del tutor de convivencia 295

5.5. Competencias del tutor de convivencia dentro del plan global 296

5.6. Protocolo de actuación del tutor de convivencia 296

    5.6.1. La negociación ante el incumplimiento de normas o la no aceptación de una mediación 297

    5.6.2. La mediación en los conflictos interpersonales 298

    5.6.3. La intervención en grupos 299

5.7. La relación del tutor de convivencia con otros agentes 300

    5.7.1. Coordinación interna y externa 300

    5.7.2. Coordinación y colaboración con las familias 301

6. Memoria de la convivencia durante el curso escolar 2007-2008 301

7. Valoración del Plan de Convivencia diseñado en nuestro instituto 309

8. Reflexiones sobre nuestra experiencia en la mejora de la convivencia escolar 311

9. Bibliografía 313

XI. CONDICIONAMIENTOS Y ÉTICA EN LA GESTIÓN DE LA CONVIVENCIA. Isabel Fernández García 317

1. El alumno conflictivo 320

2. Los valores de ayuda, compromiso y respeto 321

3. El sistema escolar es una organización compleja 323

4. ¿Quién ha de atender las Aulas de Convivencia y cómo determinar su idoneidad? 325

5. ¿Qué problemas de coordinación y de acoplamiento dentro del organigrama pueden surgir? 325

6. ¿Cuál es el límite de las Aulas de Convivencia? 327

7. ¿Hacia dónde nos lleva todo esto? 328

8. Bibliografía 329

AGRADECIMIENTOS

Es difícil hacer un agradecimiento sin ser injustos con los que se dejan fuera. Por eso, todos los que colaboramos aquí seguramente tenemos a alguien en nuestra cabeza y en nuestro corazón y queremos que todos sepan que él o ella han sido parte importante de este trabajo (algunos de ellos incluso no han llegado a verlo). Yo, como coordinadora, quiero agradecer a todos los colaboradores su paciencia, su dedicación y su confianza a la hora de compartir este proyecto; que sepan públicamente la admiración, el respeto y el cariño que les profeso por haberme permitido compartir esta ilusión y aprender con ellos. Si acaso, destacar especialmente la participación de Damián Saint-Mezard, que ha hecho mucho más que su propio capítulo, acompañándome e implicándose en correcciones, revisiones y aportaciones que me han facilitado la compleja labor de la coordinación.

PRÓLOGO

Todo sistema educativo es una muestra en menor escala de la sociedad en la que se desenvuelve. La población española ronda los 45 millones de habitantes, y por tanto los 7,4 millones de niños y jóvenes que en este curso 2008-2009 estudian enseñanzas no universitarias representan la sexta parte del total. Si les añadiéramos los casi 700.000 profesores que les educan ya estaríamos camino de la quinta parte. Y dado que la comunidad educativa no está completa sin los padres y las madres de esos estudiantes –y sin quienes integran las administraciones educativas–, resulta que más de la mitad de los españoles participan directamente en la educación de nuestros niños y niñas desde distintos ámbitos.

Nuestras escuelas son, por lo tanto, un extracto del país, de las ciudades, de los barrios en los que se ubican. Reflejan el sistema de valores de nuestra sociedad, con sus virtudes y con sus defectos. Y uno de sus principales cometidos es tratar de reforzar las primeras y minimizar los segundos. Si en nuestra sociedad hay tolerancia y solidaridad también habrá tolerancia y solidaridad en las escuelas, y las escuelas deberán preservar y alentar ambos valores. Si la violencia está presente en nuestra sociedad, a la escuela llegará parte de la misma y en la escuela deberemos tratar de reducir su efecto y preparar a nuestros jóvenes para que la rechacen.

Promover la tolerancia, la solidaridad y el respeto al otro, fomentar la resolución pacífica de los conflictos, es educar para la convivencia. Y este es un mandato constitucional, pues el artículo 27 de nuestro texto fundamental proclama que la educación tiene por objeto "el pleno desarrollo de la personalidad humana en el respeto a los principios democráticos de convivencia y a los derechos y libertades fundamentales". Un mandato desarrollado en la Ley Orgánica de Educación, que concibe que el fin último de la educación es mejorar la condición humana, y entiende que la escuela es un proyecto común, que debe implicar a toda la comunidad educativa, y en el que debe ocupar un lugar prioritario la educación para la convivencia.

No puede ser de otra manera. La escuela es, junto con el entorno familiar, el ámbito básico de socialización de niños y adolescentes. Allí pasan muchas horas al día, muchos días al año. Por eso es algo más que un espacio en el que adquieren conocimientos y destrezas y desarrollan actividades deportivas o recreativas. Los niños viven en la escuela, y es en ella donde comienzan a relacionarse con otras personas, a conocer sus derechos y sus deberes, a convertirse en ciudadanos. Con frecuencia este aprendizaje cívico, arraigado en los años básicos de la formación, determina su comportamiento adulto. Lo que nuestros jóvenes hacen o dejan de hacer en la escuela, lo que allí aprueban o rechazan, es esencial para construir su sistema de valores.

La escuela es al tiempo el presente de nuestros niños y el futuro de nuestra sociedad. Y por ello la educación debe ser una responsabilidad colectiva. La cooperación entre profesores y familias, sobre todo, es fundamental. La experiencia demuestra que una comunicación fluida entre los profesores de colegios e institutos y las familias mejora tanto el clima de convivencia en el centro, como el éxito escolar de los alumnos.

De la misma manera, resulta fundamental la integración de la escuela en el barrio en el que se emplaza. Los proyectos presentados a los premios de Buenas Prácticas en Convivencia, que concede el Ministerio de Educación, Política Social y Deporte, demuestran que la interrelación entre la escuela y su entorno no es sólo un factor determinante para mejorar la convivencia en los centros; puede, además, hacer que la escuela se transforme en un motor de desarrollo, cohesión social e integración del propio barrio. Antonio Marfil, director del IES Portada Alta, de Málaga, centro galardonado en la convocatoria de 2006, explicaba que buena parte del éxito de su proyecto se basó en comprender cuáles eran las necesidades del entorno en el que se ubicaba el centro: «Constituimos un grupo de trabajo y lo primero que hicimos fue analizar cómo viene nuestro alumnado. Empezamos a estudiar el barrio».

El pilar sobre el que recae todo el sistema, por supuesto, es el profesorado. Nuestra sociedad está en deuda permanente con sus maestros y profesores. Ellos son quienes transmiten el conocimiento en las escuelas, quienes ayudan a los alumnos a descubrir el mundo, a convertirse en ciudadanos, a sentir que forman parte de una comunidad. Son quienes enseñan a nuestros niños a convivir en sociedad; quienes forjan a los futuros ciudadanos. Y por eso necesitan el apoyo de las familias, de las administraciones educativas, de la sociedad entera.

El objetivo de este libro, *Gestión eficaz de la convivencia en los centros educativos,* es ofrecerles una herramienta que les permita conocer cómo diversos centros educativos del país han abordado la gestión de conflictos y la transmisión de los valores sobre los que se asienta la convivencia. A partir de estas experiencias, el volumen ofrece una tipología de casos y de posibles vías de intervención.

Ese es uno de los principales activos de esta obra: no se basa en disquisiciones teóricas, sino en experiencias reales, que abarcan distintos niveles del sistema educativo, diferentes tipos de centro, de diversos lugares de España, inmersos en dispares contextos sociales y culturales. Se trata por tanto de lecciones de experiencia valiosas para todos. De casos que demuestran que la convivencia pacífica es posible. Podemos aprender de los Planes de Convivencia que están desarrollando muchos centros porque son eficaces. Y que por ello es necesario darlos a conocer, compartirlos con toda la comunidad educativa y con todos aquellos que quieran saber cómo están funcionando de verdad nuestras escuelas.

Por eso este libro es importante. Y el mensaje de fondo que se desprende de su contenido es verdaderamente crucial. No cabe duda de que el conflicto es una consecuencia inevitable de las relaciones humanas, y por ello también lo es de las relaciones en la escuela. Pero, precisamente, porque el conflicto es inevitable, nosotros –y nuestros niños– debemos y podemos aprender de él. Abordar y resolver de un modo pacífico situaciones conflictivas no sólo mejora la calidad de la convivencia escolar; es esencial para que las nuevas generaciones hagan suya una cultura en la que los valores del diálogo, la tolerancia, la solidaridad y el respeto a los otros constituyan una parte imprescindible de su bagaje formativo y de su experiencia personal como niños, jóvenes y futuros adultos, miembros de una sociedad democrática. En definitiva, este libro nos enseña que en la escuela se aprende, se vive, y se convive.

Mercedes Cabrera
Ex ministra de Educación

PRESENTACIÓN

Manuel Segura Morales

En su conjunto, la carrera de Magisterio está bien diseñada. Porque además de los contenidos que mañana tendrán que enseñar a los alumnos, los futuros profesores y profesoras aprenden la didáctica correspondiente a cada asignatura, el modo concreto de enseñarla. Y por si esto fuera poco, realizan varias semanas de prácticas en los colegios, prácticas de las que la mayoría de otras carreras universitarias carecen. Para los licenciados que decidan dedicarse a la enseñanza, los contenidos que estudian en la carrera tienen que completarse, después, con unos cursos de aptitud pedagógica.

Sin embargo, ni a los maestros ni a los licenciados les basta esa buena preparación, a primera vista tan completa, para luego enfrentarse con el aula. Para esos niños o jóvenes alumnos a quienes tendrán que educar no se había diseñado hasta ahora ninguna asignatura que les enseñara a convivir. Ojalá a partir de ahora, y en el futuro, aprendan convivencia con la ayuda de la nueva asignatura que tanta polémica ha levantado: Educación para la Ciudadanía. Ojalá aprendan a convivir no sólo en el tiempo de dicha asignatura, sino en todo el horario escolar y en todos los escenarios escolares: aula, patios de recreo, comedores... Y que esa competencia social la vivan también fuera del centro, en sus casas y en la calle. Porque aprender a convivir es aprender a ser persona. Así nos lo han enseñado de forma magistral (por citar sólo a tres autores importantes) Aristóteles, Erich Fromm y Daniel Goleman. Ser persona consiste en saber relacionarse.

Lo cierto es que de esta materia llamada convivencia no se ha enseñado nada a los futuros profesores, ni en las escuelas de Magisterio ni en las facultades universitarias. Ni contenidos, ni didáctica, ni prácticas... Por eso muchos profesores, sean maestros o licenciados, se encuentran perdidos cuando tienen que enseñar a sus alumnos a convivir correctamente, es decir, con eficacia y justicia. A menudo los docentes no saben qué hacer cuando tienen que enfrentarse a un conflicto en el aula o en el patio de recreo. Y como no se les ha entrenado para ello, reaccionan con desesperación o con ira ante la violencia de los alumnos. No hemos enseñado a los futuros profesores a emplear con sabiduría el sentido del humor, ni a inventar creativamente soluciones eficaces.

Este libro ha sido pensado para ayudarles en esa tarea, tan noble y tan difícil. Aquí podrán encontrar, tanto profesores como tutores y orientadores, un instrumento de utilidad para gestionar la convivencia y resolver con eficacia y serenidad los conflictos.

Ningún educador puede escapar del triple esfuerzo indispensable para formar personas: enseñarles a pensar, enseñarles a conocer y utilizar sensatamente sus emociones, y enseñarles a apreciar los valores morales básicos. Sería más fácil centrarse en uno solo de estos tres campos, pero si falla uno de ellos, sólo uno, no formaremos personas. En tal caso, cualquier programa de convivencia, de mediación, de resolución de conflictos, cualquier programa de paz, fracasará.

Además de una gran ayuda para su tarea de formar personas, el profesor y el tutor encontrarán en esta obra ideas muy útiles encaminadas a mejorar las relaciones en centros de Primaria o Secundaria, acompañar al alumno en el difícil tránsito entre ambas etapas educativas, así como propuestas para integrar de manera correcta al alumnado inmigrante. Y tendrán a su disposición consejos prácticos para rehabilitar a quienes hayan participado en situaciones de malos tratos.

Esperamos, por tanto, que esta obra resulte práctica a los profesionales de la educación y que sirva tanto para resolver conflictos como para evitarlos y, en suma, para fomentar la educación en la convivencia.

INTRODUCCIÓN

Silvina Funes Lapponi

La enseñanza presupone el optimismo... Educar es creer en la perfectibilidad humana [...] en que los hombres podemos mejorarnos unos a otros...

Fernando Savater, *El valor de educar.*

La presente obra aglutina experiencias innovadoras, reconocidas[1] por su originalidad y consistencia a la hora de dar respuestas creativas a los problemas de convivencia que generan malestar y preocupación en el profesorado.

Conocer las actuaciones del IES Eusebio Barreto Lorenzo (Los Llanos de Aridane, La Palma, Canarias) en este campo abrió la puerta a esta compilación que busca ofrecer un abanico de alternativas frente a la actual conflictividad escolar. En esta experiencia, que motivó el conjunto del libro, sobresale la versatilidad y el potencial de la figura de los tutores de convivencia. Sin embargo, ésta y otras actuaciones parten de una misma creencia: la de dar nuevas respuestas a algunos de los problemas que más dificultan el trabajo docente; la atención a los nuevos alumnos (como suele

---

1. Tres de los cinco centros de los cuales contamos sus experiencias han recibido premios por Buenas Prácticas en temas de convivencia.

ocurrir en 1º de la ESO), a los inmigrantes, a los conflictivos o violentos, y los que presentan situaciones especialmente complejas, como pueden ser el fracaso escolar, la reincidencia en las faltas, el maltrato, la poca integración o el rechazo al sistema escolar, que puede llegar incluso a la marginación social. Para ello es necesario poner en juego recursos orientados a la mejora del ambiente en los centros afectados, tanto desde las necesidades del profesorado como desde el reconocimiento de las dificultades de integración de los estudiantes.

A partir de estas actuaciones pioneras decidimos desarrollar el presente texto, complementado con un marco teórico-práctico de estrategias para que los que se sientan motivados se animen a poner en marcha lo aprendido en estas páginas. El libro se divide en dos partes: la primera incluye distintos recursos para favorecer el establecimiento de relaciones positivas en el centro; consta de cuatro capítulos. En el primero se explican los fundamentos teóricos para la gestión eficaz de la convivencia, que en definitiva es el hilo conductor de la presente obra; el segundo y tercero proponen cómo mejorar la comunicación y las respuestas a los conflictos; en el cuarto se explica la importancia de la creatividad y del humor para resolver problemas de forma eficaz.

La segunda parte se centra en las experiencias: el primer bloque aborda el problema en Educación Primaria, aportando las pautas generales para mejorar la convivencia en los más pequeños. Los autores de este bloque, así como los profesores del colegio Marqués de Santillana, explican su experiencia con el coordinador de convivencia en el marco de las actuaciones llevadas a cabo como parte integral de su plan de mejora.

En el siguiente bloque agrupamos las experiencias relacionadas con la Enseñanza Secundaria. En una primera parte se describe un plan de acogida orientado a hacer de la transición de Primaria a Secundaria un proceso emocionalmente menos traumático para los alumnos, de forma que genere menos conflictos y fracasos. En la segunda parte se detalla el proceso de integración de alumnos chinos, uno de los colectivos considerados más herméticos, o al menos con el que muchos docentes experimentan más dificultades para conectar. En este trabajo se describe cómo, a partir de las tutorías afectivo-interculturales[2], es posible facilitar ese proceso. En la tercera parte la preocupación por dar respuesta al maltrato generó diversas actuaciones para prevenir y superar el patrón relacional maltratador-maltratado a través del diagnóstico precoz y la reeducación de los protagonistas. Para finalizar con las experiencias,

---

2. La llamamos intercultural porque ha sido creada para dar respuesta a la diversidad cultural y afectiva, además de estar orientada a trabajar cuestiones socioemocionales vinculadas a los problemas generados por el desarraigo y otros obstáculos existenciales y de adaptación. Se evita así preocuparse exclusivamente por lo académico.

pensamos que la de los tutores de convivencia es la más consolidada de todas y, al mismo tiempo, la más global, en el sentido de que pretende dar respuesta a todas las demandas que surjan en torno a la convivencia en el centro escolar. A modo de conclusión ofrecemos una reflexión sobre las posibilidades y los límites que abren estas nuevas formas de abordar la convivencia escolar.

En esta segunda parte, por tanto, se repasan varias actuaciones de centros que gestionan la convivencia desde un planteamiento consensuado, planificado e integrado, es decir, orientado a la eficacia. Y aunque estas experiencias sitúan a la persona en un puesto central, no lo hacen focalizando al individuo de forma aislada, sino de acuerdo a un procedimiento sistémico. Aquí el contexto cobra un gran poder, facilitando el proceso de integración y participación en el centro, y modificando las situaciones que generan conflicto. Entendemos que quienes quieran gestionar la convivencia sin improvisar deben desarrollar competencias específicas y cualificadas para aplicarlas en la práctica. No obstante, también debemos aclarar que las estrategias, técnicas y recursos aquí descritos, pese a su dificultad, pueden ser adquiridos, desarrollados y utilizados por muy distintos tipos de personas y en diversas situaciones. Lo realmente complejo es impregnarse de la ética de fondo, la cual promueve el respeto, la participación, la igualdad, la responsabilidad, el compromiso, la colaboración y la mejora personal y social.

En general, en la bibliografía especializada sobre este tema se suele apostar por una técnica o recurso concreto. Sin embargo, en las experiencias aquí recopiladas el lector notará que todas han recreado las técnicas, pues lo que aquí interesa es resaltar cómo el tratamiento de los conflictos debe dar respuestas a la realidad, y no a la inversa. Es decir, las respuestas fijas, corrientes, no es que no sirvan: constituyen un punto de partida para responder de manera más ajustada a las situaciones que hay que afrontar. No debemos entender esto como una invitación a la heterodoxia más absoluta, sino como punto de arranque de una formación sólida en estas competencias para que en el momento de la intervención se tenga la tranquilidad de ofrecer propuestas flexibles, adaptadas y creativas para garantizar la eficacia de la actuación. Es lo que llamamos el «traje a medida».

Hemos de resaltar que aunque la propuesta general de esta obra –como hemos comentado– está orientada a la gestión de la convivencia en el centro, aporta estrategias que deberían ser incorporadas –como dice Manuel Segura en la Presentación– como parte de las competencias básicas para el ejercicio de la docencia, ya que enfoca los aspectos relacionales de esta profesión, a la vez que su dimensión más vulnerable: la de dar respuesta a los conflictos que se le presentan al profesorado con sus alumnos. Para ello es necesario disponer con urgencia de recursos adecuados, ya que «el conflicto y las posiciones discrepantes pueden y deben generar debate y servir de base para la crítica pedagógica, y, por supuesto, como una esfera de lucha ideológica y articulación de prácticas sociales y educativas liberadoras»[3].

Queremos, por último, explicar a los lectores que para favorecer la fluidez de la lectura de esta obra hemos renunciado a redactarla en un lenguaje más igualitario con el género, aunque es de nuestro interés que se comprenda que esta elección no significa falta de sensibilidad con tan delicada cuestión.

---

3. Escudero, J. M. «Innovación y desarrollo organizativo de los centros escolares», *II Congreso Interuniversitario de Organización Escolar*, GID-Universidad de Sevilla, Sevilla, 1992, pág. 27.

CAPÍTULO I
QUÉ ES Y CÓMO LLEVAR A CABO LA GESTIÓN EFICAZ DE LA CONVIVENCIA

Silvina Funes Lapponi

1. INTRODUCCIÓN

La conflictividad en la enseñanza ha estado tradicionalmente asociada a la violencia, la inadaptación, el desprestigio de las organizaciones que la padecen, y a la incapacidad y a la falta de recursos para afrontarla. Debido a ello los centros optan por ocultar o negar el conflicto, lo que Jares ha denominado como predominio de una visión tecnocrática-conservadora (2001: 17). Entendemos por tanto que la buena gestión de la convivencia debe comprender la gestión de la comunicación y las relaciones interpersonales orientadas al bienestar personal y de grupo, además de la atención a los conflictos.

Por supuesto no ponemos en duda las buenas intenciones del profesorado para abordar los problemas de convivencia, pero éstas no son suficientes, ya que hace falta aplicar técnicas concretas y adecuadas para llevar esas intenciones a buen término. Se sabe lo que se quiere, pero no cómo lograrlo. Por ello proponemos una serie de actuaciones destinadas a impulsar dinámicas más propicias. Es cierto que no se puede escoger lo que nos ocurre, pero sí se puede elegir el marco, para lo cual es necesario desarrollar unas capacidades o competencias específicas orientadas a mejorar las relaciones, que ayuden a superar los condicionantes tanto técnicos como ideológicos que en ocasiones impiden encontrar soluciones más satisfactorias.

Las dificultades que plantea el profesorado para el desarrollo de su trabajo tienen su origen, en parte, en la sensación de inseguridad y violencia escolar, que le afectan directamente en forma de problemas como indisciplina de los alumnos, desinterés, falta de límites y de respeto. Ello ha hecho que el profesorado perciba que su figura no está revestida del poder de antaño, por lo que se siente sin recursos para realizar su labor. Algunos reaccionan pidiendo un endurecimiento de las medidas que pueden tomar; otros manifiestan impotencia; mientras que otros tratan de cambiar su forma de trabajo.

Ante esta situación el profesorado ha venido empleando, a falta de otros recursos, la regañina y la aplicación de la normativa. Es decir, utilizar el poder por medio del uso de la fuerza e incluso la intimidación. O, basándose en el derecho, apelar a una autoridad para juzgar qué derechos son más legítimos, siguiendo un proceso de enfrentamiento para que se haga justicia. Con esto y poco más se viene dando respuesta a las cuestiones cotidianas, intercalando estas actuaciones con alguna charla más o menos moralizante y/o amenazante con los alumnos («No te castigo, pero lo haré la próxima vez», «Hablaré con tus padres», «¿A ti te parece bien?», etc.). Parecen recursos limitados, pero han resultado efectivos, inmediatos, cómodos y prácticos. Por lo tanto, desde la perspectiva del profesor, ¿para qué cambiar? Márquez y otros (2007: 8) observan que «el profesorado se constituye como una burocracia profesional, adecuada a entornos estables, donde el cambio es visto más como un problema que como una solución. Las nuevas funciones son difíciles de implantar, por cuanto el profesorado mantiene una rigidez en sus planteamientos de trabajo. Las mejoras son, pues, vistas como trabajo extra, en vez de cómo un recurso para optimizar el mismo». Sin embargo, el cambio, siguiendo a estos autores, debe transformarse en herramienta de calidad, principalmente frente a los conflictos, donde la adaptación desempeña un papel esencial, lo que hace que la convivencia se convierta en el eje central de las modificaciones en la organización escolar. Por lo tanto, la mejora de las relaciones se convierte en un objetivo educativo esencial.

La respuesta a para qué cambiar es en parte ética y en parte práctica, y se refiere a que en los centros es necesario seguir interactuando, colaborando, de forma que haya confianza e interdependencia (para satisfacer las propias necesidades hay que encontrar formas aceptables de satisfacer las del otro). Es decir, soluciones de consenso, para las que se necesita crear condiciones favorables para el diálogo, sin temor a represalias, donde todos ganen y no se busque una victoria total que anule, doblegue o humille al oponente, en este caso los alumnos.

Esta obra sirve, pues, para profundizar en recursos para la mejora de la convivencia en los centros educativos, sin tener la sensación de que no se puede hacer nada, que sólo es posible aguantar, a la vez que contribuye a la mejora de las competencias personales y profesionales. No obstante, existen dos obstáculos importantes en este sentido: la falta de formación específica y el escepticismo acerca de sus posibilidades. Pretendemos incidir en ambos aspectos, compartiendo nuestras experiencias y la convicción en la capacidad de superación de las personas, indispensable para creer en el sentido de la educación.

2. GESTIÓN EFICAZ DE LA CONVIVENCIA

2.1. ¿Qué es la gestión?

Tradicionalmente en la escuela, para resolver las cuestiones de convivencia, se encontraban sistemas «artesanales», caracterizados por la improvisación, la intuición y el personalismo a la hora de tomar decisiones y ponerlas en ejecución. Con la complejidad creciente del sistema, la masificación de la organización escolar y la realidad que deben afrontar, estos procedimientos han quedado obsoletos y se muestran muy limitados para resolver los problemas cotidianos. Por ello este modelo dio paso a procedimientos más burocráticos que sirvieron para evitar la improvisación y ordenar las actuaciones. Así, por ejemplo, la respuesta que da el sistema al incumplimiento de faltas es una sanción (por ejemplo, un parte de amonestación), que tiene una carga moral y legal, pero que no resuelve el problema, y que en última instancia pone en marcha un procedimiento de tipo administrativo.

Una vez asumida la mayor complejidad de los centros educativos, como en cualquier organización surge la necesidad de una gestión racional. Es decir, el centro tendrá una ordenación y unas dinámicas que requerirán una planificación y una previsión que conllevan, a su vez, la reflexión y el análisis acerca de los objetivos y la misión de la institución, su filosofía, su administración y la organización de los recursos, procedimientos, etc. En suma, como todo agrupamiento humano requerirá de unas normas –tácitas y explícitas– que faciliten la convivencia.

Lo que interesa es buscar fórmulas para dar el toque humano, creativo y dinámico que propiciaba el método *artesanal*, pero sin improvisar, con métodos y recursos estructurados y contrastados que no sean sólo punitivos y que no queden entrampados en la burocratización del sistema, que da el marco legal, pero también rigidez.

La gestión, por lo tanto, será la manera de introducir orden en el caos, planificación en la improvisación, previsión en la intuición. La gestión alude a la «coordinación y dirección de recursos […] para asegurar que la organización cumple sus objetivos» (Witzel, 1999:137). Thinès y Lempereur (1978: 410) destacan que el sistema de organización viene determinado por unas variables controladas en un entorno imprevisible para el que la gestión cuenta con un conjunto de medios que han de ser organizados racionalmente.

Sin embargo, hay que tener en cuenta que las soluciones racionales sólo funcionan con personas racionales y en situaciones de racionalidad. En este punto deberíamos detenernos un poco. La dimensión de la convivencia incide en el meollo de las creencias y valores, y en la manera de afrontar la conflictividad. Si hay algo que caracteriza a los conflictos es que impera lo emocional. Por lo tanto estaríamos hablando de situaciones en las que la emoción se impone a la razón. Sería como un estado de excepción temporal. Ante un enfrentamiento es muy difícil mantenerse frío, distante, objetivo, de manera que habría que poner en entredicho la creencia de que gestionar es una tarea puramente racional. Lo que aparece en estas situaciones es el enfado, la ira, el resentimiento... y no el aplomo, la reflexión, etc. Habrá que reconocer que la emotividad domina en las situaciones de conflicto, de modo que la eficacia debe venir dada por la previsión de estos factores y las respuestas protectoras establecidas específicamente para tales ocasiones, para no dejarse llevar por la irracionalidad en la que podrían derivar. En general, las personas enfrentadas procederán de manera inadecuada porque el conflicto contamina la confianza hacia el otro y, por lo tanto, la comunicación que con él se establece. A causa de no disponer de la información necesaria se suele ser menos eficaz y, por ello, afecta a los resultados de la tarea, además de enturbiar el clima del centro. Por este motivo es necesario proveer de recursos alternativos para estas situaciones excepcionales.

Desde otra perspectiva, la gestión involucra la definición de –como dijimos– objetivos, metodologías y actuaciones en función de los actores implicados, es decir, quién hace qué y cómo se hará.

Existen tres áreas o dimensiones de toda organización que se refieren a la gestión de la convivencia:

1. Área de las competencias, que se refiere a la cualificación del personal, para lo que se debe tener en cuenta que cuanto más se sepa, con más recursos se sentirán los trabajadores para afrontar las situaciones. Además, cuanto más personal formado, más recursos y más coherencia habrá en la actuación. Cuando se cuenta con los recursos humanos formados para tales fines, debe plantearse la siguiente área.

2. Dimensión de la estructura. O sistémica, regida por el diseño formal de la organización, donde se valorará que cuanto más estructurada esté la gestión de la convivencia a nivel institucional, más coherente, consistente y eficaz será el modelo. En consecuencia, las actuaciones tendrán un mayor impacto, aunque hay que tener en cuenta que dicho objetivo a veces es difícil y lento de alcanzar. Por el contrario, si se practican actuaciones puntuales y aisladas se obtendrá un resultado más limitado y con menor impacto, lo cual no las inhabilita, pero las restringe. Márquez y otros (2007: 17) lo explican así: «...sólo la visión integral de la convivencia (no como actividades inconexas que posiblemente lograrán resultados puntuales, pero no una generalización y consistencia en las actuaciones) logrará los procesos generales de cambio cultural en los que el enfoque del 'empoderamiento' personal y comunitario proporcionarán el hilo conductor y la coherencia». Lo cual nos conduce a la siguiente dimensión.

3. La cultura. Es decir, las normas, las creencias y valores compartidos, y las prácticas que influyen en la conducta ante los conflictos. Es la parte más simbólica. En ella influyen las rutinas y la cotidianidad, los rituales... La «memoria», en cuanto ésta arrastra una historia que la condiciona, ya que algunos de los integrantes más antiguos de la organización tienden a utilizar recetas viejas en situaciones nuevas. Desde esta dimensión hay que reflexionar para tener en cuenta las valoraciones personales y las posibilidades reales de actuación en el centro y proceder en consecuencia, porque cuando conviven visiones y estilos distintos se traducen en una actuación poco coherente que conduce a esfuerzos improductivos.

2.2. ¿Por qué debe ser eficaz la gestión de la convivencia?

Porque lo que busca es sistematizar procedimientos, planificar objetivos y evaluar resultados, ser consciente del itinerario que se sigue e ir corrigiendo durante el camino y al final de éste, para iniciar un nuevo ciclo. La eficacia busca la coherencia entre lo propuesto y lo que efectivamente se alcanza, sin perder de vista el cómo se ha alcanzado, ya que no sólo enfoca los medios-fines, sino también la coherencia entre la filosofía que orienta a la acción y la acción misma. También la eficacia viene dada por la meta planteada, que es la mejora del clima del centro, de las relaciones que allí se establecen, del sentimiento que provoca estar en él (bienestar/malestar) y de los recursos con los que cuenta para dar respuesta a estas cuestiones. La búsqueda de la mejora nos sitúa en el camino de la eficacia y del bienestar.

Los expertos definen la gestión como la capacidad de anticipar un efecto, la adecuación a los propósitos y el hecho de cubrir las necesidades de aquellos a los que afecta (Witzel, 1999:104). Por lo tanto, la gestión eficaz influirá en la implantación de un sistema de calidad, ya que lo que busca es la optimización de recursos, aumentar los niveles de satisfacción de todos los implicados y, en consecuencia, la mejora continua. Según Cardona y Cardona (2003: 72-79) esta elección ayuda a alcanzar el éxito, para el que deberá tenerse en cuenta la potenciación de los siguientes factores[4]:

1. **La información**: buscar y procesar la información necesaria y conocer todos los estamentos.

---

4. Y que según estos autores deberán desarrollarse como hábitos. Para todos ellos se darán pautas de desarrollo.

2. **La visión**: articular las distintas visiones, estableciendo una meta común, promoviendo participación y creando una estrategia.

3. **Los resultados**: maximizar oportunidades, establecer objetivos y evaluar rendimientos centrándose en los objetivos, en lo importante y no en los problemas.

4. **La delegación**: desarrollar confianza y 'empoderamiento'[5] en todos los miembros y organizar y asegurar la cadena de responsabilidades, además de la distribución de tareas.

5. **El aprendizaje**: no referido a lo académico, sino a la capacidad que tienen la organización y sus miembros para promover el cambio en los procedimientos, en la cultura, e incorporarlos a la práctica para la mejora del desempeño.

6. **La comunicación**: destinada a motivar y crear una visión común, influyendo y dejándose influir.

7. **El equipo**: creando sinergias y mejorando los procesos, no sólo de trabajo, sino de desarrollo de las personas, de lo que hay que compartir.

8. **La innovación**: desarrollando la creatividad y la mejora continua. Implica la incorporación de todos los puntos anteriores.

No es esta la primera obra que se ocupa de la organización escolar, pero sí la primera que la focaliza desde la dimensión convivencial, no sólo desde la teoría, ya que también se plasman casos concretos para llevar a la práctica. Tampoco es la primera obra interesada en la convivencia, pero la diferencia reside en que propone herramientas y estrategias globales (para todo el centro) amplias, no desde un solo recurso o técnica, sino a partir de un abanico de posibilidades.

2.3. ¿Qué entendemos por convivencia?

Según Malgesini y Jiménez (2000: 78-80) convivencia significa vivir en buena armonía y, a diferencia del conflicto, tiene una connotación positiva: está cargada de ilusión, e implica también aprendizaje, normas comunes y regulación del conflicto (no la mera adaptación sin resolución). Exige adaptarse a los demás y a la situación. Por lo tanto habrá que tener flexibilidad, aceptar lo diferente. Pone el acento en lo que une, en lo que converge. No es sólo coexistir, sino que requiere de la organización del espacio y de valores compartidos, de interdependencia y de unión colectiva capaz de integrar la diversidad de los componentes individuales, pero sin olvidar el bienestar general. A nivel escolar entenderemos entonces por convivencia la di-

---

5. El 'empoderamiento' se explica con mayor amplitud en el punto que analiza el poder.

mensión del centro orientada a prevenir o a implementar medidas y actuaciones que gestionen las relaciones sociales. Esto se llevará a cabo para prevenir o mantener un clima de centro armónico, capaz de perseguir el bien común. Por lo tanto, hablar de convivencia lleva implícito hablar de los conflictos que surgen en la comunidad educativa, por lo que la armonía no será resultado de forzar una visión única, sino de articular el trinomio armonía-conflicto-resolución.

Teniendo en cuenta otros aspectos, en el aula el profesor ejerce un liderazgo que conlleva un cierto tipo de autoridad y, en el centro, el equipo directivo también lo hace. En ambos casos la autoridad plantea o promueve un estilo de relaciones y una aplicación de las normas que, de una forma un poco simplificada, sería también lo que llamamos convivencia.

Sin embargo, a nadie se le escapa que en los centros educativos es justamente donde se perciben conductas más violentas donde existen al mismo tiempo malas relaciones, y éstas afectan al rendimiento. En general hay interés y preocupación por parte del profesorado en que los alumnos aprendan más y en disminuir el fracaso escolar, pero estas intervenciones también deben estar orientadas a que la convivencia les prepare para la vida en sociedad. Es decir, un aprendizaje de la convivencia social. La convivencia debería entonces orientar hacia cómo debe entenderse el «estar juntos», siendo fundamental la socialización y sensibilización en la convivencia pacífica[6] y democrática.

Es importante indagar sobre qué valores lleva implícitos la convivencia o qué debe garantizar ésta. Por lo tanto, lo primero que hay que delimitar son los valores o principios a los que se orienta; después los actores a los que se dirige; luego qué se propone con cada uno en función del ideario del propio centro en general y a la convivencia en particular; y, por último, cómo hacer para alcanzar estos objetivos.

Las normativas más recientes de las distintas comunidades autónomas establecen que la convivencia se elabora a nivel de centro, articulada en un plan o proyecto que recoge tanto medidas de actuación preventivas y punitivas, así como educativo-reparadoras. En los centros existen normas que, si se incumplen, conllevan unas sanciones tipificadas, y es el profesor quien valora cuándo se aplican, actuando en consecuencia. Para evitar la posible arbitrariedad o subjetividad del docente, se basan en los decretos de deberes y derechos, se elaboran criterios objetivos (reglamentos de régimen interior, normas de convivencia) y se delega en otros miembros, como el equipo directivo, la Comisión de Convivencia, el Consejo Escolar o los profesores instructores. Todo ello para hacer que las medidas adoptadas sean impersonales

---

6. Pacífica no en el sentido exclusivamente de antibelicista, sino de no ir a por el otro.

y, consecuentemente, institucionales, con el efecto de la judicialización[7] de la vida escolar, que canaliza una respuesta, en última instancia, de tipo punitivo. En los esfuerzos, y también en la desesperación por encontrar soluciones, no sólo está apareciendo normativa específica sobre medidas orientadas a la mejora de la convivencia, sino también observatorios de convivencia, planes de convivencia e incluso la incorporación del policía escolar, bajo la figura del agente-tutor (Simón, 2007: 23). En ciertos centros incluso se han desplegado guardias de seguridad privados.

Sin embargo, los mecanismos de participación y la normativa no se muestran adecuados para resolver o mejorar la difícil realidad social que tienen que asumir los centros. Desde finales de la década de 1990 empiezan a generarse en España iniciativas orientadas a la promoción de la mediación, ya que el sistema de delegados y las tutorías se han mostrado limitados e insuficientes para canalizar los problemas de convivencia que aparecen en las instituciones educativas.

Se crean y experimentan nuevas figuras, recursos y actuaciones (alumnos ayudantes, aulas de convivencia, tutorías complementarias a la clásica y otras técnicas de resolución de conflictos) que persiguen soluciones que reduzcan la conflictividad y mejoren las relaciones desde un modelo que integre el marco normativo-punitivo, pero que se enriquezca con los aspectos más participativos y relacionales. Estas respuestas al conflicto estarían caracterizadas por modelos de actuación más personalizados y colaborativos, basados en compromisos y consensos elaborados por los propios interesados, que tratarían de construir una dinámica *ascendente* que se complementaría con la tradicional (de arriba hacia abajo) que se ha evidenciado como carente de aceptación, principalmente por parte del alumnado y sus familias.

La convivencia, además, implica reflexionar sobre otros conceptos vinculados a ella. El primero será el poder. En función de cómo se establece, si hay participación de los distintos grupos, si se trata de un poder impuesto, centralizado, compartido, etc., generará tipos de convivencia y modos de relacionarse distintos. También es importante reflexionar sobre la disciplina, por su asimilación casi directa a la convivencia por gran parte del profesorado. Finalmente tenemos los modelos y los planes de convivencia. Los primeros distinguen las características diferenciales entre unos y otros estilos de gestión. Los planes sirven para ver cómo se puede llevar a la práctica una dimensión tan valorativa y abstracta como *a priori* puede parecer la convivencia, y cómo su implementación debe conducir a la mejora y no sólo al despliegue de un modo de acción.

---

7. Concepto aportado por Lago y Ruiz-Roso (2000: 52-53).

2.3.1. El poder

El poder tiene que ver con la capacidad de influir, o con la posesión diferencial[8], aunque también es la capacidad de imponer obediencia o sumisión. En la sociedad muchas veces se aprende que el poder se ejerce siendo el más fuerte. Esto crea en las relaciones sociales una situación de competencia que se traduce en una lucha porque se haga lo que una parte quiere. Quien logra esto siente que impuso su criterio, que ha dominado y, por lo tanto, se siente más fuerte, con más poder.

En cualquier caso estamos hablando de un «poder sobre», es decir, que puede ejercerse por la coacción o por la persuasión, en virtud del cual se intenta doblegar, aplastar al otro, expropiándole sus atribuciones. Para ejercerlo desde los centros se apoyarán en las normas y, cuando no se respetan, recurrirán a las amenazas o a las sanciones, que según Giddens (1991: 153) tienen el objetivo de asegurar que se cumple una norma. Esto equivale a decir que existen para estimular la obediencia. No obstante, también hay un poder cooperativo, un «poder con», en el que cada uno conserva su poder y respeta el del otro. En este caso es posible ver cómo el poder puede salir fortalecido no estimulando la sumisión, sino la responsabilidad y el compromiso, lo que conocemos como 'empoderamiento' (*empowerment*). Se da, quita o veta poder, y por lo tanto se estarán promoviendo sistemas activos de gestión de la convivencia (corresponsabilizando) o pasivos, que no promueven la autonomía.

Sirve, pues, para repensar la gestión de la convivencia, basándola en un modelo de corresponsabilidad, por el protagonismo que da a todos sus miembros, o donde se monopoliza esta capacidad de toma de decisiones. Aunque la relación sea asimétrica –como en el caso de la relación profesor-alumno–, el poder puede no estar basado en el principio de autoridad monolítica, sino en la distribución de responsabilidades y la asunción de compromisos. Por ejemplo, no «porque lo digo yo», sino «porque hemos llegado a un acuerdo» (autoridad coactiva frente a autoridad democrática). La imposición razonada o persuasión, si bien es más suave que la imposición pura, sigue sin dar poder. Lo que da más poder a uno es otorgárselo al otro, es decir, crear condiciones de trabajo y convivencia compartidas, demandadas por todos. Es basar el poder no en la capacidad de controlar, manipular, e imponer la propia voluntad a otros, sino en promover la corresponsabilidad y la implicación.

---

8. Dado que este tema es parte de un extenso debate dentro de las Ciencias Políticas, para no desviarnos hacia él destacamos estos rasgos del poder aportados por Dahl (1979), y aunque no son exactamente lo mismo, no diferenciaremos entre autoridad y poder.

2.3.2 La disciplina

Para Ramo y Cruz (1997: 15-16) la disciplina es inherente a la convivencia, definiéndola como un conjunto de estrategias encaminadas a la socialización y el aprendizaje. Deberá tener una finalidad formativa, servir de soporte e incentivo para potenciar la buena convivencia y presentar un carácter instrumental. Es decir, no imponer las medidas disciplinarias por sí mismas, sino como instrumento para fomentar la convivencia y el trabajo. La disciplina es el reaseguro de la convivencia. Es un sistema de control que contiene todas las medidas que se toman para prevenir, evitar o castigar una falta o el incumplimiento de una norma.

Lago y Ruiz-Roso (2000: 52-53) consideran que la disciplina está compuesta por normas que incitan a respetar a compañeros y docentes. También observan que para algunos se refiere al castigo, pero para otros significa el manejo de la clase o lo que el profesor hace para controlar la conducta de sus alumnos. Al mismo tiempo se relaciona con las actitudes de éstos. En ella, el acento está en el orden, el control, las conductas, las normas. Sin embargo, la disciplina debe ser parte de la educación para el autogobierno, un factor de seguridad, como liberación individual, como equilibrio entre la rigidez autoritaria y la permisividad incontrolada. Su principal problema no es tanto su necesidad, sino cómo ejercerla, ya que, como señala Jares (2001: 107-108), muchos identifican obediencia con disciplina, y esto es confundir un modelo de disciplina con la disciplina en sí misma. Es decir, la disciplina no tiene que ser necesariamente autoritaria. Ahora bien, no se puede tener como referencia el modelo de disciplina tradicional, en el que el educador tiene todas las prerrogativas y al educando sólo le queda el deber de cumplirlas; ni vale, por otra parte, el modelo de disciplina asentado en el dejar hacer, para que sea el alumno el que marque el ritmo de la clase.

El concepto disciplina en su origen (latín) hacía alusión a la acción de aprender (*discere*) y no al orden y al control que han arraigado en el sistema educativo, quedándose en algunos casos como una mera tipificación de castigos frente al incumplimiento de unas normas.

Por el contrario, la indisciplina «es una actitud de rebeldía o un acto de respuesta ante una situación dada o impuesta». Indisciplinado será entonces quien transgreda, rechace, viole o ignore la normativa, la persona que «rompa o altere el orden, la que no acepte la estructura y la organización que rigen en la escuela» (Lago y Ruiz-Roso, 2000: 54). Por lo tanto, la indisciplina pone en evidencia los límites del control, del orden establecido.

Para López (2000: 14-15), las funciones de la disciplina son:

a) la socialización
b) la madurez personal
c) la interiorización de patrones éticos, y
d) la seguridad emocional, que no se consigue sin la orientación proporcionada de los controles externos, todo ello para propiciar un clima de responsabilidad, trabajo y esfuerzo.

2.3.3. Modelos de regulación de la convivencia

Torrego (2003) diferencia en el actual sistema educativo tres modelos de gestión de la convivencia: el sancionador, el relacional y el integrado. Son tres estilos que distinguen a grandes rasgos la manera de dar respuesta a los conflictos, así como los mecanismos preventivos. A grandes rasgos, las características de cada uno de ellos son:

1. **El sancionador** es el modelo heredado y más extendido. Es de tipo burocrático, y está basado en los recursos formales que posee el sistema, confiando en la normativa la capacidad de prevenir conflictos. Es punitivo, ya que considera que se debe castigar por el incumplimiento de las faltas que se cometan.

2. **El relacional** está basado en el diálogo y la buena disposición de las partes para evitar o resolver conflictos. Este modelo es informal y normalmente su aplicación queda librada al criterio del docente, en función de la gravedad del problema y del concepto que tenga de los implicados.

3. **El integrado** se basa en flexibilizar la aplicación del modelo sancionador e institucionalizar el relacional. Es participativo y de autorregulación de la disciplina, centrado en asumir compromisos, reparar y/o compensar el daño, etc., por lo que, en lugar de aplicarse estrictamente la normativa, se promueve formalizar mecanismos de diálogo para llegar a acuerdos que sustituyan los castigos por compromisos. Requiere también una formación específica en resolución constructiva de conflictos, así como la creación de equipos que asuman esa gestión. Por lo tanto, necesita un protocolo claro sobre los procedimientos para saber en qué casos, cuándo y cómo proceder en consecuencia, para lo que será necesario un consenso previo sobre dichos procedimientos y los criterios de toma de decisiones, así como una sensibilización hacia este tipo de actuaciones. Este modelo, si bien parte del sancionador como antecedente y marco normativo, se enriquece con la influencia del relacional, ya que promueve un estilo dialogante, y se legitima y oficializa a partir de la fusión de ambos. Tiene la ventaja de que aporta capacidad resolutiva a una forma de afrontar conflictos que no atendía a la solución de los problemas y la promoción de la toma de decisiones. Sin embargo, tiene el inconveniente de su

difícil implantación, ya que existe cierta resistencia por parte del profesorado a abandonar la «seguridad» de la norma y la conservación del poder, así como por la escasez de profesorado formado en la aplicación de esta modalidad de gestión de la convivencia y a la dificultad para trabajar de manera coordinada y en equipo.

$$\text{disciplina} + \text{poder heterónomo}^9 = \text{modelo punitivo}$$
$$\text{diálogo} + \text{poder autónomo} = \text{modelo integrado}$$

Estos modelos que describe Torrego son «puros» y, por lo tanto, en la diversidad de los centros es difícil encontrarlos tal cual en la práctica. Por eso se podría hablar de un cuarto modelo, al que llamaremos «combinado» (Funes, 2007: 15), porque responde a la realidad de los centros en el sentido de que muchas actuaciones se producen de manera inconexa, con modelos mixtos e improvisados. Por lo cual el modelo integrado, hasta no contar con procedimientos de actuación coherentes, podríamos decir que es más una meta, una utopía, que una realidad.

2.3.4. Plan de Convivencia[10]

Es el documento que trata de explicitar y racionalizar la puesta en marcha de los valores y objetivos de la organización orientados al tiempo y el espacio compartidos y al bien común. Debe perseguir la mejora del clima del centro. Es algo así como el plan de ruta o documento en el que se explicita la gestión. Empezamos por determinar qué contiene un Plan de Convivencia.

En primer lugar debe incluir una justificación en la que se definan principios, diagnóstico, expectativas y necesidades. Es preciso hacer también un análisis de causas explicando sus puntos fuertes y algunas pautas para superar los puntos débiles.

Luego describirá las normas, las cuales deben ser consensuadas, y contemplar las consecuencias rehabilitadoras, reparadoras o correctoras, además de los castigos y sanciones. También es recomendable pautar algunas consecuencias motivadoras o premios en algunos casos.

---

9. Entendiendo por «poder heterónomo» el que depende de otros, en este caso de los adultos, por oposición al autónomo, que es el que surge de uno mismo.

10. En el Anexo adjuntamos una lista para recoger información orientada a revisar y reflexionar sobre la gestión de la convivencia en el centro. Sirve para evaluar el estado de la cultura y de las prácticas en materia de convivencia.

En el siguiente apartado deberán detallarse las actuaciones y/o recursos con los que cuenta el centro. Se definirán los objetivos y criterios de actuación, donde habrá de concretarse una metodología y unos procedimientos. Éstos se expresarán claramente, diferenciando las acciones necesarias para alcanzar los objetivos, asignando responsabilidades (división de tareas) y previendo los recursos necesarios para llevarlos a cabo. Además deberán establecerse unos mecanismos que faciliten la información sobre el cumplimiento de esos objetivos, para ir corrigiendo y ajustando la acción. No estará de más evaluar los posibles riesgos en la implantación, para estar preparados.

Los ámbitos que debe contemplar un Plan de Convivencia son los de política educativa, normativa, transformación y ética del conflicto. Luego aparece la participación de los distintos estamentos de la comunidad educativa, las relaciones (dimensión orientada al cuidado socioafectivo y de la/s identidad/es), y por último la dimensión más propiamente educativa, orientada a estructurar los procesos de enseñanza-aprendizaje y el estilo docente. Es recomendable que se establezcan unas prioridades entre estos ámbitos, porque es imposible invertir esfuerzos en todos ellos a la vez.

La dificultad de un Plan de Convivencia para conseguir que no sea un papel más, sino una herramienta eficaz, reside en que debe respetar la diversidad de valores y los estilos personales, y crear un ideario común, para lo cual todos deben participar en su elaboración. Esto garantizará que sea conocido, aceptado y compartido por la comunidad educativa, proporcionándole un método para tomar decisiones que tenga en cuenta las necesidades personales.

Si este documento no existe como tal —ya que no es prescriptivo en todas las comunidades autónoma— no es óbice para que tales contenidos y objetivos no estén recogidos, aunque sea bajo otro formato, siempre y cuando se explicite lo que en él se propone.

3. RELACIÓN ENTRE ESTOS CONCEPTOS Y NUESTRA PROPUESTA

Una vez explicados todos estos conceptos, importantes para entender desde dónde parten los planteamientos, subrayaremos que la propuesta no busca quitar autoridad al profesorado, sino darle un papel activo al alumnado, en el sentido de implicarle, de incluir su voluntad y de hacerle partícipe de las medidas que se van a tomar como parte fundamental de su contribución positiva en el centro (buena actitud hacia el trabajo escolar y hacia las demás personas).

Con respecto a los modelos de convivencia, la propuesta está orientada hacia el modelo integrado, como aquel que incluye la dimensión de convivencia (más basada en el diálogo y la colaboración) y la disciplina positiva asentada no sólo en los recursos legales y punitivos, sino también en los (re) educativos y reparadores.

Sin embargo, es importante considerar una serie de cuestiones que preocupan al profesorado, como son:

1. Que la utilización del diálogo conlleve una pérdida de autoridad.
2. Que este cambio de perspectiva promueva la impunidad o pueda ser interpretado como debilidad.
3. Que no garantice la seguridad y el derecho a aprender de los otros.

Estas dudas y miedos en ocasiones son un impedimento para introducir modificaciones en la gestión de la convivencia. Vamos a clarificarlos para superar los obstáculos tanto imaginarios como reales que generan.

No es que no se lleve a cabo la justicia por medio de la aplicación del castigo, sino que la justicia se ejercerá a partir del cambio de actitud, un cambio negociado y supervisado. En cuanto al poder ejemplarizante de la aplicación de un castigo, no hay nada más ejemplar que un cambio de actitud, de forma de actuar, que es en última instancia lo que se busca. Lo que ocurre es que no tiene la visibilidad inmediata que puede tener, por ejemplo, una expulsión, y suele ser un proceso más lento. En realidad, ¿qué es lo que realmente se persigue? ¿Un cambio de actitud no estaría también preservando la seguridad y el derecho de aprender?

Con respecto a la supuesta debilidad que se pueda atribuir a este tipo de actuaciones, ¿por qué entender la dureza, la ejecución implacable del castigo como respuesta adecuada, y concebir la respuesta dialogante y comprensiva como débil o blanda? Hemos aprendido que la fuerza es un recurso válido para imponerse ¿pero es el procedimiento más educativo? O de cara a temer a la pérdida de autoridad o al descontrol, ¿no se puede pensar en ejercerla con firmeza pero también con flexibilidad? Y conducir así a un modelo de justicia, de autoridad y de convivencia más humanizado.

La convivencia conlleva unas normas, las cuales incluyen la posibilidad de cumplirlas, pero también la de no cumplirlas (por desconocerlas, ignorarlas o burlarlas). Sin embargo, para el aprendizaje y adaptación a las normas sería deseable que la institución educativa lo fuera sobre todo en este aspecto, en lugar de ser exclusivamente punitiva, a riesgo de entender la educación como un proceso de adaptación o castigo sin mecanismos intermedios.

Como se ve, la convivencia es una dimensión que conduce a terrenos muy espinosos y complejos, que no pueden abordarse de una manera simplificada, como a veces se pretende, reduciéndola a normativas, recetas, deberes y derechos. Por ello no pueden hacerse propuestas que no atiendan a esa complejidad. De hecho, normativas recientemente publicadas en diversas comunidades autónomas están orientadas a atender esta dimensión por medio de los planes de convivencia, demanda que los centros vivieron como burocracia añadida y resolvieron con más papeleo. De esta manera, sólo en algunos casos condujo a una reflexión sobre estas cuestiones, un debate sobre qué se persigue y qué se hace, cómo se hace, quién hace cada cosa y en general cuál es el estado de la cuestión en esta materia. Es preciso también valorar los resultados y, si no se está satisfecho, revisar si lo que se está haciendo es lo adecuado. De lo contrario hay que valorar qué falta para dar una respuesta más adecuada o eficaz, si es necesaria más formación, etc. En algunos casos es imposible plantear la reflexión sobre la propia práctica, ya que se supone que someterla a revisión equivale a cuestionar la labor educativa, como si el docente fuera infalible.

En otras profesiones no encontrar la respuesta buscada implica probar otras soluciones: el fontanero si no encuentra la avería, el médico si no da con el tratamiento adecuado, en cualquier servicio técnico si el aparato sigue funcionando mal... En todos estos casos el usuario reclama, pero en la educación no pasa así. Muchos profesores esperan que quienes cambien sean los alumnos, ya que son ellos los que tienen que adaptarse a su forma de trabajo. El que no llega o no puede, que se esfuerce más. Rara vez el profesor replantea su forma de trabajo o busca un camino alternativo. Pero, desde su perspectiva, ¿quién es el profesional? ¿Quién debe adaptarse a quién? ¿Cuándo hay que forzar un poco más al alumno? O por el contrario, ¿es el docente el que tiene que cambiar?

Como parte del planteamiento general, nuestra propuesta es:

1. Que la convivencia debe ser planificada, gestionada y evaluada.
2. Que la eficacia será la resultante de la prevención, el tratamiento de conflictos y la coherencia entre los objetivos propuestos y los efectivamente alcanzados. Su meta debe ser siempre la mejora.
3. Que un Plan de Convivencia no puede basarse exclusivamente en una técnica concreta o una persona determinada, sino que depende de los recursos legales, así como de un tratamiento positivo de conflictos. Es decir, no puede apoyarse solamente en las medidas disciplinarias, en la mediación o en cualquier otra estrategia, ni tampoco ser competencia exclusiva de un profesor o un jefe de estudios. La convivencia requiere planteamientos y técnicas diversas y de

trabajo en equipo. Es necesario, como ya hemos dicho, hacer trajes a medida para el centro, el grupo y/o la persona implicada, puesto que los tratamientos normalizados son sólo una referencia, no un dogma.

4. Que todas las propuestas aquí reflejadas respondan a la demanda de la comunidad educativa. Hay que elaborarlas a medida y partir de la convicción y de la implicación en el proyecto. Si la persona no cree en ello, si le resulta demasiado el esfuerzo, si no lo necesita, no debe hacerlo. Estas premisas también tienen relación con la eficacia. Si se cumplen de manera impuesta o forzada, no funcionarán, porque tal actitud se refleja en la tarea. Esta implicación –o falta de ella– se trasluce y se ve a través de la actitud con la que cada cual hace su trabajo o muestra hacia determinadas personas.

Hasta ahora hemos tratado de explicar desde dónde hacemos esta propuesta. Pasaremos ahora a describir cómo y quién puede hacerlo.

3.1. ¿Qué son los tutores o coordinadores de convivencia?

Son profesores con unas competencias específicas en temas de convivencia y preferentemente con una liberación de horario reservada a tales fines[11]. Se encarga tanto de llevar a cabo el Plan de Convivencia como de coordinar actuaciones y agentes orientados a la consecución de los objetivos de éste. Actúa desde el Aula de Convivencia, cuyo espacio no está pensado como un lugar de castigo al que mandar a aquellos que molestan en clase, sino que sirve para enviar a los alumnos sobre los cuales las actuaciones previas no hubieran dado resultado, y también para los que ponen o reciben una queja y se les quiere ayudar. Es un espacio destinado a promover un cambio de actitud o a tratar colaborativamente un conflicto. Puede ser una instancia previa, paralela o alternativa al castigo, en la que el profesor es el negociador, facilitador, promotor o coordinador de las actuaciones. Debe gestionar las actuaciones educativas centradas en la convivencia desde la dimensión colaborativa de ésta, más que de la punitiva, que sigue siendo responsabilidad del equipo directivo, la Comisión de Convivencia, etc.

---

11. Como en el caso de Castilla y León: Consejería de Educación de Castilla y León, Resolución de 10 de julio de 2006, de la Dirección General de Coordinación, Inspección y Programas Educativos, por la que se implanta la figura del coordinador de convivencia en los centros docentes de Castilla y León a partir del curso 2006-2007. Consejería de Educación de Castilla y León, Resolución del 7 de Mayo de 2007 por la que se implanta la figura del coordinador de convivencia en los centros docentes de Castilla y León a partir del curso 2007-2008.

Es un papel parecido al de un director de orquesta, que debe buscar la armonía, intentando sacar lo mejor de cada miembro a partir de sus posibilidades en la dimensión específica de sus interrelaciones, sobre la base de los procedimientos y el ideario que definan el Plan de Convivencia respectivo y la realidad del centro. No quiere decir que tenga que asumirlo todo, pero deberá saber qué es lo que puede aportar cada uno para el mejor aprovechamiento de los recursos.

Las figuras más próximas, antecedente de los tutores de convivencia, son los coordinadores del equipo de tratamiento de conflictos y mediación, que funcionan desde finales de la década de 1990. Sin embargo, sus funciones se encuentran más acotadas y centradas en organizar dicho equipo y sus actuaciones. Es decir, es un recurso importante de la convivencia, pero no realiza la gestión general de la misma. Esta figura también supera algunos de los límites de la mediación, ya que el tutor de convivencia personaliza la intervención y la ordena, organizando y coordinando las distintas actuaciones y agentes, y proporciona a la vez adaptabilidad a la intervención por medio de múltiples estrategias y posibilidades. Valga como ejemplo el tratamiento de los alumnos con problemas de disrupción, o los absentistas reincidentes, cuyos conflictos generalmente –y a priori– no son abordables desde la mediación. Si el tutor de convivencia negocia un compromiso con el alumno en relación a un mismo problema que tiene con varios profesores, este tutor hace la evaluación del cumplimiento coordinándose con el conjunto de los involucrados en este acuerdo.

Las experiencias más recientes podemos encontrarlas en Canarias[12], mediante figuras educativas denominadas «tutores de convivencia», que inician su experiencia en el año 2003. También se ha instaurado en el curso escolar 2006-2007 en Castilla y León, pero allí reciben el nombre de «coordinadores de convivencia». En definitiva se trata de nombres distintos para el experto en convivencia. Comentaremos algunos matices sobre los aspectos que distinguen a ambas experiencias. La primera, en el caso canario, ha designado a éstos como «tutores», denominación que parece incidir más en los aspectos educativos que en los organizativos y administrativos, los cuales aluden más a la figura del «coordinador». Se trataría de una tutoría esporádica, personalizada y acotada a un objetivo específico, a diferencia de las tutorías que funcionan de manera sistemática. Los matices a los que se refieren estos conceptos también sugerirían que el *tutor* podría aportar una visión más personalizada en su actuación, centrada más en el alumnado conflictivo, mientras que el *coordinador* tendría una visión más general o global, impulsando programas variados y múltiples a nivel organizativo.

---

12. En el IES Eusebio Barreto Lorenzo (La Palma), cuya experiencia aparece recogida en otro lugar de este libro.

La última diferencia está relacionada con el surgimiento de este papel, pero no con su tarea: en el caso canario es una figura que nace de la propia comunidad educativa, aceptada y demandada por ésta. En Castilla y León, es una figura que prescribe la administración (y la escoge el propio centro).

En Castilla y León, además de implantarse en la etapa de Educación Secundaria, se puso en marcha en algunos centros de Primaria. Esto es muy positivo, porque la gestión de la convivencia en este nivel se encuentra más orientada por un modelo relacional, menos burocratizado, por lo que serviría para racionalizar en mayor medida la intervención en este nivel educativo y dotarla de una mayor coherencia e institucionalización.

Para terminar de comprender el sentido de esta figura, digamos que se trata de «expertos funcionales» con una capacidad de decisión en su campo específico, el de la convivencia, dotando al centro de la adaptabilidad que necesita ante estos entornos impredecibles y/o turbulentos[13]. Este estilo de gestión favorece que la autoridad esté distribuida, dispersa o descentralizada, es decir, no fluye de acuerdo a la jerarquía, creando en la organización pequeños ámbitos de control, uno de los cuales sería la convivencia.

3.2. ¿Cuáles son las funciones de estos agentes?

Aunque en un capítulo próximo desarrollaremos esta experiencia detalladamente, y también la normativa en la que se concreta este perfil[14], haremos una introducción a las características principales de esta figura. En primer lugar diferenciaremos dos grandes niveles de intervención a los que se orientan sus funciones:

1. A nivel de centro: se podría decir que en la organización este experto en convivencia ejercería el liderazgo en esta dimensión específica. Se trata no tanto de un cargo oficial, sino del líder de un proyecto y un grupo acotado. Es quien «inspira a los

---

13. Relacionado con esto mencionamos una idea aportada por Márquez y otros (2007), que denominan «escuela adhocrática» a la que caracterizan como una organización transitoria, flexible, adaptable e innovadora, especialmente apta para ambientes cambiantes, complejos (sin ser ella misma compleja), inestables, etc. Es lo opuesto a la burocracia. En ella las funciones y responsabilidades serían fluidas, ya que la organización estaría basada en la tarea y requeriría trabajo en equipo y compromiso. Sería un marco idóneo para el desempeño de las tareas de tutores o coordinadores de convivencia.

14. Consejería de Educación de Castilla y León, Instrucción de 23 de Marzo de 2007, de la Dirección General de Coordinación, Inspección y Programas Educativos, sobre la supervisión de los planes de convivencia y de las funciones desempeñadas por el coordinador de convivencia en los centros docentes de Castilla y León.

demás para que encuentren su voz» (Covey, 2004: 117), representando la influencia, la confianza, etc. Debe lograr que las personas sientan que forman parte de algo, que se realicen y tengan un objetivo. Este autor define a los líderes de éxito como aquellos que determinan la dirección o visión de la organización. Son un modelo personal, movilizan al compromiso individual, implicando a los demás compartiendo poder y generando capacidad organizativa para crear equipo, incentivar la innovación, etc.

Este autor advierte asimismo de los posibles riesgos si no se promueve esta implicación, y los describe como problemas crónicos generados por la ausencia de visión o valores compartidos, lo que conduce a una cultura ambigua y caótica en la que «las reglas ocuparán el lugar del juicio humano porque, a medida que la situación se va escapando de las manos, los directores sienten la necesidad de poseer un mayor control. La burocracia, las jerarquías, las reglas y las normas se convertirán en algo parecido a una prótesis de la confianza. Cualquier sugerencia de las personas o desarrollo de liderazgo se considerará blando, delicado, poco realista» (Covey, 2004: 127). Y concluye que el resultado serán luchas internas, actitudes defensivas, apatía, rivalidad, etc. Sólo se espera que hagan lo que se dice y que se sigan las reglas, por lo que se convertirá así en una organización de *autómatas*.

Trataremos de explicar cómo el liderazgo puede llevarse a la práctica de una manera más concreta. Este tutor es el responsable de llevar a cabo las acciones necesarias para desarrollar el Plan de Convivencia, tanto en su dimensión preventiva como de tratamiento de los conflictos, coordinando y promoviendo la colaboración y la participación de los distintos agentes que intervienen en la comunidad educativa: equipo directivo y de orientación, docentes y no docentes, alumnado y sus familias, y otros agentes externos.

Por lo tanto, puntualizando un poco más podríamos destacar entre las funciones del tutor o coordinadores de convivencia una dimensión administrativa, de gestión, atención y coordinación entre los distintos miembros y grupos de la comunidad educativa ante las diversas actuaciones que llevan a cabo. También se encargaría de la elaboración de la documentación que surja, y del diseño y evaluación más general del Plan de Convivencia de centro.

Deben idear actuaciones orientadas a la prevención, que contribuyan a realizar los ajustes necesarios entre los problemas de adaptación externa y los de integración interna, a crear una cultura de centro (buscando responder al ¿cómo estar juntos?) y promover la cooperación no sólo hacia el interior, sino también con el entorno y las familias. También pueden asumir otro tipo de acciones más directas, como planes de acogida, tutoría intercultural, afectiva o de otros tipos, programas de competencias y habilidades sociales, rehabilitación de reincidentes, maltratadores, etc., sesiones grupales para tomar decisiones consensuadas o para trabajar sobre valores (en asambleas, claustros y otras reuniones), o distintas iniciativas orientadas al seguimiento del plan y modelo de convivencia, que serán de su incumbencia. Estamos pensando en la coordinación de los distintos equipos (mediación, alumnos ayudantes, etc.), o las distintas acciones: tutorías especiales (no la clásica), fechas claves o emblemáticas (Día de la Paz, de la Igualdad, Centro Guapo[15], etc.).

Por lo tanto, su tarea consiste en favorecer los procesos en virtud de los cuales todos los agentes de la comunidad educativa que tengan una vinculación directa o indirecta con la convivencia actúen en una misma dirección.

2. A nivel individual: las principales competencias a este nivel serán –desde la dimensión del proceso– de diagnóstico, implementación de actuaciones y evaluación y seguimiento, revisando el cumplimiento y los resultados. Si fuera necesario debería realizar las modificaciones oportunas. Como resumen valga el siguiente cuadro:

AGENTES/ DESTINATARIOS	PROBLEMAS/CONFLICTOS	ACTUACIONES
Alumnado	Disrupción, conducta inapropiada y/o reincidente, enfrentamiento al profesor	Negociación
	Exclusión del grupo	Círculo de amigos o alumnado ayudante
	Incumplimiento de normas o reincidencia	Negociación
	Maltrato	Método Pikas, alumnado ayudante, mediación, reeducación.
	Peleas o enfrentamientos	Premediar, mediar o derivar a mediación según el caso.
	Clase enfrentada o dividida	Asamblea, consenso o mediación grupal.
Profesorado	Ante los problemas que plantean los alumnos y/o sus familias	Coordinación, negociación
	Con sus compañeros	Mediación, negociación o alcanzar un consenso
Familias, Departamento de Orientación, equipo directivo y agentes externos	Ante los problemas que tienen los alumnos	Coordinación, negociación

---

15. Así se llama el día emblemático del IES Eusebio Barreto Lorenzo (Canarias).

La atención de casos individuales, independientemente del tratamiento que se lleve a cabo, requerirá un seguimiento y registro, y eventualmente la derivación y/o coordinación con otros agentes. En ocasiones el tutor de convivencia se constituye en un negociador entre la parte protagonista del conflicto (problemas de disrupción, incumplimiento de normas, etc.) y los intereses y necesidades del centro al cual representa. Por eso más adelante incidiremos especialmente en esta habilidad, dada la importancia que tiene para el desempeño de estas funciones.

El Aula de Convivencia, en lo que se refiere a las intervenciones personalizadas, será un espacio en el que actuará el coordinador o tutor atendiendo quejas de los profesores, los alumnos o las familias, e intentando informar y promover la colaboración entre todos los agentes implicados para coordinar las actuaciones si fuera necesario.

También hay que dejar claro qué es lo que *no* se hace en el Aula de Convivencia, para evitar malos entendidos o expectativas erróneas. Desde este aula no se pueden solucionar todos los conflictos, puesto que el tutor de convivencia no hace milagros (a veces se espera que los alumnos *malos* se convierten en *buenos*, que los padres que no colaboran, colaboren, etc.). Es una persona capacitada en unas competencias específicas destinadas a la transformación de conflictos y con disponibilidad para ocuparse de ello. Lo que trata es de promover un cambio de actitud y facilitar dicho proceso. Tampoco el Aula de Convivencia sirve para cuidar al alumnado ni para criticar, interpretar, sancionar ni asumir funciones de otros agentes, ni para invadir o solapar competencias.

En el Aula de Convivencia se elabora un tipo de contrato que sirve para modificar conductas desajustadas e instaurar otras más adecuadas; luego habrá que planificar el procedimiento a seguir, aplicando las consecuencias positivas y negativas que se hayan previsto y haciendo un registro del seguimiento para comprobar su cumplimiento. Todas estas actuaciones requieren mucha coordinación y constancia, ya que se distribuyen responsabilidades entre el profesorado. Éste debe colaborar activamente. En algunos casos también se debe informar y promover la colaboración de las familias, para que acompañen y refuercen el proceso. Este tipo de actuación puede hacerse también con grupos que tengan conflictos.

Por lo tanto, esta figura, al tener la capacidad de focalizar el todo, pero también la parte, a la vez que la relación entre ambos, debe poseer un conocimiento amplio y exhaustivo de distintas estrategias para así aplicar la más adecuada para cada situación. Y además de los tratamientos individualizados deberá también conocer recursos para casos grupales, de los cuales en ocasiones no se encargará directamente, pero puede actuar como dinamizador y orientador. Es el caso de los planes de acogida, estrategias para colectivos específicos, experiencia con alumnado inmigrante, etc.

El otro aspecto a abordar sería más en función de la temática que de los destinatarios. Valgan como ejemplo actuaciones orientadas a la diversidad, la igualdad, la prevención y el tratamiento del acoso escolar, el consenso de normas, etc. Todo este abanico de posibilidades deberá formar parte de la *caja de herramientas* de que deberá proveerse cada experto. Y ello sin angustiarse, ya que en todas las actuaciones no se requerirá la misma implicación, esfuerzo y momento, siendo también muy importante aprender a dinamizar, motivar y delegar para promover la participación y la corresponsabilidad en la acción por parte de todo el centro.

Con tanto prerrequisito más de un lector ya se habrá propuesto abandonar la lectura, pensando en que probablemente llevar a cabo todo esto va a ser demasiado difícil, o imposible en su centro, que con su equipo directivo, su claustro, su alumnado y sus familias no resulta viable. Las preguntas que debe hacerse son las siguientes: ¿Es viable para mí? ¿Creo en esto? ¿Me puede ayudar a hacer mi trabajo mejor o a sentirme mejor en mi trabajo?

Esta opción es viable si lo es para quien realiza el trabajo, usándola para relacionarse con sus compañeros, con sus alumnos y sus familias. Si somos capaces de introducir a nivel cotidiano, próximo, directo e interpersonal esta visión de la gestión de la convivencia, podrá proyectarse a niveles más amplios. Si al lector le ha valido para utilizarlo a nivel individual, en su aula, en su día a día, ya habrá amortizado su esfuerzo. Y a veces esta es la mejor manera de empezar, porque los demás se darán cuenta de que su forma de trabajar puede generar la confianza necesaria para que esta opción pueda implementarse a niveles más generales. Cuando comentamos acerca del liderazgo que ejerce esta figura, recordemos que una de las bases era el *ser uno mismo* el modelo de lo que se pretende.

Para finalizar, y como reflexión, sería bueno preguntarse: «¿Hasta qué punto parte de los alumnos con fracaso escolar no son más bien inadaptados al sistema, por su incapacidad de disciplinar sus cuerpos y sus mentes, más que por no adquirir unos conocimientos» (Maldonado, 2003). Es decir, hasta qué punto el fracaso escolar no es sino de adaptación al sistema escolar, y en qué medida invirtiendo en convivencia no se estará haciendo en mejora del rendimiento, ya que para conseguirlo se requiere, como condición *sine qua non*, un buen clima de convivencia.

4. BIBLIOGRAFÍA

Aguerrondo, I. (1996). *La escuela como organización inteligente*. Buenos Aires: Troquel.

Blau, P. (1979). «Organizaciones: teorías», en *Enciclopedia Internacional de las Ciencias Sociales*, dirigida por Sills, D., volumen 7,. Madrid: Aguilar.

Cambra, J. (2004). «Elementos generadores/indicadores de calidad como herramienta de gestión y de diferenciación de los centros educativos: un estudio de caso múltiple en la provincia de Huesca, Zaragoza». *Revista de Gestión Pública y Privada*, 9, pp. 71-86.

Cardona, J. M., y Cardona S. (2003). «Los ocho hábitos clave para el desarrollo de directivos». *Capital Humano. Revista para la Integración y Desarrollo de los Recursos Humanos*, 165, pp. 72-79.

Covey, S. (2004). *El octavo hábito. De la efectividad a la grandeza*. Barcelona: Paidós.

Dahl, R. (1979). «Poder», en *Enciclopedia Internacional de las Ciencias Sociales*, dirigida por Sills, D., volumen 8. Madrid: Aguilar.

Dana, D. (2001). *Adiós a los conflictos*. Madrid: McGraw-Hill.

De la Corte Ibáñez, L. (2000). «Poder y conflicto en la escuela: una dimensión polémica de la educación». *Tarbiya, Revista de Investigación e Innovación Educativa*, 25, pp. 21- 48.

Fernández, I. (2000). «¿A quién le toca la convivencia?», en *Revista Organización y Gestión Educativa*, 4, pp. 9-12, Barcelona: Praxis.

Frigerio, G. y otros (1992). *Las instituciones educativas. Cara y Ceca. Elementos para su comprensión y gestión*. Buenos Aires: Troquel.

Funes, S. (2007). «Los modelos de convivencia escolar. Hacia un nuevo disciplinamiento». *IX Congreso de la Federación Española de Sociología: Poder, Cultura y Civilización*. Barcelona: FES.

Giddens, A. (1991). *Sociología*. Madrid: Alianza.

Gotzens, C. (1986). *La disciplina en la escuela*. Madrid: Pirámide.

Jares, X. (2001). *Educación y conflicto. Guía de educación para la convivencia*. Madrid: Popular.

Lago, J. C. y Ruiz-Roso, L. (2000). «Autoridad y control en el aula: de la disciplina escolar a la disciplina judicial». *Tarbiya, Revista de Investigación e Innovación Educativa*, 25, pp. 49-93.

López, J. (2000). «Convivencia y disciplina en los centros escolares». *Revista Organización y Gestión Educativa*, 4, pp. 13-16.

Maldonado, S. (2003). «El conflicto social y sus manifestaciones violentas en la escuela», suplemento digital de la revista *La educación en nuestras manos,* 1, pág. 2, Buenos Aires.

Malgesini, G., y Giménez, C. (2000). *Guía de conceptos sobre migraciones, racismo e interculturalidad*. Madrid: Catarata.

Márquez, V., Moreno, J., y Gómez M. (2007). «La convivencia como oportunidad: la escuela adhocrática». *I Congreso Internacional de Orientación Educativa de Andalucía*, Dirección General de Participación y Solidaridad en la Educación, Consejería de Educación, Junta de Andalucía, Granada.

Moreno, J. y Luengo, F. (coord.) (2007). *Construir ciudadanía y prevenir conflictos. La elaboración de planes de convivencia en los centros.* Madrid: Wolters Kluwer Educación.

Peabody, R. (1979). «Autoridad», en *Enciclopedia Internacional de las Ciencias Sociales*, dirigida por Sills, D., volumen 1. Madrid: Aguilar.

Ramo, Z., y Cruz, J. (1997). *La convivencia y la disciplina en los centros educativos. Normas y procedimientos.* Madrid: Escuela Española.

Segura, M. (2008). *Enseñar a convivir no es tan difícil.* Bilbao: Desclée de Brouwer.

Simón, P. (2007). «Los colegios tendrán un policía de referencia para drogas y violencia». *El Mundo*, p. 23, Madrid, 27 de abril.

Thinès, G. y Lempereur, A. (1978). «Eficacia y Gestión», en *Diccionario General de Ciencias Humanas*. Madrid: Cátedra, pp. 270-271 y 410.

Torrego, J. C. (coord.) (2003). *Resolución de conflictos desde la acción tutorial.* Consejería de Educación, Comunidad de Madrid.

Witzel, M. (1999). «Eficacia y Gestión», en *Diccionario de Empresa y Gestión*. Madrid: Paraninfo, pp. 104 y 137.

5. NORMATIVA

– Consejería de Educación de Castilla y León, Resolución de 10 de julio de 2006, de la Dirección General de Coordinación, Inspección y Programas Educativos, por la que se implanta la figura del coordinador de convivencia en los centros docentes de Castilla y León a partir del curso 2006/2007.

– Consejería de Educación de Castilla y León, Instrucción de 23 de marzo de 2007, de la Dirección General de Coordinación, Inspección y Programas Educativos, sobre la supervisión de los planes de convivencia y de las funciones desempeñadas por el coordinador de convivencia en los centros docentes de Castilla y León.

– Consejería de Educación de Castilla y León, Resolución del 7 de mayo de 2007 por la que se implanta la figura del coordinador de convivencia en los centros docentes de Castilla y León a partir del curso 2007-2008.

6. ANEXO. PREGUNTAS PARA REVISAR Y REFLEXIONAR SOBRE EL ESTADO DE LA CONVIVENCIA EN EL CENTRO

1. ¿Se han revisado las normas? ¿Son las que el centro necesita para dar respuesta a sus necesidades?

2. ¿Se debate sobre la aplicación de la normativa, las correcciones que se imponen, o se elaboran compromisos, medidas reparadoras, etc.?

3. ¿Se demandan y se apoyan sólo medidas de aislamiento («Que me quiten al alumno de mi clase»), más castigos o endurecimiento de las mismas? Si existen otras, ¿cuáles son?

4. Las medidas que se proponen, ¿buscan dar respuesta a los problemas que tienen que resolver o se prefiere ir a lo conocido?

5. ¿Hay conciencia de en qué fase y aspectos se está del desarrollo del Plan de Convivencia?

6. ¿Qué medidas preventivas ofrece el plan?

7. ¿Qué recursos da para el tratamiento de los conflictos?

8. ¿Quiénes actúan en el tratamiento de conflictos?

9. ¿Y en la prevención?¿Qué se hace en este terreno?

10. ¿Quiénes piden la resolución de conflictos? ¿Qué papel se les asigna a los demandantes en su tratamiento?

11. Qué ideas aparecen en relación a:

 a) los alumnos
 b) las familias
 c) el profesorado
 d) otros

Y respecto a:

 e) causar conflictos
 f) implicar en su resolución
 g) la gestión de la convivencia por parte del equipo directivo
 h) y/o de otra figuras... ¿Cuáles?

12. ¿Se valora el bienestar de los distintos miembros de la comunidad educativa?

13. ¿Se analiza la calidad de las relaciones en y entre los distintos estamentos?

14. ¿Se buscan líneas de mejora en la gestión de la convivencia del centro?

15. ¿Se indaga sobre cómo mejorar las actuaciones?

16. ¿Qué hay que hacer?

 a) Promover cambios en el modelo de convivencia.
 b) Promover formación.
 c) Potenciar determinadas medidas, estrategias, personas.
 d) Favorecer la implicación de equipos docentes y directivos.
 e) Promover la revisión de documentos, ideario, prácticas, procedimientos, buenas prácticas, protocolos, etc.

CAPÍTULO II
LA ESCUELA: RELACIONES INTERPERSONALES, COMUNICACIÓN Y CONFLICTO

Damián Saint-Mezard Opezzo

Resolver los conflictos que se presentan a diario en el campo educativo es algo que guarda relación directa con las habilidades de cada profesor (o alumno), pero también con un entrenamiento o formación específica que le dote de herramientas para solucionar esos problemas.

Muchos conflictos tienen su origen, pero también su solución, en la comunicación. Distorsión en la comprensión o un mal entendimiento son algunas de las causas vinculadas con lo que se comunica o no se comunica, y deja una puerta abierta a una situación conflictiva. De cara a este capítulo mencionaremos algunas características de la dimensión comunicativa interpersonal, útiles tanto para los profesores como para los alumnos, de forma que conozcan y puedan gestionar diferentes situaciones conflictivas. Son habilidades imprescindibles para la resolución constructiva de conflictos, y más concretamente para la figura del tutor de convivencia al abordar su trabajo. En cualquier caso, este artículo se dirige a todas aquellas personas que deseen mejorar aspectos de su propia convivencia y de la comunicación.

1. LA COMUNICACIÓN

Saber cómo funciona la comunicación es útil para entender por qué se producen los conflictos, ya que conociendo los mecanismos comunicativos se puede prevenir gran parte de los problemas. La palabra comunicación encierra usos múltiples, y cubre cualquier tipo de relación, desde los recursos tecnológicos de emisión y recepción de datos, a los medios de información de masas, pasando por la relación interpersonal. Es decir, se trata de un proceso dinámico entre al menos dos partes, y conlleva un carácter transaccional. En este proceso se da el conflicto y se emite una serie de mensajes que modifican constantemente la relación interpersonal entre dos alumnos, entre alumno y profesor, etc.

En la comunicación interpersonal, si las palabras son el contenido del mensaje, las posturas, gestos, expresión y tono de voz forman parte del contexto que enmarca el mensaje y dan sentido al proceso comunicativo. Además, se da una retroalimentación, puesto que la comunicación interpersonal puede asimilarse a un círculo. Todo lo que se dice influye en los demás, y lo dicho por los demás influye en uno (Funes, S., y Saint-Mezard, D., 2000: 22). Este tipo de intercambio representa mucho más que las palabras pronunciadas. Es más bien todo un universo de gestos, entonaciones, mensajes inconscientes, etc. Quizá no tiene tanto peso lo que se dice, sino cómo se dice. Esto es lo que da sentido real a los mensajes.

La comunicación no consiste únicamente en la existencia de un emisor y un receptor. Es una negociación continua entre dos personas, un *acto creativo*. No se mide por el hecho de que el otro entienda exactamente lo que uno dice, sino porque la otra persona contribuya con su parte, y ambos cambien en algo una vez se ha producido la acción comunicativa. Cuando logran comunicarse, lo que forman es un sistema de interacción y reacción integrado.

Es difícil que se produzca una (buena) comunicación cuando existe confrontación, y a veces es la (mala) comunicación la que genera el conflicto. Esto ocurre en el sentido de que la relación cristaliza en un punto en el que una de las dos partes no está de acuerdo. También puede expresar un conflicto (es decir, ser su manifestación) en el que la comunicación no es más que un síntoma de una relación deficiente. A la vez, la comunicación puede transformar un conflicto, sea para mejorar o empeorar esa relación, pero en cualquier caso modificándola, ya que es el medio por el cual las partes tratarán de establecer un nuevo enfoque. Este hecho es de crucial importancia para quien afronta la gestión de la convivencia de un centro escolar, porque uno de sus principales objetivos es transformar un conflicto mediante un cambio en la comunicación entre dos partes.

Los conflictos aparecen en sistemas de interacción, es decir, que se desarrollan mientras dos o más personas se comunican. Pero además de transmitir ciertos contenidos de información, buscan definir cuál es la naturaleza de la relación. Cuando se habla de comunicación en relación con los conflictos y su resolución, en su versión más deseable, se hace hincapié en la búsqueda de acuerdos o puntos en común, alternativas que satisfagan a ambas partes y que permitan transformar las discrepancias. El punto contrario, el no comunicarse en busca de un entendimiento, sería el resultado de la hostilidad. Covey (2005: 227) lo expresa en una tabla que refleja los distintos modos de comunicación relacionados con la disposición a llegar a entendimiento. En esta valoración la hostilidad, e incluso una comunicación defensiva, tendrían como resultado probable del conflicto una discusión. El nivel siguiente consistiría en la comunicación de compromiso, que serviría, si no para entender al otro, al menos para llegar a acuerdos mínimos válidos para todos (transacción). El nivel deseable en la resolución de conflictos, desde el punto de vista de los modos de comunicación, sería la búsqueda de sinergias o coincidencias entre dos o más partes, mediante la búsqueda de alternativas a las propuestas analizadas hasta ese momento. De ese modo los actores del conflicto, entendiendo las necesidades del otro o de los otros, pueden transformar la situación de una forma satisfactoria para todos.

GRADACIÓN DE LOS MODOS DE COMUNICACIÓN (*CONTINUUM*)	
MODOS DE COMUNICACIÓN	PROBABLE RESULTADO DEL CONFLICTO
SINERGIA O COINCIDENCIA/ ALTERNATIVAS DIFERENTES	TRANSFORMACIÓN POSITIVA
COMUNICACIÓN DE COMPROMISO	TRANSACCIÓN
COMUNICACIÓN DEFENSIVA	DISCUSIÓN
HOSTILIDAD	

La comunicación es, en definitiva, el proceso de creación de un entendimiento compartido. El término proviene del latín *communis*, que significa «común» o «compartido», y pertenece a la misma familia de palabras de «comunión», «comunismo» o «comunidad», entre otras. Esto implica que hasta que no logremos compartir la información con otra persona, la comunicación no se habrá producido. No es una cuestión de transferir un conjunto de informaciones, sino que se trata de crear un significado para esos datos, y compartirlo. Muchos profesores vuelcan el contenido de sus asignaturas sin comprobar si se les entiende (es decir, no se preocupan de buscar un entendimiento compartido). En tal caso se podría dudar acerca de si realmente ha habido o no comunicación, al menos en el sentido al que nos referimos. Si una de las dos partes no entiende lo que la otra quiere decir, eso significa que la comunicación, tal como una de las partes se la había propuesto, ha fracasado. Permanecer atento a si es una inadecuada comunicación lo que genera el conflicto debe ser una de las actuaciones primordiales del tutor de convivencia, y constituye un pilar básico para resolver buena parte de los problemas que surgen en el recinto escolar.

2. RELACIÓN, ESTATUS Y PODER

La comunicación es un medio por el cual establecemos, fijamos o cambiamos una relación. Las relaciones no son fijas o permanentes, sino complejas y dinámicas, y operan siguiendo una serie de factores, como el estatus, el poder, el papel desempeñado o la empatía, que se van transformando con el tiempo, incluso con las mismas personas (alumnos, profesores, familia, etc.). Esto se ve con claridad en los centros educativos, donde cada vez más se verifica que si la relación (comunicativa o no) se basa en el poder, está destinada al fracaso, siendo necesaria una interacción complementaria, como el establecimiento de una empatía. Podemos definir ésta como la capacidad de situarse en el lugar del otro, para poder establecer un marco apropiado para la situación de enseñanza-aprendizaje.

Una persona puede ocupar (o sentir que ocupa) una posición más o menos elevada con respecto a otra, es decir, siente que posee un estatus diferente. Sin embargo, la estabilidad del estatus es siempre precaria, ya que se basa en las percepciones de los demás. El poder es el control que una persona ejerce sobre otra. Para tener poder sobre una persona es necesario tener capacidad para influenciarle (o que esa otra persona se perciba como influenciada) de una u otra manera, lo que afecta, en consecuencia, a su comportamiento. En el terreno educativo, ese papel de estatus superior se ha ido deteriorando (ya no existe la figura superior del *maestro*, expresado en términos de respeto casi reverencial que podía encontrarse en el pasado), sino que el profesorado es visto más bien como un trabajador que cumple con su tarea. Al resultar al menos materia opinable, la posición *per se* de su estatus superior debe construirse sobre una relación que le permita lograr un clima adecuado (comunicativo, entre otros) para su desempeñar su trabajo.

Sin embargo, cualquiera de estos conceptos puede destruirse o modificarse en un instante. El papel desempeñado son las pautas de conducta que los demás esperan de alguien, pero lo importante es, en realidad, cómo lo perciben los demás. Las personas tienden a comunicarse adoptando un papel. Hay uno formal (hijo, profesor) y uno informal, conseguido mediante la experiencia que la gente tiene del comportamiento del otro. La mayoría de las veces las conversaciones resultantes tienden a verse limitadas por la imagen que los demás ven de esa persona. La relación se ha cristalizado en un determinado papel para su continuidad. De este modo no se va más allá, aunque cada persona es más que profesor, alumno, padre, hijo o seguidor de un equipo de fútbol, etc.

Los conflictos ocurren en el marco de interacciones, en el que dos o más personas se comunican, pero como se ha mencionado antes, también buscan definir o cristalizar la naturaleza de una relación. En esa definición, o en el intento de modificar cómo ha cristalizado, se generan gran cantidad de conflictos. Se puede empezar con buen o mal pie, y esa relación podrá modificarse (aunque seguramente la relación negativa desde un principio tenga dificultades para cambia, porque los demás, por ejemplo un profesor con los alumnos, se negarán a verle con otros ojos).

La mayoría de las conversaciones forman parte de un proceso dinámico o de una relación en evolución. No se trata de un corte estático, de un momento, sino que constituye una interrelación con una historia, sea conflictiva o no. Incluso las conversaciones en una clase, aparentemente triviales y rutinarias, nunca versan exclusivamente sobre hechos, cifras o datos técnicos, sino que siempre incluyen elementos de relación entre las personas. Lo mismo ocurre entre los profesores. En la educación, el vínculo se construye a partir de la relación particular que han establecido el profesor y un alumno, que puede ir desde la confianza o desconfianza, hasta la aceptación normal, las altas expectativas, etc. Sobre este tema existe una gran cantidad y variedad de literatura, y de particular interés es la que trata del efecto provocado por las expectativas que los profesores tienen sobre sus alumnos, y los resultados que éstos obtienen finalmente en relación con ellas.

3. EL DIÁLOGO

En la comunicación son claves la actitud de escucha, es decir, poner de manifiesto que alguien tiene la intención de escuchar realmente al otro, y también las habilidades comunicativas del hablante.

La palabra conversación proviene del latín, de un término que significa «moverse alrededor de», a la manera de una danza. Los diferentes tipos de comunicación presentan distintas clases de reglas: por ejemplo, es un equilibrio dinámico entre hablar y escuchar. Podemos entender el concepto de conversación como la actividad de una persona que habla con otra, pero no se ha de olvidar que al mismo tiempo se están escuchando mutuamente. Si nadie escucha, si no se reconocen gestos de la otra parte, no hay conversación. Escuchando es como se establece un terreno en común, el código compartido. Si un profesor ve que no está siendo entendido y no verifica que eso ocurre, está ignorando toda una serie de señales, no está «escuchando» qué se le dice. A partir de aquí posiblemente sufra una serie de consecuencias (desde que no hayan aprendido lo explicado, a que los alumnos hablen y se distraigan, carentes de motivación).

La palabra, el diálogo, es el medio de comunicación más complejo, sutil y característicamente humano, pues la mayoría de los sonidos animales expresan simplemente *estados de ánimo*. El lenguaje humano se diferencia en que es aprendido, en que puede transmitir *información* acerca de hechos externos y en que posee una compleja estructura gramatical. Existen grandes diferencias en la habilidad de las personas al utilizar el lenguaje, que se relacionan principalmente con la inteligencia, la educación, la práctica y en parte con la clase social. Ciertos componentes de las habilidades sociales consisten en reunir expresiones diplomáticas, persuasivas o del tipo que sea necesario en cada momento. El repertorio de sutilezas y matices disponibles en función de una mayor efectividad dará cuenta de la habilidad del hablante. De esas diferencias cualquier profesor puede constatar las discrepancias entre alumnos que utilizan de forma muy diferente estas habilidades. También los profesores están dotados de más o menos habilidades. Para el tutor de convivencia, el diálogo, la palabra, constituirá la clave para desentrañar un conflicto y determinar qué hacer.

Por otra parte, la conversación está siempre regulada por un marco, lo que hace que sea más que un conjunto desordenado de palabras. Una persona que participara en una conversación sin marco tendría la impresión de escuchar solamente palabras caóticas. Es el caso de cuando nadie toma la palabra realmente, cuando todos participan sin que haya un orden, típico ejemplo de una clase donde el conjunto de los alumnos o al menos varios hablan simultáneamente. Transcurren en paralelo, y cada parte cuenta su historia sin referencia a lo que dice la otra parte. Si la conversación ordenada puede parecer una danza, es posible que en esta situación, en cambio, cada uno baile su propio ritmo. Así, el intercambio comunicativo no se entiende; no hay un turno de palabras, que es un requisito indispensable. Después de una parte se sucede otra, o al revés, pero el diálogo requiere que no hablen todos superpuestos.

El hablar sin escuchar puede desencadenar un conflicto, pero las conversaciones puramente inquisitorias tampoco son eficaces. Las conversaciones donde hay mayor intercambio, en una combinación de hablar y escuchar puntos de vista y hacer preguntas, son las más valiosas, porque ambos (profesor y alumno) pueden extraer algo del otro, ambos obtienen algún tipo de recompensa.

Hay un tipo de conversación que a pesar de que no transmita demasiada carga informativa cumple una importante función social. Es lo que Jakobson denomina *comunicación fáctica o de contacto*. Las formas de comunicación más predecibles –los saludos, las observaciones sobre el tiempo– son redundantes en el sentido de que no transmiten información a través de las palabras. Lo que hacen es realizar una función social, abriendo o manteniendo abiertos los canales de comunicación entre los individuos. Podemos considerar inapropiado, en muchos momentos, establecer una conversación profunda con alguien, pero es importante mostrarle que reconocemos su presencia y mostrar buena voluntad hacia él. En esas circunstancias empleamos los rituales de convención social aceptados. Ignorar estos rituales puede ser otra causa de conflicto. La clase también tiene sus rituales, que encierran una función social. Ignorarlos puede ser el inicio de futuros conflictos en cualquier clase y con cualquier profesor, y si no hay modificaciones tarde o temprano estos problemas se pondrán de manifiesto.

4. LAS PAUSAS

Una pausa es definida como ausencia de habla durante un tiempo, es decir, un silencio. En el marco de una negociación o simplemente un diálogo, los silencios pueden generar tensión entre las partes. La existencia de pausas más o menos prolongadas tal vez incomode. Estos silencios, en una situación de interacción, pueden percibirse por sus protagonistas como muy largos, aunque en términos reales no duren demasiado tiempo.

Desde otro punto de vista las pausas funcionan principalmente como reguladores de cambio de turno, indicando el final de uno y el posible comienzo de otro. Las pausas también pueden ser reflexivas o fisiológicas. Un alumno demasiado pausado en el hablar puede ser objeto de burla, o que no se le escuche porque tarda demasiado en definirse.

Algunas pausas están llenas de pensamientos, las que podemos denominar pausas «llenas», porque el interlocutor se ha parado a meditar. Otra tipo de pausa significa en cambio que quien hablaba ha llegado al final de lo que se tenía que decir. Ese tema, desde ese punto de vista, estará agotado, y será una pausa vacía. Confundir unas con otras puede conducir a que si alguno de los interlocutores entiende que quienes le escuchan no respetan sus pausas, no le dejan completar sus ideas, y las normas de comunicación de esa relación no se aclaran adecuadamente («necesito que respetes mis pausas y no hables hasta que no haya acabado»), haya un conflicto en puertas.

Un obstáculo para una escucha de calidad es el desequilibrio entre la velocidad del hablante y la capacidad de los oyentes para procesar los sonidos nuevos. Cuando algo resulta agradable no cuesta demasiado esfuerzo concentrarse en la escucha, porque se busca escuchar. Por lo tanto, es fácil mantener la concentración porque se está interesado en lo que se está diciendo. Sin embargo, cuando hay menos interés resulta más difícil mantener la concentración (incluso pueden intervenir factores físicos o externos que disminuyan la capacidad de atención). Cuando un hablante exhibe lentitud en su forma de hablar, el desequilibrio entre el ritmo de escucha y el de habla se hace aún más pronunciado. Además, estos ritmos del habla no son sólo individuales:

existe un ritmo de pausas propio de cada cultura, y esto tiene su importancia con los nuevos timbres y ritmos aportados por los inmigrantes que modifican la composición tradicional del alumnado.

Los silencios pueden venir motivados también por un fallo en los mecanismos interactivos (cambio de hablante, corrección, respuesta a una pregunta). Además pueden ser utilizados como presentadores de actos comunicativos o enfatizadores del contenido de los enunciados emitidos o que se van a emitir (crear suspense). Es una herramienta frecuentemente utilizada por los profesores, a menudo con éxito (por ejemplo, para captar la atención de los alumnos cuando la clase está desordenada y no hay silencio). Los cambios en los turnos para hablar, o el que no los haya, ya que hablan todos juntos, suele ser causa, si no de conflicto, al menos de cierto caos.

El silencio también comunica, no actuar es una manera importante de comunicación. El profesor que no alaba a un alumno cuando ha trabajado bien, envía un mensaje, interpretado como un esfuerzo no reconocido. En este caso el profesor no ha aprovechado la posibilidad de emplear un refuerzo positivo.

5. LA ESCUCHA

Escuchar no significa estar de acuerdo con lo que la otra persona dice, pero sí entender el punto de vista de quien habla, tener en cuenta su opinión. El apreciar lo que dice una persona con respecto a un asunto no conlleva que se deban ver las cosas de la misma manera, pero sí demuestra respeto al otro y es la base de lo que se denomina escucha activa. Este hecho es la base de la intervención en conflictos, un pilar básico de la tarea del tutor de convivencia.

Covey (2005: 217) plantea una gradación en la escucha que discrimina los grados de atención puestos por un escuchante en el marco de la interacción comunicativa. Parte del nivel extremo de la situación, en la que se ignora a la otra persona, es decir: no escuchar. De ahí asciende al nivel de lo que denomina «escucha fingida», que es también una forma de no escucha. El siguiente nivel es el de la «escucha selectiva», aquella en la que quien escucha lo hace simplemente a la espera de captar ciertas palabras o frases, con algún propósito, pero no prestando atención a la totalidad del discurso. Esto ocurre cuando por necesidad se seleccionan determinados aspectos de la comunicación, por ejemplo, reforzando la percepción ante palabras como «examen» o «castigo». A continuación se cita la «escucha atenta», aquella que presta atención al conjunto de lo expresado por el interlocutor. Hasta aquí, los distintos tipos de escucha mencionados se realizan desde el marco valorativo del receptor. Cuando se alcanza a entender el de la otra persona, la «escucha atenta» da un salto cualitativo y se convierte en «escucha empática». Otros autores realizan clasificaciones de los tipos de escucha que coinciden parcialmente con la expuesta aquí[16].

GRADACIÓN DE LA ESCUCHA (*CONTINUUM* DE LA ESCUCHA)	
5. ESCUCHA EMPÁTICA	DENTRO DEL MARCO REFERENCIAL DEL OTRO
4. ESCUCHA ATENTA	DENTRO DEL MARCO REFERENCIAL PROPIO
3.ESCUCHA SELECTIVA	
2. ESCUCHA FINGIDA (CONDESCENDENCIA)	
1. IGNORAR (NO ESCUCHA)	

La capacidad de escuchar sin necesariamente tener que compartir opiniones y significados, pero entendiendo el marco valorativo del otro, previene conflictos. Carecer de esa habilidad limita severamente las comunicaciones interpersonales, porque la persona que no pueda hacerlo será incapaz de escuchar sin juzgar o criticar. Además habrá una comunicación empobrecida, limitada en temáticas e interlocutores –ya que no será posible escuchar sin dar la opinión–, o bien se creará el clima propicio para la aparición de un nuevo conflicto. En cualquier caso, la confianza es clave en el marco de una entrevista, o en una conversación en la que ambos están siendo sinceros, otra habilidad que compete al tutor de convivencia.

Alguien que escucha activamente «sopesa constantemente la información recibida para asegurarse de que es coherente con la información de que está ya disponible. Cuando la información que se registra no es consecuente con la información ya establecida, el oyente tiene que hacer un trabajo extra. Primero, debe reconocer que la información es inadecuada o inconsecuente; segundo, ha de identificar en qué consiste la inconsecuencia o inadecuación; y tercero, tiene que hacer algo al respecto, como contrastar o hacer más preguntas» (Anderson y otros, 1985)[17].

---

16. Lugarini, en la obra citada, plantea otra clasificación de las escuchas: una distraída, que es superficial, marginal, en el límite del hecho de oír. El mensaje es recibido sólo parcialmente y puede ser distorsionado o incompleto. Las causas de la escucha distraída pueden ser físicas (cansancio, deficiencias físicas), psicológicas (inseguridad, etc.) o sociales (falta de entrenamiento en escuchar). Menciona luego una escucha atenta, ya citada, y una escucha dirigida, denominada «selectiva» por otros autores. Según Lugarini, existiría también una escucha creativa, que es la adecuación inmediata de los datos percibidos en categorías existentes en el receptor, con alta participación de quien escucha, que realiza inferencias sobre lo que percibe. Por último habría una escucha crítica, cuando se contrasta lo recibido con los propios valores, remitiéndole a las ideas o experiencias previas.

17. Estos conceptos han sido ampliamente desarrollados por Watzlawick, P., Beavin, J., y Jackson, D. (1971).

Estamos familiarizados con nuestro propio lenguaje, por lo que a menudo construimos una frase completa mentalmente antes de que el hablante la haya terminado. Es decir, hacemos *inferencias* acerca de cómo continuará el discurso. El uso de signos familiares esperados aumenta la probabilidad de que el mensaje sea fácil de descodificar de forma adecuada. Sin embargo, existe un concepto que viene a modificar estas inferencias: la entropía, o sea, el grado de desorden o imprevisibilidad dentro de un sistema o, en este caso, del discurso. Si un grado de redundancia o predicción en la comunicación aumenta la posibilidad de que ese mensaje se descodifique fácilmente, la entropía produce el efecto contrario.

Es posible mantener un alto nivel de concentración en la escucha, de acuerdo con diversos estudios, entre quince y veinte minutos, ya que ésta funciona como una estructura de «ascenso-descenso-ascenso», aunque esto varía en función del entrenamiento individual a tal efecto. Según la voz del orador y la pauta de su entonación se hacen más familiares, es más difícil atender, pero esto se interrumpe si quien habla rompe de vez en cuando la monotonía de su discurso e introduce un elemento de entropía, un nuevo estímulo que reactive la atención. Al procesar información nueva existe la tendencia a esperar una pausa gramatical natural en el habla para procesar la parte previa, en una cadena gramatical de bastante longitud. Si el hablante es muy indeciso puede resultar difícil mantener la concentración el suficiente tiempo como para esperar la próxima pausa. Se complica la posibilidad de dejar a un lado el intento de procesar esa parte de la información. Cuando se oye una lengua que no es familiar la velocidad de procesamiento disminuye, porque es más difícil de predecir. En cierto modo se escucha más despacio.

Así como existen unas competencias que valoran la habilidad del habla, también hay diferencias en las competencias de escucha. En la escucha, además de entender la comunicación verbal también son importantes los elementos no verbales. Se trata de un aprendizaje en el cual se van entrenando una serie de habilidades. Las distintas competencias de la escucha serían las siguientes (Lugarini, 1995): una *técnica*, que concierne a los aspectos físicos del código de comunicación, que coincide con la capacidad de identificar sonidos (sería equiparable a oír); una *semántica*, que consiste en saber captar la relación entre lo dicho por el otro y los modelos conceptuales propios (entender de lo que *se está hablando*); una *sintáctica y textual*, que identifica si el hablar es correcto desde el punto de si se habla correctamente; una *pragmática*, la de captar las características de la situación en la que se ha producido el mensaje (determinando el contexto correspondiente); y por último, una competencia *selectiva*, que permite distinguir lo que se escucha con un determinado propósito (por ejemplo, las madres que distinguen el llanto de su niño incluso en medio de un caos de sonidos).

Sería útil conocer, cuando un tutor de convivencia dice algo, quién le escucha, qué tipo de escucha realiza. Y él mismo, al escuchar... ¿cuál es su escucha?

6. LOS SIGNIFICADOS

Al hablar de los significados de las palabras entramos de lleno en la subjetividad, en el terreno resbaladizo de las interpretaciones, un campo propicio para el conflicto, porque la comunicación puede estar cargada de dobles sentidos, segundas interpretaciones, prejuicios o rechazo a una palabra o frase. Ante este tipo de situaciones, el tutor de convivencia debe hilar muy fino para desentrañar la maraña en la que pueden convertirse significados diferentes atribuidos por una y otra parte a una misma palabra o frase. El equívoco reside en que distintas personas entienden la misma información de manera discrepante, ya que existen variaciones de traducción entre el significado adjudicado a unas palabras o ideas y su correspondiente marco valorativo en cada persona. De manera que, como se ha dicho anteriormente, muchos problemas de comunicación son en realidad conflictos de entendimiento. La ausencia de consensos en torno a los significados adjudicados puede fácilmente derivar en conflictos. En general, la calidad de una conversación se relaciona con la identificación de a qué cosas se está refiriendo cada parte, sobre todo si el significado dado a la palabra o concepto es una parte vital de la conversación.

Con la comunicación por medio de palabras existen una serie de problemas. Entre otros, una palabra puede denotar diferentes cosas o acciones. Conviene citar un ejemplo ilustrativo, el de una niña diciéndole a su madre: «La *seño* sabe muchas canciones». Esto puede significar, entre otras posibilidades: que la maestra sabe más canciones que la madre; que la niña solicita a la madre que aprenda canciones; que la niña se lo pasa bien en clase, ya que la maestra conoce muchas canciones; que la maestra conoce demasiadas canciones, a juicio de la niña (y la niña quizá no pueda aprenderlas todas). Y hay más posibles interpretaciones, por lo cual hará falta el contexto, el matiz concreto, para saber a qué se está refiriendo.

Whrigt Mills sostenía que «las palabras son portadoras de significados en virtud de interpretaciones dominantes atribuidas a ellas por la conducta social. Las interpretaciones surgen de los modos habituales de conducta que giran en torno a los símbolos. Estos moldes sociales constituyen los significados de los símbolos». Sin embargo, existen sutiles –y a veces gruesas– diferencias entre distintos hablantes. En el marco de la construcción colaborativa de la comunicación (es decir, que ambas partes la construyen), no siempre los términos están definidos. El significado se crea y recrea continuamente a través de la interacción social, es decir, otra posible causa de conflictos. Una situación conflictiva típica aparece cuando ciertas palabras representan algo negativo, insultante para unos pero no para otros.

También existe un problema vinculado con la connotación, que surge cuando una misma palabra puede ser utilizada para calificar algo de maneras diferentes. «¡Qué listo!» puede implicar, por ejemplo, que una persona sea muy inteligente o que alguien se aproveche con malas artes de la situación. También se puede emplear esa expresión con sorna o ironía.

Tucker, entre otros muchos autores, hace referencia a las diferencias de significado que se producen en dos personas al referirse a una palabra técnica. El autor menciona distintos casos que pueden generar confusión entre dos o más interlocutores. En un primer ejemplo, quien escucha desconoce completamente la palabra, como podría ocurrir con determinados alumnos al enfrentarse a mucha de la terminología propia de cada una de las materias. Aclarar este desequilibrio depende de si el hablante (en este caso, un profesor o un tutor de convivencia) es capaz de detectar que su oyente (sus alumnos) desconoce el significado de la palabra. En un segundo ejemplo, ambos conocen el término, pero tienen interpretaciones muy diferentes. Sin embargo, el hablante puede tener la impresión de que ambos *comparten* su significado, puesto que los dos tienen la idea de que cada uno conoce lo que la palabra significa para el otro. Así, no es el hecho de que la persona no experta desconozca la palabra específica, sino que lo más probable es que el significado que la palabra tiene en la mente (por ejemplo, al hablar un doctor y su paciente) sea diferente.

En un tercer caso puede parecer que hay una completa coincidencia de comprensión (dos profesores, por ejemplo). Pero aun así hay pocas probabilidades de que tengan la misma configuración mental acerca del significado real de la palabra, ya que habrá diferencias entre la significación de uno y de otro respecto al término (por ejemplo, lo que cada uno entiende por mal comportamiento de un alumno: a qué conductas se refiere, con qué frecuencia, etc.). En la labor del tutor de convivencia estaría averiguar si todos los implicados, profesores y alumnos, entienden lo mismo.

7. LAS PREGUNTAS

En el lenguaje podemos utilizar para el diálogo el modo afirmativo, el negativo o el interrogativo. Para llegar al fondo de los conflictos e intentar arribar a la raíz que los origina, la herramienta más útil es la de las preguntas (por medio de preguntas informativas, que sitúan el conflicto en otro contexto, preguntas abiertas, para interesarse por alguien, etc.). El objetivo de las cuestiones es establecer diferencias de información. Siempre se establece una diferencia entre una cosa y otra, aunque alguna parte quede en principio oculta. Al preguntar se focaliza la atención sobre un determinado campo, ya que se restringen las respuestas posibles acerca de:

a) la información que puede darse,
b) la definición de la relación.

Preguntar lleva implícita una idea de interacción, pues si una pregunta no obtiene respuesta, no es una pregunta. A lo sumo es un proyecto de ella, una mera declaración.

Las preguntas conducen a una ulterior interacción, y a una información acerca de los demás. Algunas formas de encuentro, como las entrevistas, consisten enteramente en preguntas y en sus respectivas respuestas. Una pregunta abierta, que no permite una respuesta cerrada al estilo de sí o no, requiere una explicación en lugar de una elección entre alternativas. Representa la mejor opción para ampliar el campo de comunicación y construir un diálogo, herramienta especialmente útil en la tutoría o, en general, en la labor tutorial del docente.

Preguntar, salvo algunas excepciones, crea entre las partes una relación asimétrica (de complementariedad, es decir, cuando una persona aparece en esa situación con estatus o poder superior sobre otra), en la que generalmente el que pregunta tiene la posición dominante. Para preguntar hay que tener un poder, aunque a veces este poder sea conferido de manera transitoria. A quien se hace la pregunta puede evitar responderla pero, como se ha dicho, eso es ya una información, y se quebraría la lógica de intentar buscar una solución al conflicto que se quiere aclarar.

De cara a favorecer la sintonía, en cualquier caso, las preguntas deben ser hechas en el lenguaje común de las personas, no utilizando las propias claves, porque ello siempre generará un mayor distanciamiento, en el sentido de establecer una especie de muro invisible que obstaculiza el acercamiento mutuo y la empatía. Se debe, pues, prestar especial atención y aprender el modo de expresarse de los otros.

Se pueden clasificar las preguntas en varios tipos. Por ejemplo, «cerradas», es decir, las que sólo admiten una respuesta puntual; las «de control», para saber si se entiende correctamente una cosa; las «abiertas», a las que nos referimos anteriormente, y que permiten que alguien se explaye sobre un tema; las «reflexivas», que hacen hincapié para hacer reflexionar a quien habla sobre algo; y por último las «circulares», que hacen que una persona deba, para responder, ponerse en el lugar de otro o en una situación distinta.

En ocasiones las preguntas pueden estar cargadas de prejuicios y provocar un fuerte rechazo (o al menos pueden ser percibidas de esa manera). Otras veces preguntas importantes dejan de formularse porque pondrían en evidencia lo implícito, el centro de gravedad de la autoridad, quién detenta el poder, o quién decide una sanción, etc.

La técnica conocida como «reencuadre» o «reenmarcamiento», utilizada en psicología familiar y mediación, y de utilidad en la educación, se basa en la posibilidad de que alguien sopese sus ideas u opiniones sobre un asunto desde otros puntos de vista. Se logra principalmente a través de la emisión de ciertas preguntas que «abren» el pensamiento de las personas y ayudan a ponerse en lugar del otro, a ser capaces de mirar el problema a través de otras perspectivas. Sin embargo, para que la persona sea capaz de estar de acuerdo con este nuevo punto de vista, éste ha de tener sentido para él, debe asentarse en razones que considere fundadas. Es decir, debe tener un anclaje en su esquema de pensamiento.

La habilidad de saber preguntar valorando el momento, tono, calidad y cantidad necesarios constituye una herramienta a la que el tutor de convivencia ha de recurrir prácticamente en todas sus actuaciones, porque le ayudará a realizar un diagnóstico del conflicto al que se enfrenta. Sólo así podrá encajar las piezas del puzzle, siempre y cuando obtenga respuestas que le ayuden a hacerlo.

8. LA COMUNICACIÓN NO VERBAL

Las conversaciones no son solamente intercambio de palabras; para apoyarlas se emplea una amplia gama de comunicación no verbal: gestos, miradas, etc. Sin embargo, los mensajes no verbales vienen delimitados por parámetros culturales. Solamente existen unos pocos mensajes no verbales universales, como la sonrisa, ya que la mayoría de las conductas no verbales son específicas de cada cultura. La mala interpretación de los mensajes no verbales es causa frecuente de conflictos, ya que es difícil acusar a alguien de una clara intencionalidad en ciertas conductas no verbales que se hallan en el campo de la indefinición. Todavía más problemático es el intercambio comunicativo cuando los significados más o menos generales atribuidos a ciertas conductas no verbales son distintos debido a las diferencias culturales.

Los sistemas de comunicación básicos son el lenguaje (verbal), el paralenguaje y la kinésica, es decir, los mensajes que emanan de todo el cuerpo. Los sistemas no verbales de comunicación son también la proxémica (uso del espacio) y la cronémica (uso del tiempo), a los que habría que sumar los sistemas de comunicación físicos: el sistema químico (lágrimas, llanto, sudor), el dérmico (sonrojo, palidez), el térmico (cambios de temperatura corporal), etc., que arrojan información más auténtica, aunque más sutil, que un mensaje verbal.

Signos no verbales kinésicos son los movimientos y posturas corporales que comunican o matizan el significado de los enunciados verbales, así como gestos o movimientos corporales y faciales, maneras o formas de ejecutar acciones, movimientos o posturas. Por ejemplo, en la mayor parte de Occidente, las manos ocultas u ocupadas con algún objeto revelan miedo o reserva, en tanto que las manos abiertas, tendidas hacia delante, muestran simbólicamente no estar armadas.

Algunos autores agrupan en la categoría de comunicación paraverbal a los elementos cuasi-léxicos, como las interjecciones u onomatopeyas o sonidos en general que se utilizan convencionalmente con valor comunicativo. El significado depende del contexto de la comunicación: pueden ser reguladores interactivos (mmmm), o expresivos (ahhh), etc. También estos elementos (y su intencionalidad) pueden ser causa de conflicto en el marco de enseñanza-aprendizaje. Por ejemplo, las dudas al hablar de una persona pueden indicar su confusión, una posible mentira, que no sabe cómo decir algo, etc. Son pistas que pueden ser de utilidad para el tutor de convivencia en su tarea.

Para Watzlawick la comunicación no verbal es analógica, metacomunicación, es decir, que se transforma en un marcador de contexto y le da un sentido (específico) a toda la comunicación. Transmite cómo debe entenderse lo que se está diciendo. Este modo de comunicarse es el más utilizado y efectivo para transmitir información en las relaciones interpersonales. Las dudas, titubeos, repeticiones, etc., dicen mucho sobre alguien en un determinado contexto, probablemente más que lo que dice de forma verbal. Cuando los mensajes verbal y no verbal entran en conflicto, los contenidos verbales son desatendidos en favor del lenguaje no verbal. Por ejemplo, el gesto de amenaza o agresión tiene más credibilidad que un simultáneo mensaje tranquilizador.

En la delimitación de aspectos no lingüísticos del lenguaje se hallan la *calidad de la voz, el volumen, el tono, la velocidad y la fluidez*. Estos aspectos están relacionados, aunque no de manera directa, con los estados emocionales. Por ejemplo, una persona animosa tiende a hablar más deprisa de lo normal y en un tono más elevado. Una persona deprimida habla despacio y en un tono más bajo, mientras que una persona agresiva habla alto. Cada uno de los alumnos tiene un estilo al respecto, y éste variará a lo largo del tiempo de acuerdo con ciertos momentos y emociones.

Las pausas, fuerza y tono, es decir, el canal paraverbal, forman una parte intrínseca de la expresión verbal. Las pausas proporcionan la puntuación (lo que se enseña a los niños cuando aprender a leer) de una frase; la fuerza y el tono indican si se está preguntando algo, y dan énfasis, señalando cuál de los posibles significados se quiere expresar. Estos aspectos se complementan con las pautas de diálogo y silencio, cuánto tiempo habla cada persona, cuánto tarda en responder, la manera de entrar en el diálogo, etc.

En definitiva, se puede decir que el lenguaje no verbal

1. comunica actitudes y emociones interpersonales,
2. apoya la comunicación verbal (completando el significado de locuciones, controlando la sincronización y los turnos para hablar, obteniendo retroalimentación y señalando la atención) y
3. sustituye al habla, al menos en ciertas ocasiones, cuando resulta imposible comunicarse verbalmente por la razón que sea.

9. EL CONTEXTO, EL ESPACIO Y LA PROXIMIDAD FÍSICA

El contexto da la pauta de cómo se ha de entender la comunicación. La misma afirmación puede significar cosas diferentes en contextos distintos. Cuando un elemento indica la forma en que debe ser entendido el mensaje (sea por el contexto, por los gestos, etc.), constituye un «marcador de contexto», un mensaje metacomunicativo. El grupo o contexto determina qué clase de conversaciones se deben establecer. Es posible conocer a un grupo por los temas de los que habla, por quiénes hablan y con quién hablan, qué temas están prohibidos o producen limitación en la comunicación, etc. Esto incluye el particular conjunto constituido por un grupo-clase. La persona que está en el centro de las conversaciones es la más importante, aunque otro ocupe mayor lugar jerárquico.

En este sentido, en los ámbitos donde algunas cosas no pueden decirse, no se favorece la conducta asertiva, aquella que permite que las personas se expresen sin autocoacciones, diciendo lo que piensan o sienten dentro de los límites de lo razonable.

El significado de la proximidad física varía según los entornos, es decir, el contexto. Se supone que los vínculos más próximos se reservan a los casos de relación *afiliativa* (en el sentido de un cierto compromiso afectivo). Sin embargo, existen excepciones, como en un ascensor, donde se suele evitar la conversación y hasta el contacto ocular. Una misma persona suele emplear diferentes estilos de comportamiento de acuerdo con las ocasiones y las categorías con las que clasifica a las personas (amigos, familiares, desconocidos…).

También existe una gran relación entre la comunicación y la distancia. Con las personas más próximas disminuye el propio territorio de interacción, y la corta distancia provoca una sensación de intimidad. En caso de rechazo, por el contrario, crece la molestia mutua y el sentido de apropiación territorial; la proximidad se hace difícil de sobrellevar, y se procura aumentar la distancia, enfriándose la relación. Los que se sientan cerca van creando una comunicación especial, aunque no hablen entre sí. Los que no desean crear relación rehuyen la ocasión de establecerla. Por ejemplo, los profesores suelen desarrollar una mayor comunicación tanto informativa como personal con los alumnos de las primeras filas.

Es posible establecer una escala de las distancias en relación con el vínculo con las personas: la *distancia de contacto*, en la cual toman preponderancia el tacto, el olor y la temperatura del cuerpo del otro; la *distancia personal próxima*, espacio reservado a personas cercanas, la «burbuja» individual; la *distancia personal lejana*, limitada a la extensión del brazo, el límite del dominio físico; la *distancia social próxima*, que se utiliza generalmente para conversar; la *distancia social lejana*, usada en conversaciones formales (los escritorios suelen estar de por medio para delimitarla físicamente); y por último, la *distancia pública*, adecuada para discursos o para ser observados por una gran cantidad de personas, con gran separación.

En algunos momentos del día y en ciertos lugares existe una mayor dificultad para mantener una conversación de calidad. Por ejemplo, nada más terminar de comer, o cuando se trata de elevar la voz sobre un alto volumen sonoro. Sin embargo, la calidad de la conversación también se ve influida por el lugar, es decir, el contexto; un sitio puede ser muy formal o intimidante, por lo que tácitamente ciertas conversaciones quedan excluidas.

Una mesa, un atril, se interponen como distancia y protección ante los demás en un entorno escolar, por ejemplo. Estar sentados en corro, sin mesas, produce distensión. Las mesas representan un obstáculo para la comunicación en cuanto son barrera y defensa para todos. Sin embargo, son necesarias para tomar notas o realizar tareas manuales. En definitiva, cómo está distribuido el espacio, el contexto y la distancia interpersonal pueden favorecer u obstaculizar una mejor comunicación, circunstancia que el tutor de convivencia debe tener presente.

Como se ha visto, sin pretensión de agotarlos, existe una infinidad de conflictos que tienen su origen, pero también su remedio, en la comunicación. Se han delimitado y matizado algunas características y peculiaridades de la dimensión comunicativa interpersonal, entendiendo que conocerlas es de utilidad tanto para profesores como para alumnos, aunque lo expuesto aquí sirve para mejorar las situaciones de relación interpersonal en general. Para ello se han aportado herramientas y recursos para gestionar diferentes situaciones problemáticas, imprescindibles para la resolución constructiva de conflictos, mediante un cambio en el modo de relacionarse con los demás, lo que redundará en una mejora de la convivencia

10. BIBLIOGRAFÍA

Anderson, A., Brown, G. y Yule, G. (1985). *A report to Scottish Education Department: An Investigation of Listening Comprehension Skills.* Scottish Education Department.

Argyle, M. (1978). *Psicología del comportamiento interpersonal.* Madrid: Alianza.

Barker, A. (2001). «Cómo mejorar la comunicación». *The Sunday Times*, Colección Nuevos Emprendedores, Barcelona.

Covey, S. (2005). *El 8º hábito. De la efectividad a la grandeza.* Barcelona: Paidós.

Davis, F. (1998). *La comunicación no verbal.* Madrid: Alianza.

Ellis, R. y McClintock, A. (1993). *Teoría y práctica de la comunicación humana.* Barcelona: Paidós.

Funes, F. y Saint-Mezard, D. (2000). «La dimensión comunicativa en los conflictos y su resolución, (I) y (II), en *Revista Monitor Educativo,* 77-78, Bilbao, enero-febrero y marzo-abril.

Gutiérrez, J. (coord.) (1998). *Curso Internacional de Capacitación para el Entrenamiento en Tratamiento de Conflictos.* Centro de Investigación por la Paz Gernika-Gogoratuz, Euzkadi.

Linck, D. (1996). «Mediación y comunicación», en Gottheil, J., y Schiffrin, A., *Mediación: una transformación en la cultura.* Buenos Aires: Paidós, pp. 135-1.151.

Lugarini, E. (1995). «Hablar y escuchar. Por una didáctica del saber hablar y saber escuchar», en revista *Signos, Teoría y práctica de la educación.* Madrid, enero-marzo.

O'Connor J. y Seymour, J. (1995). *Introducción a la PNL.* Barcelona: Urano.

Reardon, K. (1991). *La persuasión en la comunicación.* Barcelona: Paidós.

Rozemblum de Horowitz, S. (1998). *Mediación en la escuela. Resolución de conflictos en el ámbito educativo adolescente.* Buenos Aires: Aique.

Rozemblum de Horowitz, R. (2007). *Mediación. Convivencia y resolución de conflictos en la comunidad*. Barcelona: Graó.

Soleto Muñoz, H. y Otero Parga, M. (2007). *Mediación y solución de conflictos. Habilidades para una necesidad emergente*. Madrid: Tecnos.

Suares, M. (1996). *Mediación. Conducción de disputas, comunicación y técnicas*. Buenos Aires: Paidós.

Tucker, P. «The Real Problem of Doctor-Patient Jargon», entrevista en *Medicine Now*, BBC Radio, noviembre de 1984.

Watzlawick, P., Beavin, J. y Jackson, D. (1971). *Teoría de la comunicación humana*, Buenos Aires: Tiempo Contemporáneo.

CAPÍTULO III
GUÍA DE RECURSOS EFICACES PARA ABORDAR SITUACIONES CONFLICTIVAS

Silvina Funes Lapponi
Damián Saint-Mezard Opezzo

1. INTRODUCCIÓN

Hemos explicado en capítulos anteriores la complejidad que conlleva un planteamiento global de gestión de la convivencia, la necesidad de saber detectar los conflictos, así como valorar los distintos elementos para el diagnóstico. También hemos contemplado la importancia de la comunicación para el desarrollo de estas competencias. En este capítulo incidiremos más en las habilidades para la mejora de la comunicación y recopilaremos una serie de estrategias y técnicas necesarias para la intervención en los conflictos, dada la utilidad que entrañan para la gestión eficaz de la convivencia. Así pues, este capítulo se constituye en una especie de maletín de emergencia para abordar situaciones conflictivas.

2. DIMENSIÓN COMUNICATIVA

La dimensión comunicativa resulta de por sí compleja en las relaciones personales, pero en situaciones de enfrentamiento o de malestar lo es más aún. Dicha dimensión se ha analizado exhaustivamente en el capítulo anterior, pero creemos válido aportar en éste una síntesis que sirva para ordenar y sistematizar los distintos recursos para mejorar la comunicación. La importancia de los aspectos comunicativos para la intervención en conflictos radica en que éstos van cobrando forma de acuerdo con los relatos que van *entretejiendo* las partes; por lo tanto, gran parte de su transformación se realizará por medio de una modificación de los significados generados en las vivencias y creencias en las que se generan estas dinámicas antagónicas. Por lo tanto, los contenidos aquí expresados se explicarán a través de situaciones que pueden afectar a cualquier docente, de tal manera que pueda ver su utilidad, aunque no sea un experto en convivencia.

La aplicación de estas estrategias proporcionará habilidades para intervenir en la resolución de conflictos, pero su auténtica eficacia, como ya hemos dicho, viene dada por la ética que la impregna. Por ejemplo, si utilizamos estas destrezas con alguien por quien se siente antipatía, probablemente se lleve a cabo más una manipulación que una transformación real del conflicto. No se trata de una «tecnología» aséptica, sin carga ideológica. En palabras de Jares (2001: 14), estas técnicas «unas y otras forman parte de un proyecto cultural democrático, crítico, no violento y emancipador», basado en relaciones de reciprocidad, horizontalidad, empatía y respeto. Por todo lo cual la elección por este marco de acción debe ir acompañado de una profunda reflexión de las creencias y principios éticos desde los que se actúa.

En el cuadro I se incluye una lista de lo que hemos denominado recursos, por darle un sentido amplio a lo que otros autores han denominado técnicas, herramientas o habilidades de comunicación. En cada una de ellas ofreceremos una breve explicación y aportaremos un ejemplo de uso. Analizamos el caso de un alumno con el que el profesor tiene problemas debido a que no cumple con sus deberes, lo cual genera permanentes enfrentamientos. En una hipotética charla con el alumno se muestra el uso que se podría hacer de estos recursos comunicativos.

RECURSOS	EXPLICACIÓN	EJEMPLO
ESCUCHA ACTIVA	Significa dejar de lado el propio punto de vista para «sintonizar» con el del interlocutor. Se utiliza para obtener más información, parafraseando, reflejando, pidiendo aclaraciones, acotando y contextualizando. Se basa principalmente en hacer preguntas, pero no es un interrogatorio. Hay muchos tipos de preguntas, pero para el tratamiento de conflictos diferenciaremos las siguientes: – Para obtener información y reconstruir los hechos. Están orientadas al pasado. – Sobre emociones. Son muy poderosas de cara a producir desahogo y empatía. Están orientadas a mejorar la relación y reducir el nivel de tensión. – Para buscar soluciones y hallar las vías de superación del conflicto. Están orientadas al futuro.	– Para obtener información: *¿Qué es lo que te impide cumplir con las tareas?* – Sobre emociones: *¿Qué es lo que te preocupa o te afecta? ¿Cómo te sientes?* – Para buscar soluciones: *¿Cómo podríamos hacer para que cuando tienes deberes los hagas y no tengamos problemas? ¿Qué propones que haga cuando no traigas la tarea?*

RECURSOS	EXPLICACIÓN	EJEMPLO
ELOGIO	Hay que ser positivo y recompensar, reforzando los aspectos dignos de reconocimiento. Destacamos los méritos del otro con la intención de que vea que reconocemos su valía. Sirve para incentivar y motivar.	*Fíjate que en cuanto te centras un poco haces bien los deberes; incluso se ve que entiendes mejor la materia.*
AUTOAFIRMACIONES	Se trata de defender los propios sentimientos, derechos, etc. de una forma no agresiva y expresado en primera persona. Se manifiesta cómo nos afecta la situación en lugar de opinar sobre cómo es el otro, juzgarle, acusarle o culpabilizarle, aunque sin callar y/o consentir situaciones con las que no se está de acuerdo. Consiste en ser asertivo, separando a la persona del problema que nos afecta, centrándose en este último.	*Cada vez que no traes los deberes me siento frustrado, porque me da la impresión de que pasas de la materia. Necesitas hacer los deberes para aprobar, y para que esto no vaya a peor.*
ACUERDO PARCIAL Y DISCO RAYADO	Consiste en dar la razón al otro en algo en lo que se esté de acuerdo, pero sin dejar de insistir en los aspectos en los que no se coincida.	*Entiendo que te resulte difícil hacer los deberes, pero no hacerlos no es la solución. Si no los entiendes, lo haces hasta donde puedas y a partir de ahí empieza a apuntar las dudas, para que luego podamos resolverlas en clase.*
REENCUADRE O RE-ENMARCAMIENTO	Promover un cambio de perspectiva que contribuya a suavizar posiciones, actitudes, etc. Sirve para generar empatía y facilitar la resolución del conflicto desde la visión que se tiene del mismo. Se entiende con el ejemplo de la botella medio vacía o medio llena; dependiendo de lo que se focalice, así será la opinión que se tenga del tema. A su vez, dicha opinión condicionará una actitud y, en consecuencia, una forma de comportarse. Por lo tanto, parte del principio de que la visión de los hechos, el relato de los mismos, las creencias y las emociones, influyen en la acción, se potencian mutuamente. Reformulando el discurso se modificarían entonces los otros aspectos que condicionan el bloqueo generado por el conflicto.	*El año pasado cumplías más y muchas veces traías las tareas bien hechas, y hasta estabas contento al enseñármelas. ¿Cómo podemos hacer para que te sientas así este año al hacer los deberes?*

RECURSOS	EXPLICACIÓN	EJEMPLO
DAR INFORMA-CIÓN ÚTIL	Se trata de basar los argumentos en datos o información de tipo objetivo o demostrable para facilitar la toma de decisiones, orientando hacia las más adecuadas, eficaces o beneficiosas, para evitar distorsiones.	*Te pido que hagas los deberes por varios motivos: a veces para practicar lo que hemos explicado aquí; para ver lo que has entendido y lo que no; para ayudarte a estudiar al hacer las tareas y, sobre todo, para que tengas el hábito de repasar lo que se ha dado. Así será más fácil aprender y por lo tanto aprobar.*
PRO-MOVER LA RE-FLEXIÓN	Consiste en hacer preguntas que ayuden a pensar y a tomar decisiones propias en lugar de imponérselas. Busca mejores soluciones a los problemas, favoreciendo que se sopesen las ventajas e inconvenientes sobre la decisión a seguir. Genera una previsión de la puesta en marcha y los posibles impedimentos.	*Cuando no sabes hacer algo en los deberes eso es bueno, pues te aclara lo que no has llegado a comprender. Pero si optas por no hacerlo, no sólo tendrás un negativo, sino que seguirás sin entender lo que más te cuesta. ¿Cómo podrías hacer en estos casos para que comentes las dudas que tienes?*
USAR EL HUMOR	Consiste en hacer reír (o sonreír) utilizando expresiones jocosas o anécdotas. Trata de quitar hierro al asunto promoviendo una actitud menos dramática o rígida. Aunque debe utilizarse con mucha cautela porque puede entenderse como una falta de sensibilidad a los problemas del otro, e incluso los otros pueden sentirse ridiculizados, lo cual afectaría a la relación y al conflicto.	El alumno: *No traje los deberes porque me robaron la mochila en el parque.* El profesor: *Me imagino que habrás rogado a los ladrones para que no se llevaran los cuadernos con tus tareas para que no te catee el profesor, ¿no es cierto?*
NEGOCIAR	Elaborar conjuntamente soluciones de mutuo acuerdo, inspiradas en el principio ganar-ganar. Es un intercambio de propuestas en el que se tienen que tener en cuenta las necesidades de ambas partes, proporcionando una salida digna de la situación para ambos.	*Mira, yo no puedo no ponerte deberes, pero si te resultan demasiado difíciles o es mucha cantidad, podemos acordar los que puedes hacer. Pero habrás de apuntar al margen todas las dudas que tuviste al hacerlos.*

Cuadro I: Recursos para facilitar y mejorar la comunicación

De todas estas técnicas resulta de interés incidir especialmente en la negociación, dada la importancia que tiene en la resolución de conflictos. Si bien algunos aspectos de dicha técnica aparecen explicados en el capitulo siguiente, ampliaremos y complementaremos ahora algunos que pueden ser de utilidad para un mejor dominio de esta habilidad.

2.1. La negociación

Negociar es un proceso de intercambio de propuestas entre dos partes interdependientes (es decir, que se necesitan la una a la otra) y enfrentadas, con el fin de llegar a un acuerdo. Se diferencia de la confrontación, puesto que en ésta sólo se intenta imponer, manipular. Sin embargo, la negociación, para que la solución sea posible, se basa en el diálogo y en que sea un proceso flexible pero firme con respecto al objetivo perseguido. Lo que se desea es lograr un entendimiento y una solución.

¿Por qué merece la pena negociar en lugar de enfrentarse, de imponer? La importancia de la negociación reside en que hace a las personas protagonistas, favorece la toma de decisiones, la implicación, el cumplimiento de los compromisos, propiciando el diálogo y la colaboración, beneficiando a la confianza y a la relación entre las partes. Por eso, de cara a potenciar la autonomía y el desarrollo de la responsabilidad, es un recurso fundamental tanto como objetivo pedagógico, como elemento favorecedor de climas cooperativos y entornos socioafectivos más protectores. En cambio, enfrentarse siempre conllevará un mayor desgaste personal y un deterioro del clima social, además de promover respuestas más individualistas, competitivas o evasivas. El tipo de negociación que fomentamos es la colaborativa, es decir, la que busca la satisfacción de ambas partes, ya que las competitivas alimentan el enfrentamiento, la imposición o el beneficio de uno sobre otro, por lo que aunque resuelva la situación, no favorece la relación.

En el cuadro II vemos la evolución de un proceso de negociación en el que se explica qué hacer en cada fase:

Fases de la negociación	Qué hacer
0. Preparación	• Toma de contacto con la otra parte. Invitación a negociar. • Averiguar datos relevantes sobre la otra parte. Documentarse. • Preparar el argumento: analizar el conflicto y los distintos asuntos que lo componen indagando en cada parte. ¿Qué posiciones, intereses, valores y emociones aparecen? ¿Cómo está distribuido el poder? • ¿Qué estilo de negociación o estrategia (creemos que) tiene? Cómo ajustamos nuestro propio estilo[18]. • ¿Cuál es el marco normativo y cuáles los criterios objetivos que se deben tener en cuenta para resolver este conflicto de una manera justa y/o legítima? • Anticipar objeciones que puedan surgir. • Preparar la cita.
1. Presentación y apertura	• Presentación de las partes. • Crear un clima cordial. • Invitar al diálogo, a la honestidad y a la colaboración, etc. • Acordar sobre el procedimiento (forma de hacerlo, tiempos, etc.).
2. Concesiones mutuas	• Utilizar los recursos para mejorar la comunicación, ya que este es el momento de máximo debate. • Hacer ofertas y contraofertas. Aunque no siempre es tan explícito, a veces se hacen concesiones, por eso hay que estar atentos para aceptarlas y contraofertar. • Explicitar metas y desacuerdos. • Trabajar sobre los problemas o temas concretos, es decir, separándolos de las personas. Tener preparados argumentos seguros, objetivos, persuasivos y contrastados, pero sin ofender ni humillar. • Las opciones pueden considerarse como recursos en juego, que pueden ser tangibles: tiempo, espacio, dinero/bienes, riesgos. O intangibles: responsabilidades/tareas, derechos, imagen, metodología, calidad, información, etc. Todos están en condiciones de intercambiarse. • Aceptar las discrepancias sin que desemboquen en alejamiento o ruptura. • Ir modificando las posiciones de partida. • Rebajar tensiones. • Los negociadores hablarán sobre lo que les gustaría lograr, pero también hay que averiguar con qué se conformarían. • Establecer la zona de intercambios. El acuerdo será lo que es posible conseguir.

---

18. Véase, sobre este particular, el capítulo siguiente.

Fases de la negociación	Qué hacer
3. Acuerdo	• Decidir en qué punto se van a detener las concesiones y cuándo las partes se dan por satisfechas con lo conseguido. • En cuanto hay principio de acuerdo, empezar a hacer un borrador. • Anticipar consecuencias y posibles puntos débiles y fuertes. • Anotar los puntos sobre los que se necesita explicación o aclaración. • Delimitar lo acordado, recogerlo en un resumen. • Hacer una lista detallada del acuerdo. Se puede hacer un acuerdo general y luego entrar en los detalles o hacer pequeños acuerdos parciales que ayudarán a construir el acuerdo definitivo. • Cerrar por escrito con la aprobación de lo acordado. • Hacer un cierre en positivo, un balance del proceso, nivel de satisfacción, etc. • No debe cerrar nada si no hay acuerdo.
4. Seguimiento del acuerdo	• Hacer revisión del cumplimiento, establecer si es necesario hacer ajustes o correcciones al mismo y si es preciso volver a los pasos 2 y 3. • Continuar así hasta que se dé por finalizado el proceso.
5. Cierre	• Evaluar estrategias, procesos y resultados. • Acabar cuando ya se dé por cumplimentado lo acordado.

Cuadro II: Qué hay que hacer en cada fase negociadora

Estos pasos no corresponden necesariamente a una sola sesión. En negociaciones complejas pueden ser varias, sobre todo de concesiones mutuas, antes de llegar al acuerdo. También puede haber varios encuentros de seguimiento, dependiendo del plan que se establezca.

Generalmente el profesorado, cuando piensa en una negociación, la imagina como una situación en la que le fundamenta a un alumno lo que de otra manera le habría impuesto sin darle más explicaciones. Piensa que a partir de esa charla el alumno *mágicamente* cambiará. Incluso en ocasiones, sin establecer un verdadero diálogo, la entrevista se realiza para decirle lo que queremos y no para escuchar lo que le pasa. Se trataría de una imposición razonada, pero no de una negociación. Hay que tener en cuenta que aunque la negociación es muy poderosa, no hace milagros. Hay conflictos que no tienen solución o en los que no hay voluntad real de resolverlos. Estas estrategias funcionan sólo cuando se quiere resolver, pero no se sabe cómo hacerlo. Tampoco es bueno dar por sentada la falta de voluntad del otro; siempre hay que dar la oportunidad de que sea éste quien decida, y no hacerlo en su lugar.

Es evidente que la negociación no sólo sirve para un tipo concreto de conflictos con los alumnos. De hecho puede emplearse con cualquier persona con la que se produzca un conflicto. Lo que hay que tener en cuenta es que, independientemente, de que se utilice con alumnos, familias o compañeros, a veces condiciona más el cuándo hacerlo que con quiénes, ya que el momento de máximo enfado puede no ser la mejor oportunidad. Por otra parte, tampoco será bueno dilatarlo demasiado en el tiempo. Probablemente si se superó el malestar o la preocupación que generó el conflicto, ya no habrá interés en resolverlo. Tampoco es recomendable solapar una intervención de tipo confrontativa (como puede ser un procedimiento sancionador), con una de tipo dialogante, ya que se va a cada una de ellas con un talante distinto. Además se puede incorporar a la negociación sólo a personas dispuestas a colaborar, para que no entorpezcan un proceso de por sí difícil.

Debemos destacar que, para asistir a una negociación, es necesaria la voluntariedad de las partes para participar en ella, puesto que no puede imponerse: si se hiciera así los protagonistas no actuarían libremente. También es importante recordar esto de cara a que las partes se comprometan en la búsqueda de soluciones, así como en el cumplimiento de lo acordado. Otro principio a destacar es la confidencialidad, para dar garantías de privacidad, respeto y confianza.

El documento que aparece a continuación sirve para las fases de preparación y concesiones mutuas. ¿Cuál es su utilidad? Se emplea para graduar las diferentes posturas de las etapas por las que puede pasar un conflicto, estableciendo las más extremas (de máximos y de mínimos) y las intermedias. También con este esquema se puede establecer un itinerario. Generalmente no se va a conseguir al primer intento el objetivo más ambicioso, pero ayuda a tener clara la meta a la que se aspira. De este modo, tras cada negociación, podemos ir dando pasos que nos vayan acercando a la solución.

En el cuadro III se reflejan las posibles graduaciones de las posturas de las dos partes en el marco de una negociación. Se empieza con una frase que ayude a comprender de manera simplificada ese punto de vista, se explica en qué consiste y a continuación se aporta un ejemplo para hacer todo más comprensible, puesto que se trata de conceptos abstractos. Como en una negociación hay al menos dos partes, en el ejemplo explicaremos las posturas de ambas desde dos dimensiones. En concreto, se refleja el caso de un alumno del tipo «objetor escolar», que genera muchos conflictos. Desarrollaremos la visión del profesor desde lo académico y del aprendizaje por un lado, y desde la conducta del alumno y el clima del aula por el otro. Luego se hará lo mismo desde la perspectiva del alumno, separando también lo académico del comportamiento, al igual que en la perspectiva del profesor.

	ZONA UTÓPICA DE MÁXIMA SATISFACCIÓN DE OBJETIVOS	ZONA IDEAL DE SATISFACCIÓN DE OBJETIVOS	ZONA DE EQUILIBRIO DE SATISFACCIÓN DE OBJETIVOS	ZONA LÍMITE MÍNIMA DE SATISFACCIÓN DE OBJETIVOS	ZONA DE RUPTURA
Frase que la describe	«Pedir la luna».	«No es tan fiero el león como lo pintan». «Ha ido bastante bien».	«Un ten con ten».	«Por los pelos» o «Con lo justo».	«Tirar la toalla» o «Por aquí ya no paso».
Explicación	Nos situamos en el punto más alto de la negociación. Se concretan los deseos, metas u objetivos, con el máximo beneficio de lo que se quiere recibir, pedir o lograr. Son los intereses que hay en juego. Habría una negociación justa si ambas partes obtuviesen el mismo nivel de satisfacción. Si sólo una parte lo lograse, habría que determinar cómo se podría equilibrar.	Es una buena negociación, aunque la satisfacción no es plena, o porque no se logró todo lo que se pretendía, cediendo, o porque supone un coste importante.	Sólo se asegura la satisfacción de unas necesidades. Es lo que se debe recibir o lograr.	El intercambio sólo alcanza unos mínimos aceptables que satisfacen parcialmente lo que se pretende obtener y lo que se puede dar.	En esta zona no se están garantizando unos mínimos como para que merezca la pena llegar a un acuerdo. La otra parte no puede dar lo que se pide o no se está recibiendo lo que se demanda. Es importante que no se produzcan desequilibrios: o ambos reciben algo o ninguno alcanza un acuerdo. Hay que establecer cuál sería el punto de ruptura, en el que hay que cerrar la sesión. En cualquier caso es deseable que se haga un cierre abierto, es decir: «No así, en estas condiciones, pero estaría dispuesto a retomar este tema en mejores circunstancias». En esta situación es recomendable buscar alternativas, maneras de resolver que no dependan de la otra parte.

Ejemplo de expectativas del profesor, desde los aspectos académicos o del aprendizaje	Que el alumno esté motivado y disfrute con el aprendizaje y las tareas. Que se esfuerce por sacar buenas notas.	Que trabaje bien y aprenda.	Que generalmente traiga los materiales, haga las tareas e intente aprender.	Que alguna vez haga algo y traiga los materiales.	No está dispuesto a traer los materiales ni a hacer nada.
Ejemplo de expectativas del profesor, desde el comportamiento y el clima de aula	Que el alumno tenga una actitud positiva en clase y se comporte de forma modélica.	Que se porte bien y no moleste.	Que no moleste y deje dar la clase.	Que no falte el respeto ni desafíe al profesor. Que en general deje trabajar a los compañeros y al profesor.	No está dispuesto a respetar al profesor ni a los compañeros, ni deja trabajar.
Ejemplo de expectativas del alumno tipo «objetor escolar» desde los aspectos académicos o del aprendizaje	No hacer nada y pasarlo bien con los compañeros.	No hacer nada y que no le pidan nada, pero dejando hacer a los demás.	Hacer alguna vez algo.	Trabajar lo mínimo posible para aprobar.	Hacer todas las tareas y sacar buenas notas.
Ejemplo de expectativas del alumno tipo «objetor escolar» desde el comportamiento y el clima de aula	Hacer lo que quiere, decir lo que se le ocurre y que nadie le ponga límites.	Hacer lo que quiere, pero sin molestar al trabajo de los compañeros o del profesor.	No molestar ni tener mala conducta.	Tener una conducta de buena a aceptable.	Participar positivamente en clase, tener una conducta modélica.

Cuadro III: Graduación de las posturas en la negociación

Como se puede observar en el caso expuesto, las posturas son opuestas pero también complementarias, y la solución seguramente se encuentra en algún punto de las zonas intermedias, porque de no ser así habría que recurrir a otro tipo de medidas más punitivas y menos dialogantes, desde las que no son posibles las soluciones de mutuo acuerdo.

¿Con qué alumnos o en qué casos se puede negociar? Se podría decir que muchos aspectos de la vida escolar son negociables: fechas y contenidos de los exámenes, actividades extraescolares, notas, tareas, etc. Se trata de pequeñas negociaciones cotidianas, pero en caso de enfrentamientos siempre es recomendable negociar en privado –a menos que el conflicto sea grupal–, independientemente de las dudas que se tenga sobre la eficacia y los resultados, porque a veces el sólo hecho de favorecer el diálogo en un contexto de privacidad y confianza mejora la relación, aunque no se haya resuelto el conflicto, lo cual siempre será beneficioso. O por lo menos más que el no haberlo intentado.

Consideramos que las estrategias propuestas deben aplicarse con destreza en el momento de intervenir en los conflictos, por lo que sugerimos profundizar en ellas así como ir incorporándolas al repertorio de respuestas poco a poco. No es bueno pensar que todo lo visto supone demasiados aspectos y muy complejos, hasta el punto de decir: «Como no puedo con todo, no incorporo nada». Hay que empezar con las estrategias que resulten más fáciles y con los alumnos menos conflictivos, para que cuando llegue un caso más difícil, ya se hayan probado distintos recursos y no se sienta uno inseguro. De cualquier modo, en estas cuestiones nunca está todo aprendido, ya que siempre aparecen situaciones novedosas que plantean nuevos retos, de tal manera que estas estrategias nos sitúan en un camino de permanente superación personal y profesional.

3. TRATAMIENTO DE CONFLICTOS

A continuación diferenciaremos los conflictos de cara a su intervención ya que, como se ha comentado en otros capítulos, cada tipo requerirá de un tratamiento distinto en función de su naturaleza, el número y tipo de partes implicadas, etc.

En el capítulo segundo comentamos cómo no es verdadera la aparente homogeneidad de la conflictividad y que, por lo tanto, la diversidad de agentes y conflictos demanda distintas actuaciones.

También hemos contemplado en las páginas anteriores recursos para mejorar las habilidades de comunicación. Y hemos presentado la negociación como la estrategia por excelencia de resolución de conflictos, en la medida que nos permite no sólo intervenir en situaciones donde somos o representamos a una parte del conflicto, sino que es una habilidad que podemos aplicar en todas las situaciones en las que hay que llegar a un acuerdo, sabiendo dinamizar el juego del intercambio. Por ello es una destreza fundamental para cualquier técnica que requiera la asunción de compromisos y la promoción de acuerdos. Así pues, también será de utilidad en mediaciones, método Pikas, círculo de amigos, asambleas, consensos, etc.

Existen características que tienen en común las estrategias que veremos a continuación, y que son:

a) Confidencialidad.
b) No imposición de soluciones, ya que se busca la promoción de la responsabilidad y del compromiso individual.
c) No son acusatorias ni culpabilizantes. Sólo se invoca a la voluntad de participar, la disposición al diálogo y al entendimiento, y el respeto entre las personas.
d) Siempre, al finalizar la intervención, si las partes colaboran es necesario agradecer y felicitar, puesto que favorecer un acto de superación de un conflicto nunca debe pasar desapercibido. Incluso si no lo logran, debemos agradecer el intento, e invitar a que si lo reconsideran, estaremos a su disposición.

Dicho esto, mencionamos los aspectos específicos de diferentes técnicas o estrategias fundamentales en la resolución de conflictos.

Estrategia	Qué es	Cómo se lleva a cabo
Alumnado ayudante	Es una figura para promover la ayuda y la colaboración entre compañeros. Es muy versátil, ya que se puede utilizar en todos los casos en los que un compañero lo requiera.	Hay que formar un equipo de alumnos para que desarrollen habilidades para la escucha, la ayuda y el acompañamiento. También es muy importante que aprendan a derivar, para que en los casos más graves los adultos y/o los especialistas intervengan. Hay que hacer reuniones de seguimiento para la supervisión de los casos de ayuda, dar pautas, orientaciones, contención y/o entrenamiento para la adecuada atención de los casos.
Mediación	Es una técnica de resolución de conflictos en la que dos partes (es el mínimo, sean éstas individuales o colectivas) enfrentadas, aceptan que una tercera persona imparcial –el mediador– facilite el proceso para que éstas lleguen a un acuerdo. Se utiliza en los casos de enfrentamientos personales o grupales.	Premediación: se habla con ambas partes por separado para valorar si están dispuestas al diálogo. Si es así, se inicia la mediación. Presentación de las personas y explicación del proceso y de las normas de la mediación. «Cuéntame»: fase de desahogo de cada parte y de planteamiento general del conflicto. Aclarar el problema: se analiza cada uno de los asuntos de la disputa. Proponer soluciones: cada parte debe expresar sus expectativas y entre ambas sopesar lo mejor para cada una y para ambas, concretándolo en una propuesta capaz de satisfacer a todos. Llegar a un acuerdo en el que cada uno asuma qué va a hacer, cómo y cuándo. Finalmente se establece un seguimiento si es necesario.

Estrategia	Qué es	Cómo se lleva a cabo
Método Pikas	Se utiliza cuando un pequeño grupo acosa o maltrata a un compañero.	Tras aceptar la ayuda por parte de la víctima, se mantienen entrevistas breves con los acosadores. Se busca que éstos asuman compromisos para que la víctima deje de pasarlo mal. Estas entrevistas deben ser individuales (e iniciarse por sorpresa), y se hará así hasta que se tenga la seguridad de que detendrá la situación planteada. Más tarde, cuando se vea que la cosa va bien, se puede integrar a la víctima. Hacer rondas de seguimiento individual y/o grupal hasta detectar que el maltrato ha desaparecido, pero no debe ser un proceso muy largo.
Círculo de amigos	Se utiliza cuando un grupo al completo o gran parte de él rechaza o margina a un compañero.	Tras aceptar la ayuda el alumno en cuestión, se charla con el grupo en un momento en el que no esté dicho alumno. Se les habla sobre los distintos tipos de relaciones que tenemos en nuestra vida, y se les hace reflexionar sobre cómo nos sentimos cuando no tenemos amigos ni compañeros con los que hablar, jugar, etc. Tras comentar esto se les pregunta si conocen a alguien que pueda sentirse así (se espera que digan el nombre del alumno marginado) y lo normal es que los alumnos se justifiquen sobre sus sentimientos hacia esta persona. Normalmente esto se traduce en duras críticas hacia este compañero. Es bueno que las hagan, para que puedan quitarse los *malos rollos*. A continuación les preguntamos si a pesar de todo esta persona no tiene algo bueno, de tal manera que podamos promover empatía hacia esta persona. Después de mencionar sus virtudes les invitamos a hacer algo para que el compañero deje de pasarlo mal. Entonces suelen aparecer ofertas para ayudarle, integrarlo, etc. Llegado este punto, se invita a que un grupo pequeño asuma compromisos de manera más activa, y que el resto acompañe y refuerce la labor de estos compañeros.

Estrategia	Qué es	Cómo se lleva a cabo
Asamblea[19]	Es un proceso de debate, reflexión y/o asunción de compromisos y acuerdos grupales.	Se busca que todos los miembros tengan similares posibilidades de participar. El facilitador es el que garantiza que se escuchen todas las voces, se respeten las normas (respeto a las personas, a los turnos de palabra, etc.) y se sigan unas fases: presentación del problema, debate y diferenciación de posturas, posicionamiento de todos los miembros y elaboración de acuerdo o conclusiones.
Consenso[20]	Es un proceso de debate, reflexión y/o asunción de compromisos y acuerdos grupales que se utiliza cuando el grupo necesita llegar a una decisión unánime.	Realizar propuestas en pequeños grupos. Puesta en común, debate y elección de tópicos o propuestas coincidentes. Redacción de los puntos acordados y firma de los participantes (contrato grupal). Elaboración de la lista de puntos o temas polémicos. Escoger uno de ellos y formar nuevos agrupamientos, en función de los que están a favor y en contra, para fundamentar sus posturas. Puesta en común, debate y promoción de la creación de grupos que representen posturas intermedias, matizadas o relativizadas. Invitar a cambiarse de grupo. Cada grupo vuelve a fundamentar su punto de vista. Nueva puesta en común, debate, invitación a cambiar de grupo hasta que se logren puntos de acuerdo. Si no se logra un acuerdo por unanimidad, se alcanza por mayoría. Incorporación de lo acordado al contrato grupal. Los pasos 5 a 9 se deben hacer para cada punto o tema polémico analizado en el cuarto paso, hasta alcanzar el contrato grupal definitivo.

Falta mencionar una técnica que normalmente se ha utilizado en educación para trabajar situaciones conflictivas, la entrevista. Se ha usado para distintos fines, en ocasiones para orientar, otras veces para informar, y en situaciones más extremas para amenazar e incluso castigar. Nosotros promovemos este espacio como un momento de diálogo, de negociación y de encuentro, puesto que este recurso tiene un gran potencial que no se debe desaprovechar, con el fin de cambiar actitudes, mejorar

19. Se pueden asignar papeles, como portavoces, secretarios, coordinadores, etc.
20. Se pueden asignar papeles también en este caso.

las relaciones y promover la colaboración. Apoyándonos en todos los recursos descritos, descubriremos que la entrevista puede abrir el camino a nuevas posibilidades y oportunidades.

4. BIBLIOGRAFÍA

Dana, D. (2001). *Adiós a los conflictos*. Madrid: McGraw-Hill.

De Manuel, F. y Martínez-Vilanova, R. (1997). *Técnicas de negociación. Un método práctico*. Madrid: ESIC.

Fisher, R., Ury, W. y Patton (1996). *Obtenga el sí. El arte de negociar sin ceder*. Barcelona: Gestión 2000.

Fisher, R. y Ertel, D. (1998). *Sí... ¡De acuerdo! En la práctica*. Bogotá: Norma.

Funes, .S. (2006). «Hacia un mayor conocimiento de la mediación y el tratamiento de conflictos», en Torrego, J. C. (coord.), *Modelo integrado de mejora de la convivencia. Estrategias de mediación y tratamiento de conflictos*. Barcelona: Graó, pp. 109-138.

Jares, X. (2001). *Educación y conflicto. Guía de educación para la convivencia*. Madrid: Popular.

Moore, CH. (1994). *Negociación y mediación*. Centro de Investigación para la Paz Gernika-Gogoratuz, Euzkadi.

Moreno, J. y Luengo, F. (coord.) (2007). *Construir ciudadanía y prevenir conflictos. La elaboración de planes de convivencia en los centros*. Madrid: Wolters Kluwer.

Soleto, H. y Otero, M. (coord.), (2007). *Mediación y solución de conflictos. Habilidades para una necesidad emergente*. Madrid: Tecnos.

CAPÍTULO IV
CREATIVIDAD, HUMOR Y ESTILOS EN LA NEGOCIACIÓN

Mabel Tomasini

1. ¿CREATIVIDAD? Y ADEMÁS... ¿HUMOR?

Cuando en 1991 aprendí distintos medios de resolución de conflictos y al año siguiente comencé mi formación en técnicas de negociación y mediación, recuerdo que una de nuestras profesoras, hoy miembro de la Suprema Corte de Justicia, escribió en una pizarra las habilidades necesarias para ser negociador. Entre ellas incluyó «creatividad» y «sentido del humor». Ante mí se abrió un interrogante: ¿cómo adquirirlas? Y aplicarlas... ¿cuándo y cómo? Empecé a buscar enfoques diferentes.

En el curso de esa búsqueda llegó a mis manos el libro de la psicóloga Deprè, (1987: 10, 11), para quien la negociación es el arte de transformar un conflicto potencial en una asociación creativa, el arte del contacto humano, de la intuición y del humor. Indica que «en el trasfondo de toda negociación existe una mezcla de neutralidad, emoción, comunicación y creación, cuatro elementos que se emplearán en su momento para que sus negociaciones lleguen a ser sus propias realizaciones». Propone desarrollar la imaginación con el fin de que la negociación sea la «creación de una nueva realidad». En su trabajo lleva a cabo un profundo examen de distintas situaciones, desde el punto de vista del negociador hasta el del interlocutor, intentando perfeccionar cualidades, sobre todo del primero, para que sea sensible, capaz de afrontar tranquilamente cualquier negociación, desde la más rutinaria a la más inesperada. Es decir, un negociador sagaz que se sentirá bien consigo mismo, con un claro sentido de la relación justa con el otro, capaz de orientar la conversación hacia un intercambio humano y a la creación de nuevas ideas; un negociador que pueda descifrar la emoción de cada uno, así como el mensaje invisible tras las palabras. Considera que un buen negociador reaccionará con inteligencia, sutileza, intuición, calma, humanismo y humor en todas las situaciones.

De la propuesta de Deprè destacamos la mezcla de algunas habilidades: creatividad, intuición, buena comprensión del otro y sentido del humor. Debemos encontrar esas capacidades en nosotros mismos, legitimarlas, desarrollarlas y ser capaces de transmitirlas. Con la ayuda de varios autores, que se iremos viendo a lo largo de este capítulo, proponemos hacer el retrato del tutor de convivencia, describiendo sus tácticas, estrategias y habilidades. Invitamos al lector a introducirse en el maravilloso mundo de Walt Disney, a ponerse sombreros de colores, a usar un escudo protector, a hacer gestos, a emitir sílabas, a decir refranes, a abolir el voto de seriedad y... a divertirse.

2. BUENA COMPRENSIÓN DEL OTRO: CONOCER LOS ESTILOS DE RESPUESTA DE SUS INTERLOCUTORES

Deprè explica que «es difícil negociar con calma sin lesionar a la parte contraria, ni lastimarse uno mismo. Es necesario tener tacto, sutileza y una buena comprensión del otro». Para esto se debe usar la creatividad, de forma que sea posible dialogar con el otro y buscar soluciones que proporcionen satisfacción a todos.

Para los Albrecht (1998: 110, 111), gran parte del éxito como negociador, lo que se aplicaría al tutor o coordinador de convivencia, comienza con la sensibilidad y el conocimiento respecto a la forma de responder del interlocutor. Comprender o tener la percepción exacta de la manera de actuar del otro, de la forma en que la otra parte afronta la situación, nos pone en mejores condiciones para ajustar los propios métodos al estilo del otro y sugerir un procedimiento más cooperativo. De esta manera no se perderá tiempo y energía tratando vanamente de ejercer influencia sobre la otra parte. Los mismos autores consideran que enfrentarse a una negociación es una situación estresante que puede impulsar a una persona normal y amistosa a actuar de forma extraña y negativa, con actitudes agresivas, calculadoras o extremadamente reservadas. Incluso puede provocar, alardear o huir para regresar a un área en la que se sienta cómoda. Existe una diversidad muy amplia de actitudes, valores, creencias, tradiciones y comportamientos que se ponen en juego.

Con esta rica y variada gama trabaja el tutor de convivencia en sus entrevistas, por lo que necesita desarrollar una sensibilidad especial, saber con qué tipo de alumnos se enfrenta, si son duros, reservados o pasivos. El enfoque más creativo para identificar rasgos y tácticas de los interlocutores, a fin de dar seguridad y repuesta inmediata al tutor de convivencia, es la propuesta de los Albrecht (1998: 112) consistente en observar los rasgos característicos de algunas especies animales, su comportamiento y actitudes ante los conflictos, las distintas modalidades de autodefensa, y especialmente la finalidad real que impulsa cada acción. Este original punto de partida conecta con aquellas sensaciones que teníamos cuando niños ante la presencia de animales.

Estos autores distinguen a los que pasan por encima del otro, los agresivos, como el bulldog; a los que se muestran reservados y manipuladores, como el zorro; y a los que huyen, como el ciervo. Los tres presentan actitudes negativas para llegar a un consenso, actitudes que hay que neutralizar. Este conocimiento permitirá al tutor de convivencia utilizar las herramientas precisas para superar los obstáculos de la comunicación y resolver el conflicto.

2.1. Los estilos, sus características y el perfil del tutor de convivencia

De acuerdo con los Albrecht, hay en cada uno de los tres casos, el bulldog, el zorro y el ciervo, dos factores subyacentes: el grado de *apertura* y el de *condescendencia*. El primero es su disposición a comunicarse libremente, sin reserva, a compartir información relativamente privada que puede resultar importante. La segunda es su disposición a dejarse influir por lo que la otra persona está diciendo, ofreciendo o sugiriendo. Al utilizar estas dos variables podemos identificar estilos diferentes, más o menos limitados en su efectividad. Conocer sus mecanismos aportará recursos para neutralizarlos y lograr una negociación exitosa. Los tres estilos se ven limitados en su efectividad, mientras que el cuarto constituye la meta para el enfoque positivo, lo que se llama «creador de acuerdos» y que es, en definitiva, el perfil o retrato del tutor de convivencia.

El bulldog

Son personas que muestran un alto grado de apertura y muy poca condescendencia. Dejan clara su intención de pasar por encima del otro. Dirán lo que desean y se empeñarán en tratar de obtenerlo del otro. Emplean un estilo agresivo y dominante, haciendo de la negociación una batalla de voluntades. Utilizan exigencias, ultimátum y extorsión. Su enfoque altisonante, impetuoso e intimidante tiende a desalentar al adversario.

El zorro

Son personas que muestran un grado muy bajo de apertura y de condescendencia. No encaran directamente el problema, sino que emplean trucos, tácticas de batalla, ambigüedad, manipulación, subterfugios y el engaño para obtener lo que quieren. Son reservados y manipuladores y obligan a adivinar sus motivos e intenciones.

Hacen de la negociación una batalla de ingenio, y su enfoque tiende a que el otro desconfíe. Es un estilo que puede resultar más atractivo para la gente educada o para intelectuales que se sientan orgullosos de su astucia, su percepción y su capacidad para analizar situaciones.

El ciervo

Son personas que muestran poca apertura pero un alto grado de condescendencia. Tienden a mostrar personalidades relativamente pasivas, que tratan de evitar el conflicto y la confrontación casi a cualquier precio. Es posible que *huyan* si perciben una situación amenazante que los aleje de su zona de comodidad. Eligen el estilo pasivo y acomodaticio que busca no antagonizar con nadie, no perturbar ni a ellos ni a la otra parte, y tienden a aceptar las propuestas del otro en lugar de ofrecer las propias. Posiblemente, en sus vidas personales son dóciles y apacibles.

Cualquiera persona de una de estas tres categorías, cuando se sienta amenazada, puede situarse en los otros estilos: el ciervo puede pasar a ser pasivo-agresivo, el agresivo a reservado, o éste convertirse en agresivo.

El tutor de convivencia o creador de acuerdos

Es el estilo que más nos interesa porque representa y describe la tarea que debe realizar el tutor de convivencia. Por eso lo denominamos «retrato del tutor de convivencia». Con un alto grado de apertura y condescendencia, se trata de personas que suelen mostrar una mayor competencia y autoestima. Están más dispuestos a escuchar y reaccionar ante las sugerencias de la otra parte. Pueden manifestar sus necesidades o las de su institución y se dedican a satisfacerlas, teniendo al mismo tiempo presente qué necesita la otra persona. Es decir, mezclan su situación con la del otro. Si bien este modelo representa a las personas equitativas, no significa que permitan que los otros se aprovechen, y resulta muy difícil sacar ventaja de ellos, ya que no ceden ante las tácticas antagónicas del bulldog o del zorro. Trabajan desde un punto de vista sincero y sistemático de la situación. Buscan crear y preservar futuras relaciones al mostrar equidad, empatía y creatividad, y ofrecen un conjunto de opciones para que el otro las analice. No pierden el tiempo centrándose en ataques personales o discusiones, puesto que creen que la entrevista debe llevarse a cabo en un entorno cómodo. Esto no quiere decir que sean *perfectos*, sino que tienden a iniciar el proceso de intervención mejor preparados.

Albrecht sugiere representar los cuatro estilos en una pirámide, donde los más primitivos están en la base (el bulldog y el zorro, que son los más alejados de los valores de colaboración), pasando por los enfoques menos combativos, con el ciervo en el medio. En la cima, la figura que va más allá del conflicto y el combate, los creadores de acuerdos.

2.1.1. Herramientas y estrategias a utilizar en la negociación

Comenzamos con las indicaciones y consejos que dan algunos autores respecto a lo que siente el negociador cuando comienza su tarea. Nuestro objetivo es guiar al tutor de convivencia en cuanto a su actitud y sus sentimientos en el momento de iniciar su entrevista, para luego seguir con las estrategias y tácticas, cada más efectivas y contundentes, aplicadas a los tres estilos definidos por Albrecht, que en definitiva son los estilos con los cuales más frecuentemente se encontrará en las entrevistas con alumnos. Recordemos que no todos los interlocutores se muestran desde el principio como son: a veces se puede comenzar con una persona apagada cuyos *colores* surgen a medida que la negociación avanza.

Como dice Ury (1993: 36-41), «póngase el radar, no la armadura». Es decir, hay que comenzar por identificar el juego del otro, reconociendo la táctica para neutralizar el *maleficio*, como en la mitología antigua, en la que para alejar al espíritu maligno debía llamársele por su nombre. Si se está en guardia, se detectarán las artimañas, los ataques, el negociador no caerá en posibles trampas o sabrá si el otro es o no inflexible. También debe saber que las personas *difíciles* no usan una sola táctica. Antes de discutir el problema es necesario desarmar al oponente, hacer desaparecer sus emociones hostiles. La señal más efectiva para reconocer lo que el negociador siente la da su propio cuerpo, es visceral, como un nudo en el estómago, latidos más fuertes, el rostro se enciende, las manos sudan... La otra parte le está arrojando dardos y quiere aprovecharse de nuestra ira, temor, culpa o descontrol para que no se pueda negociar bien. Es el momento de hacer una pausa, un silencio, cambiar un momento de ambiente, para poder controlarse e identificar tácticas. Es necesario romper la relación automática entre la emoción y la acción, y el círculo vicioso de acción y reacción.

Para controlarse, Cornelius y Faire (1995: 107, 168, 171) aconsejan centrarse, respirar profundamente y tranquilizar el ritmo de la respiración. Para sobreponerse a la emoción es útil a veces cambiar de posición corporal, para indicar una variación en la postura mental. El cuerpo es como un ordenador gigante que lee constantemente la relación emocional con otras personas, con el medio ambiente y con las ideas, y muestra en la pantalla de la conciencia cada respuesta importante a medida que aparece. Con el silencio se habrá conseguido un logro importante: el turno de mantener viva la conversación será del interlocutor, quien no sabe en lo que uno está pensando. El silencio es un gran aliado; algunas de las negociaciones más exitosas se logran con el *silencio* (Ury, 1993: 42), aunque se sienta que transcurre una eternidad de tiempo.

Deprè (1987: 67-69) se detiene en las sensaciones y emociones del que va a empezar a negociar, dando un enfoque distinto al que en ese momento marcaban las teorías estadounidenses. Utiliza el recurso de dirigirse directamente al negociador: «Ante todo debes evaluar rápidamente tu emoción para no dejarla traslucir; distiende tu emoción por medio de una inspiración profunda; mantén siempre la mirada lúcida sobre tu propio sentimiento; desconfía de la emoción, ya que provocaría una detención de la negociación. Deberás relegarla a un segundo plano, distendiéndote y relajándote. Prepárate para percibir la emoción del otro, sentir la personalidad de tu interlocutor para encontrar las palabras que le van a impactar, ya que uno no se comporta de la misma manera con todo el mundo. Cada negociación comporta un plan invisible, el del mensaje implícito que pasa entre las palabras. Estos mensajes, como las emociones, perturban la claridad del diálogo. Luego tómate unos minutos y apela a la imaginación».

Siguiendo a Deprè, para ir hacia la creatividad el tutor de convivencia deberá conocer al interlocutor, concentrarse en lo que siente el otro, sus emociones, sus gestos, su forma de hablar. Y debe comprenderle y aplicar las técnicas para encontrar beneficios mutuos durante la negociación. El uso del lenguaje se adaptará a los distintos alumnos, ya que sus códigos sociales serán diferentes, y también responderá a las tácticas y estrategias usadas para neutralizar los obstáculos que ponga. Se estudiarán a fondo las cosas a las que el otro se aferra, aun más allá de sus intereses. Habrá que preguntarse cuáles son sus creencias, en qué difieren de las propias o de la institución educativa a la cual se pertenece (y cuáles son sus intereses). Hay que saber cómo concordar con los intereses que uno representa. El antagonismo es creador, apela a la imaginación y es la oportunidad de mostrarse más imaginativo que de costumbre.

Se hará una lista de todos los puntos que caracterizan al alumno, le acercan o separan de lo que se pretende, tanto personalmente como a nivel de la institución, a fin de tener una perspectiva neutra y objetiva de todos los elementos. Se trata de ver que cada una de las partes percibe hechos objetivos que le impulsan a querer un fin determinado, y como ambos tienen razón en querer esto, el acuerdo entre ambos se verá enriquecido por las razones mutuas. Hay que llegar a una situación en la que cada uno sea comprendido y entendido, que *exista* para el otro y se sienta en confianza, al tiempo que, en cierto modo, se hagan aliados, se cree una complicidad y se equilibren las relaciones forzadas. A la vez no hay que olvidar presentar el problema de acuerdo con las necesidades y perspectivas de todos, determinar los hechos objetivos y que se admitan proposiciones que favorezcan a todos para, finalmente, generar nuevas ideas. Es decir, hay que alcanzar la meta propuesta para crear otra realidad.

2.2. *Herramientas y estrategias para neutralizar respuestas negativas del estilo amenazante del bulldog*

Para los Albrecht (1994: 136), una de las mejores maneras para neutralizar esta estrategia consiste en reconocer el comportamiento y señalarlo de inmediato, indicando lo que es inaceptable o agresivo. Se puede decir, con un humor levemente belicoso: «¡Eh! Dejemos de lado los sentimientos negativos o los ataques personales, estoy seguro de que quieres un buen acuerdo tanto como yo, de manera que hagamos un esfuerzo para encontrar uno aceptable para los dos». No se debe personalizar, ni tomar los ataques como algo personal, sino hacer preguntas acerca de de lo que reclama el interlocutor y sobre sus exigencias, que pueden ser incluso indignantes. Es conveniente mantener la atención sobre el panorama general, a lo que agregaríamos la conveniencia de recordar los fines de la institución a la cual se pertenece.

Son también efectivos los recursos que aporta Ury (1995: 36-51). Considera que los ataques son tácticas de presión diseñadas para intimidar y hacer sentir incómodo, hasta tal punto que se prefiera ceder a las exigencias del oponente. Mediante esta estrategia el interlocutor ofende, daña e intimida hasta obtener lo que desea. Para *desarmar* al otro es necesario hacer todo lo contrario de lo que él espera que se haga. Por ello, más que poner el acento en tratar de controlarle, es mejor intentar controlar el propio comportamiento. Si se siente ira o temor, no se deben canalizar los impulsos o sentimientos hacia la acción, sino *congelar* ese comportamiento. Si la pausa es muy larga y se necesita más tiempo para pensar, se puede utilizar el recurso de «volver a pasar la cinta», frenando la conversación. Se puede decir «Veamos si comprendo lo que dices», y aprovechar para repasar lo dicho hasta ese punto.

Otro recurso para restar impulso consiste en *tomar notas*, que sirven para ganar tiempo e indicarle al interlocutor que se está tomando muy en serio lo que dice. Si se escribe lo que dice la otra parte se tendrá una excusa para utilizar otro buen recurso: la *interrupción*, diciendo: «Disculpa, no he entendido bien lo último. ¿Podrías repetirlo, por favor?». Es un truco que da buenos resultados mezclado con el de «hacerse el tonto», muy utilizado por los buenos negociadores, quienes saben que a veces es una ventaja, ya que se reduce la velocidad de las negociaciones. No es cuestión de simular ser estúpido, sino de pedir aclaraciones que podrían comenzar con: «Me temo que no he entendido lo...», o «Creo que no comprendo lo que...». Si no surge qué decir en determinado momento, siempre se puede soltar algo como: «Permíteme ver si he comprendido lo que has dicho...»

También podemos «solicitar una pausa». Es un recurso útil para reordenar la negociación. Son muchas las ocasiones en las que éstas se prolongan porque cada parte insiste en reaccionar a los ataques de la otra, por lo que resultan más productivas cuando se suspenden varias veces. Hay que buscar un pretexto natural, como tomar un café y salir, o decirle: «Es una buena pregunta, permíteme averiguarlo y enseguida estoy contigo». Es muy útil tener un pretexto preparado. Si no es posible marcharse de la sala y la situación se pone tensa, es mejor cambiar de tema con una anécdota o un chiste, o incluso mostrar algunas fotos, que podrían ser de viajes o de algún evento. Es probable que el interlocutor opine o cuente algo personal al respecto. El mismo autor, frente a sucesivas interrupciones o faltas de respeto, aconseja que se haga saber con una explicación o demostrando sorpresa: «Parece que has tenido un día difícil» o «Tu intención no es amenazarme, ¿verdad?» Esto permite al oponente, si recapacita, una salida razonable. Si la táctica del interlocutor es interrumpir, se puede mirar a los ojos, llamarle por su nombre y decirle: «Me estás interrumpiendo», con tono de voz flemático que no suene a enfrentamiento. Si reincide, repetir lo mismo y añadir ante los ataques: «Estoy dispuesto a seguir hablando cuando tú estés dispuesto a dejar de atacarme».

Berckhan (2004: 37, 66, 94 y 95) considera que lo que se debe resguardar en una negociación son el propio bienestar y comodidad, el mantenerse objetivos. No hay que malgastar energías, a fin de dominar la situación e incluso divertirse. No se puede permitir la apertura en la negociación de escenarios secundarios o alternativos que la perjudiquen, quedando el tema principal marginado. No debe aceptarse que el ataque haya logrado su objetivo, porque el éxito de éste depende de cómo lo toma la «víctima». Si el agresor comprueba que su estrategia ha tenido éxito cuando la otra parte calla o se retira, entonces se exalta o se vuelve insolente. Para ello aconseja una serie de estrategias basadas en la energía que cada persona irradia y en la propensión a lo insólito. Así, prueba que es equivocada la tendencia a responder en forma racional o inteligente, apegada a los ideales de la lógica y la razón, y que ante la dificultad de no encontrarla es posible quedarse dando vueltas alrededor del último comentario insolente, pensando lo que se podría haber dicho y en lo que se dirá la próxima vez, pensamientos que giran en torno al agresor como un planeta gira alrededor del sol. Por ello el autor enseña a salir de esa *órbita*. Una respuesta inteligente necesita tiempo de maduración, periodo que no usa el agresor para lanzar un burdo ataque. Por eso éste es más rápido, y durante el tiempo en que se pretende encontrar la respuesta inteligente, se habrá burlado todavía más. El autor explica que por una cuestión instintiva, cuando uno es atacado la energía se concentra en los músculos y no en el cerebro. Para salir de esa órbita del agresor es necesario impresionarle no con la respuesta en palabras, sino con la propia presencia y autoridad, introduciéndose en lo grotesco y extraño.

Como protección ante estos ataques una buena estrategia es la *autodefensa*. Comienza con la declaración de independencia: no permitir que el propio estado de ánimo dependa de los demás. No importa cómo se nos trate, ya que está en nosotros decidir cómo se habrá de tomar el ataque. Para lograr esta defensa y permanecer en el propio estado emocional y mental, sirve el «escudo protector» personal. Pasos para crearlo: recordar alguna circunstancia en la cual se mantuvo la calma, sumergiéndose, impregnándose en la sensación de que los disgustos rebotan como una pelota de ping-pong, imaginando un escudo a través del cual se puede ver y oír, y elegir una frase como «Eso es cosa de los demás, no tiene nada que ver conmigo». Así se neutraliza la acción agresiva. En casos sorpresivos aconseja aplicar los «primeros auxilios» (2004: 34-35): respirar hondo, inspirar y espirar lentamente, porque el cerebro necesita oxígeno para pensar claramente, y la voz aire para no sonar ahogada. Conviene guardar la distancia reservando un espacio alrededor, retrocediendo uno o dos pasos, corriendo la silla hacia atrás o a un lado, o poniéndose de pie, olvidando las pretensiones de tener una respuesta rápida, ingeniosa o impactante. De hecho, al tomarse el tiempo necesario, se mantiene al interlocutor en ascuas.

Una estrategia que se basa en el esquivar al agresor es utilizar *gestos mudos* (2004: 46), por ejemplo mirarle con los ojos muy abiertos, como de sorpresa, saludando amablemente con la cabeza, tomándose un respiro y observando con curiosidad. Se puede sonreír sabiamente, como si uno tuviera una *iluminación*, tomar papel y lápiz y anotar el comentario insolente, sin olvidarse de hacer los ejercicios de respiración descritos. Otra estrategia es el desvío de la conversación, cuyo efecto es la inocuidad (2004: 50-54). Se basa en que nadie puede imponer un tema de conversación: ante vulgaridades, se contesta con vulgaridades; ante una ofensa, recurrir a un tema corriente, como el estado del tiempo, una aspirina... Cualquiera vale. Distrae la atención del agresor y también la propia, ya que no se busca perspicacia, sino la «dulce nada». Si se quiere herir al otro, se puede demostrar la nimiedad de su ataque, ser perspicaz sin gastar energías, utilizando sólo unas sílabas: «¡No me digas!», «Ya veo», «Aah...», «¡Qué pena!», «¡Vaya, vaya!», etc. A partir de esto, poner un punto y aparte. Con estas estrategias se desmonta el comentario insolente. Resulta adecuado cuando uno se queda mudo y sin recursos ante una burla y bastan unos sonidos para detener el ataque desde el principio y dejar para más tarde su esclarecimiento.

La estrategia de *lo imprevisible para confundir*, aprovechando la función del cerebro, que es un gran buscador de significados, consiste en utilizar refranes inadecuados (2004: 64). El agresor espera una respuesta coherente, pero se encuentra ante un refrán que no encaja. Indagará el sentido, pero será en vano. Si pregunta cuál es el significado, se le puede decir: «Piénsalo con tranquilidad», «Yo también he necesitado tiempo, no te desanimes», o contestarle con otro refrán. Se puede aprovechar la confusión del otro para encauzar nuevamente la conversación hacia una argumentación objetiva. Es difícil, ante una crítica destructiva, saber si es un ataque o son expresiones irreflexivas, pero es necesario desactivarla devolviéndola en forma de preguntas (2004: 72). Esto actúa como un antídoto que pone al agresor en un aprieto.

Se sabrá si se fundamenta en argumentos objetivos o si es simplemente una provocación. Quedará desenmascarado. Si, por ejemplo, se critica el propio planteamiento diciendo que es muy anticuado o aburrido, se puede preguntar: «¿Qué quieres decir con anticuado o aburrido?», como si el otro hubiera hablado en un idioma extraño que no se comprende.

Esta estrategia consiste en no defenderse, haciendo como que está bloqueado el entendimiento. El interlocutor se ve obligado a razonar el propio comentario, con lo que se le da la oportunidad de argumentar objetivamente, y le permite a uno ganar tiempo. Más efectiva o más despiadada es la estrategia de paralizar al adversario cediendo, con un abrazo o estrechando su mano (2004: 80-85). Se aplica cuando se está harto de los ataques y de la prepotencia del interlocutor. El *consentimiento* actúa como una pared contra la que se dirige el agresor. Se denomina a esta técnica *ceder e insistir*: transigiendo, dándole la razón, si esto no perjudica, pero informándole de que está dispuesto a ceder si con eso le ayuda. Un ejemplo sería: «Si te hace sentir mejor, te doy toda la razón. ¿Te sirve de algo si te doy la razón?». También puede confirmar el punto de vista del agresor: «Desde tu punto de vista puede que tengas razón», o «Tienes razón, en tu lugar seguramente yo pensaría lo mismo»... A continuación es necesario mantenerse firme en la cuestión central, defendiéndola empecinadamente. La primera frase confirma la opinión del otro sin que se le dé la razón del todo, pero se le hace saber que se puede entender su punto de vista.

Más categórica es la técnica de *jaque mate* o del *cumplido*. La arrogancia, desdén y aires de superioridad del interlocutor suelen disimular un complejo de inferioridad. Por ello pueden resaltar un posible punto débil propio, precisamente el miedo a ser inferiores. De esta manera es fácil involucrarse en una pelea y jamás surgiría de forma natural el alabar o reafirmar a la otra parte. Es en estos elogios donde estriba el éxito de esta estrategia, ya que desequilibra al otro al darle justamente lo que desea: la superioridad, aunque se le otorgue en forma desmesurada, con ironía y sarcasmo: «Admiro tus conocimientos y tu sabiduría», «Me gusta la forma con que enlazas una palabra con otra», «Gracias por esta ayuda tan importante», «Me has impresionado profundamente», «Es que sabes más que yo», «Eres inconmensurablemente superior a mí». Es probable que el interlocutor se dé cuenta de que se le está poniendo en ridículo, pero a pesar de eso se encontrará en una situación artificiosa. Hay que medir el efecto y actuar con sarcasmo hasta que el interlocutor comience a irritarse ligeramente. Esta técnica es recomendable si tras el primer enfrentamiento todavía se pretende mantener una conversación razonable.

También se pueden considerar los pasos de la técnica del *espejo*. Se procura mantener un estado de ánimo impersonal, levantando el *escudo protector*, concentrándose en las emociones de la otra parte. No en el sentido literal de sus palabras, pero proyectando esa imagen como un espejo. Hay que decirle de manera imparcial y objetiva lo que le pasa a él, hacer referencia a características obvias como su enfado, su nerviosismo, su escepticismo, su rechazo, etc., sin dar más explicaciones ni consejos. Por ejemplo, si dice «Eres un imbécil», se da la respuesta: «¡Ahora estás enfadado!» Una opción más difícil es *exigir una disculpa*: «Me has ofendido, espero una disculpa». Otra técnica es *imponerse con autoridad*. El factor decisivo es la propia fuerza, cubriéndose con el *escudo protector*, preparándose interiormente para ser capaces de condenar al agresor. La mirada debe ser severa y dura, estirándose para parecer más alto y ancho, inspirando y espirando profundamente, pero sin quedarse sin aire, enfrentándose al otro con una expresión de *tipo duro*, sin mover un músculo de la cara, de forma que la mirada exprese desaprobación. Habrá que ser parco en palabras.

Para aplicar estas dos últimas técnicas es necesario superar el miedo a mostrarse autoritario. Por último, el mismo autor se refiere a la *conversación esclarecedora*, que sacará a la luz el malestar latente, definirá las reglas del juego, y encauzará el proceso hacia temas más constructivos. Sobre todo si se pretende mantener una buena relación *a posteriori*: «Me gustaría discutir este tema de forma breve y precisa, sin ataques personales. ¿Podemos llegar a este acuerdo?» O «Quisiera discutir este punto con tranquilidad, por favor, no me sigas provocando».

2.3. Herramientas y estrategias para neutralizar respuestas negativas del estilo manipulador del zorro

Para Ury (1993: 37-43, 91) los trucos son tácticas encaminadas a engañar para que uno ceda, y funcionan sobre la base de que uno supone que la contraparte actúa de buena fe y dice la verdad, pero en realidad manipulan la información y sus mentiras son muy difíciles de detectar. Por ello es necesario estar atento a cualquier incoherencia o ambigüedad entre lo que el interlocutor dice ahora y lo que dijo anteriormente. Se debe observar su lenguaje corporal, sus gestos y tono de voz, porque el mentiroso puede manipular las palabras, pero no puede controlar con facilidad la ansiedad, que le hace subir el tono, ni tampoco puede controlar la simetría de los gestos faciales, y su sonrisa puede torcerse. La alternativa para contrarrestar el *truco* es llevarle la corriente, respondiendo como si el otro estuviera negociando de buena fe, pero actuando con cautela, poniendo a prueba su sinceridad, colocándole ante un dilema ante el cual, o sigue actuando de acuerdo con la farsa, o se abandona el engaño. Cada vez que se detecta una artimaña o un ataque astuto se debe neutralizar el efecto identificando la situación y considerándola como una posibilidad, no como una certeza. Porque estas tácticas son como los trucos de magia, que se hacen con tanta rapidez que no se ve lo que pasa. Poner al descubierto la estrategia conlleva un riesgo. Uno puede equivocarse, e incluso teniendo razón, el interlocutor podría ofenderse, con lo cual las relaciones se deteriorarían. Ante esto, lo que se impone es la cautela. Es mejor empezar las preguntas y sondeos haciéndose el tonto.

Para los Albrecht (1994: 135, 136), la mejor herramienta es la información. Cuanto más se sepa mejor se podrán aclarar y neutralizar los trucos o engaños. Éstos sólo funcionarán si nos toman desprevenidos o no se dispone de información suficiente. Cuanto más se sepa, más se podrá estudiar la propia posición y preguntarse: ¿por qué ve las cosas de esta manera?, o ¿cuáles son sus motivos para hacer semejante declaración? Hay que procesar la información adquirida, refiriéndose a sus propias necesidades o a las de la institución, invitando al zorro a ser constructivo. Para adivinar la finalidad real que impulsa al reservado es necesario insistir en preguntar. Algunas preguntas tienen que apuntar a los hechos, otras a descubrir sus valores e intereses, diciendo: «¿Puedes explicarme tu posición? No la entiendo, y para mí es indispensable que todo esté claro». O «Necesito pruebas, exijo pruebas». Hay que permanecer atento a las sorpresas que puedan reservar los proyectos ocultos de la otra parte, indagar su agenda oculta, teniendo en cuenta que mientras uno se esfuerza en descubrirlos, el otro simulará enojo: no hay que distraerse con eso. Como en el primer caso, es necesario mantener la atención en el panorama general, que apunta a obtener un acuerdo o consenso.

2.4. Herramientas y estrategias para neutralizar respuestas negativas del estilo huidizo del ciervo

Para los Albrecht (1995: 137), en general es más fácil poner como interlocutor a un ciervo, porque en la mayoría de los casos uno no se enfrenta con agresión alguna. Los ciervos no siempre exponen sus intereses, sino que prefieren la evasión o el apaciguamiento para no perturbar a nadie, ni a ellos mismos, y son capaces de marcharse precipitadamente dejando aspectos sin resolver sobre la mesa de negociación. Lo principal es crear un *ámbito de comodidad*, de forma que ellos constaten que se les está ofreciendo un sistema sincero, transparente, con las cartas sobre la mesa. Los que utilizan este estilo se sienten más preparados para alcanzar un acuerdo. El ciervo debe confiar en su interlocutor y percibir credibilidad. Las tácticas de alta presión provocan su retirada, y desaparecen del escenario de negociación o se cierran sobre sí mismos. Es necesario ser directos en las explicaciones, tranquilizarles constantemente para que tengan la certeza de que no se les quiere imponer algo. Es necesario controlar el vocabulario y terminología, a fin de que se sienta más confiado, aclarando las dudas, preparándose para detener la entrevista si la otra parte necesita mayor tranquilidad, dejándolo para otro momento.

3. MECANISMOS QUE OPERAN EN EL PENSAMIENTO PARA EL DESARROLLO DE LA CREATIVIDAD. ESTRATEGIA DEL CICLO CREATIVO DE WALT DISNEY

En la tarea que habitualmente debe desarrollar el tutor de convivencia intervienen una cantidad de disciplinas de las más diversas, que favorecen su labor y posibilitan que pueda cumplir con los objetivos propuestos. La apelación a la creatividad es uno de esos elementos insoslayables que es necesario tener en cuenta en todo momento, ya que permite enfrentar situaciones complejas o simples a través de formas diversas, dando lugar a una adecuada articulación entre el profesional y la persona que en un momento determinado es necesario enfrentar. La aplicación de diversos mecanismos de acción depende especialmente de la manera en que el tutor de convivencia puede tomar contacto con su pensamiento creativo, lo que sin lugar a dudas requiere de cierto entrenamiento.

Dilts (1998) nos introduce en el maravilloso mundo de Disney y su habilidad para explorar cualquier cosa desde distintas posiciones de percepción, desarrollando a partir de ello tres caracterizaciones de personalidad: el *soñador*, que origina nuevas ideas y objetivos; el *realista*, el cual transforma las ideas en realidades concretas; y el *crítico*, cuya actuación es precisa como filtro, puesto que sabe lo que sobra o falta. De acuerdo con este autor, Disney era capaz de navegar metódicamente entre estas tres características, teniendo en cuenta las diferentes modalidades de acción. Lo interesante era cómo conseguía acceder a su imaginación, traducir sus fantasías en realidades y aplicar a ellas su juicio crítico para obtener resultados concretos en forma de obras clásicas y eternas. Con su método, utilizaba tres habitaciones o lugares: en la primera había dibujos inspiradores, frases escritas en las paredes, con mucho color, donde se desarrollaba la primera de las caracterizaciones descritas. En la segunda se utilizaba una amplia sala, cada uno de sus creativos ubicado en sus propias mesas, y en ellas todos los elementos y herramientas que necesitaban para concretar la idea o sueño. Las mesas estaban colocadas de manera que todos se podían ver entre ellos. Para la tercera etapa empleaba una pequeña habitación bajo una escalera, donde estudiaba los esbozos y los evaluaba. Este espacio estaba siempre muy caldeado, lo llamaba la «caja de sudar». También solía utilizar una técnica que se basa en el cambio de ángulo o lugar: después de una reunión conjunta en una sala con sus directores de arte e ilustradores, donde se exponían los proyectos, los enviaba a todos fuera, a los jardines, o a distintas mesas, para pensar desde un lugar nuevo y recomenzar el proceso creativo._

Para el neurolingüista Dilts el primer paso tiene lugar a través de la imaginación visual, e implica la superposición y sintetización de los sentidos, con el convencimiento de que todo es posible. Durante ese primer momento se generan nuevas opciones y alternativas, se centra en el contenido o el «qué» del plan o idea. En la siguiente etapa –la realista– se actúa «como si» el sueño fuera posible y alcanzable. Consiste en aproximaciones sucesivas a las acciones necesarias para que se convierta el sueño en realidad. Es una acción que opera hacia el futuro, se concentra en las acciones o procedimientos, centrando su atención en «cómo» realizar el plan o la idea. En la fase crítica deben indagarse las posibles fuentes de problemas pasados o futuros. Su nivel de atención se centra en el «por qué» del plan o idea y presta atención a lo que podría pasar si aparecieran diversas dificultades.

La fisiología ejerce una influencia importante sobre la creatividad, y Dilts invita a pensar en cómo actuamos las personas cuando nos encontramos en cada uno de los estados antes citados. Hay que fijarse en la postura, la posición de la cabeza y ojos, etc. Afirma que en el estado soñador la cabeza y ojos se sitúan hacia arriba, con una postura corporal simétrica y relajada. En el estado realista la cabeza y los ojos miran al frente, o ligeramente hacia adelante, con una postura corporal simétrica y algo adelantada. En el estado crítico la mirada se dirige hacia abajo, con la cabeza también baja y hacia un lado, y la postura corporal es en ángulo.

Desde aquí invitamos al tutor de convivencia a analizar cuál es la actitud adoptada cuando se quiere crear algo, imaginar una solución, encontrar el modo de hacer algo o cómo desarrollar una idea. Idea que no necesita ser original, porque la creatividad es también la readaptación o nueva combinación de ideas ya existentes. Pensar en qué momento del día se desarrolla esta actividad, por ejemplo si al despertar o antes de dormir, o si se entra en un estado de ensoñación, son factores a tener en cuenta. También hay que considerar si se hacen o no otras cosas, quizá simples y cotidianas. Se podría pensar en «cómo es» y «cómo soportamos» ese estado o momento. Y decimos «soportamos» porque a veces es una actividad que se alarga en el tiempo, y a la que se da más vueltas de las que se quisiera. Ese estado o momento en que se confían las respuestas a un área no consciente se podría llamar *incubación*, situación que se mantiene hasta llegar a la otra etapa, en la que aparece la respuesta en forma sorpresiva, la *iluminación*, utilizando los dos términos usados por Pano, quien analiza las investigaciones realizadas sobre los mecanismos de la creatividad, en especial aplicados al ámbito empresarial.

3.1. Seis sombreros para pensar

Esta estrategia ayuda a organizar el pensamiento en forma más eficiente, y a comunicarlo con más claridad; también ayuda a comprender y aprender, y a pensar con mayor eficacia.

De Bono, que estudia la estructura del pensamiento, utiliza una técnica que permite al pensador hacer una cosa cada vez, separar la lógica de la emoción, la creatividad de la información y así sucesivamente, a fin de ayudar a pensar y seguir un orden en los propios procesos mentales cuando nos encontramos ante dudas o incertidumbres, ya que el mayor enemigo del cerebro es la complejidad, que conduce a la confusión. Ponerse un sombrero implica definir un cierto tipo de pensamiento, y ponerse sucesivamente los otros permite conducir el pensamiento como un director podría dirigir su orquesta. El autor se refiere a un estado deliberado para ponerse cada sombrero de pensar. Ser un pensador es una habilidad operativa, que parte de un estado mental tranquilo y despreocupado. El amplio papel del sombrero para pensar se descompone en seis diferentes estilos, representados por los respectivos seis colores.

1. **Sombrero Blanco:** el color blanco es neutro y objetivo. Por tanto, este sombrero se ocupa de cuestiones objetivas y de cifras, de la exposición de los hechos. No se ocupa de argumentos ni da opiniones. Se refiere a la información. Cuando se usa este sombrero el pensador debería imitar a un ordenador.

2. **Sombrero Verde:** el color verde simboliza la vegetación, el crecimiento fértil y abundante. Este sombrero indica creatividad e ideas nuevas, la búsqueda de alternativas. Se procura avanzar a partir de una idea para alcanzar otra nueva. Se emplean las provocaciones a fin de salir de las pautas habituales de pensamiento.

3. **Sombrero Amarillo**: este color es alegre y positivo. Simboliza el brillo del sol y la luminosidad. Su sombrero es optimista, representa el pensamiento constructivo, el deseo de que las cosas ocurran, de que algo mejore. Supone la interpretación, la actitud y la evaluación positiva ante un problema. Es constructivo y generativo, ya que de él surgen propuestas concretas y sugerencias.

4. **Sombrero Rojo**: el color rojo sugiere ira, furia y emociones. Este sombrero da el punto de vista emocional: los sentimientos y los aspectos no racionales se hacen visibles. No hace falta justificar lo que se siente, a pesar de que habitualmente se nos educa para disculparnos por las emociones y sentimientos. Usándolo, se legitiman las emociones y los sentimientos como una parte importante del pensamiento. No sólo las emociones comunes, desde las más intensas, como el miedo y el disgusto, hasta las sutiles, como la sospecha, sino también los juicios complejos: presentimientos, intuiciones, sensaciones, preferencias o sentimientos estéticos.

5. **Sombrero Negro**: el color negro es triste y negativo. Este sombrero cubre los aspectos negativos, señala los riesgos y peligros, el por qué algo no se puede hacer, quizá porque no se acomoda a la experiencia o al conocimiento aceptado.

6. **Sombrero Azul**: el color azul es frío y representa al cielo, que está por encima de todo. Este sombrero se ocupa del control y la organización del proceso del pensamiento y del uso de los otros sombreros. Conjuga juicios, críticas, emociones y creatividad. Implica una posición abierta a todos, pide propuestas y ayuda a redefinir los problemas. También elabora las preguntas, comportándose como el director de una orquesta. Es responsable de la síntesis, la visión global y las conclusiones.

El uso de todos los sombreros, con la particularidad de sus colores, permite insertar variaciones en el pensamiento. Si una persona se ha mostrado continuamente negativa, se le puede pedir que se quite el sombrero negro y sugerirle que se ponga el amarillo. Es una petición directa que se le hace para que encuentre pensamientos positivos. De este modo los sombreros proporcionan un lenguaje que, sin resultar ofensivo, influye en las ideas sin amenazar el ego ni la personalidad del interlocutor. Y si con el sombrero verde se crean opciones, se debe invitar a que se ponga el sombrero negro, a fin de encontrar los posibles fallos y modificar la opción. En este caso el objetivo sería alcanzar una propuesta realista. En el momento en que dos o más personas están trabajando en la propuesta final, deben tener todos puestos sus sombreros azules. El uso de esta técnica es sencillo, y muy divertido. Además brinda una formalidad y una convención para requerir cierto tipo de pensamiento, tanto de nosotros mismos como de los demás.

Se puede desplegar en forma de juego, a medida que el diálogo lo necesite. A veces puede ser el tutor quien se lo ponga, o éste se los pone al alumno, dependiendo de la expresión abrupta de sentimientos (rojo), de la negatividad (negro) o de la necesidad de cambiar y ser positivos (amarillo). Para ello se sientan el tutor y el alumno en el mismo lado de la mesa, codo con codo, dispuestos a realizar un trabajo común de creación de propuestas. Llevarán el sombrero azul, que es el que orquesta todas las opciones. Luego se criticarán con el sombrero negro, o como en la fase crítica de Disney, a fin de que, con esta crítica, puedan mejorar las propuestas y hacer que se adapten a la realidad. Deben tener en cuenta cómo ir incorporando el sentido del humor, habilidad que veremos a continuación.

4. EL USO DEL SENTIDO DEL HUMOR EN EL TRATAMIENTO DE CONFLICTOS

Para Deprè puede haber algunas negociaciones simples, cotidianas, que se resuelvan exitosamente por el milagro de la risa. No hay técnicas para hacer reír, es cuestión del momento, de la inspiración. Ocurre o no, pero es un extraordinario medio para desarmar al adversario en una situación absurda. La risa no se puede considerar como un medio racional para lograr una negociación, pero cuando el otro no comparte ninguno de los propios puntos de vista se puede intentar hacerle reír.

Kushner (1991), asesor humorístico de organismos gubernamentales y grandes empresas de Estados Unidos, cita a Víctor Borge, quien escribió que la distancia más corta entre dos personas es la risa. Para Kushner el humor es, por un amplio margen, la mejor estrategia para generar un diálogo entre dos personas. Por eso enseña a manejar con eficiencia la fuerza motriz del humor, considerándola una estrategia para solucionar problemas y una herramienta poderosa para orientarse en el laberinto de la interacción humana. En suma, es un tipo de comunicación.

Considera que existe una clase de humor adecuado a cada circunstancia: el elegante, el sutil, etc. Es preciso encontrar el punto de vista cómico que sea pertinente, correcto y oportuno. No hay que usar el humor procaz, desvergonzado o atrevido.

Para Lorente y De Marillac (2006: 138) el uso del sentido del humor es beneficioso tanto a nivel personal como en el terreno laboral, y consideran que debe cultivarse en las organizaciones. Al referirse al sentido del humor hay que desechar los chascarrillos, las apreciaciones de mal gusto, los chistes fáciles –sobre todo los referentes a colectivos desfavorecidos–, las soluciones chabacanas, las groserías y el hacer gracias con el objeto de llevarse bien con alguien.

De acuerdo con Kushner, no es cuestión de ser gracioso, sino de saber comunicar nuestro sentido del humor. Lo importante es no hacer «voto de seriedad». La adopción de un punto de vista cómico conduce a menudo a soluciones reales. Quizá la idea más absurda, la más disparatada, abra paso a la tan buscada solución. Destaca también que las personas con sentido del humor tienden a ser más creativas, menos rígidas, más proclives a aceptar nuevos métodos e ideas. Se muestran capaces de afrontar problemas arduos sin agobiarse. Menciona que algunos directores de recursos humanos incluso toman nota del tiempo que tarda un aspirante entrevistado en reírse, considerando que la facilidad para encontrar la faceta humorística ante una situación difícil, como lo es una entrevista, hará posible que se desenvuelva mejor en momentos críticos.

El uso del sentido del humor en una negociación es importante, ya que protege de los ataques y reduce tensiones. Al visualizar una perspectiva cómica cambia la percepción de las situaciones tensas y se genera una mejor comunicación. El humor otorga un ángulo imprevisto para enfocar las cosas, puesto que a veces la idea más absurda, la más disparatada, es la clave de la solución. Permite abrir otro enfoque, ya que los hechos son los mismos, pero se miran de distinta manera, con un nuevo significado.

Para este autor el lugar de trabajo ofrece infinitas posibilidades de usar el humor, dado que siempre que un grupo se reúne para llevar a cabo una tarea común, el conflicto es la norma. En un sentido amplio: conflicto de voluntades, de personalidades, de ideas, de planes, de estrategias y de intereses. Considera que el papel más común del humor en los conflictos es el de reducirlos, más que el de resolverlos; el humor puede dar tiempo hasta que se presenta la solución (1991: 148).

Coinciden con este aspecto Lorente y De Marillac, para quienes el sentido del humor es una actitud ante la vida, una habilidad elevada a la categoría de arte, y como tal susceptible de ser cultivado. Quien lo aplica se retroalimenta de los efectos del mismo, lo que le permite estar atento a las relaciones con los demás. Manifiestan que es una valiosa herramienta para facilitar las relaciones interpersonales, la distensión de ambientes, la prevención de conflictos y una mejor manera de afrontar las situaciones difíciles, porque ayuda a flexibilizar las posiciones, estimulando la creatividad, el bienestar personal y el grupal. Consideran además que la combinación equilibrada entre la racionalidad y el sentido del humor pueden convivir sin dificultad. Ante la pregunta de si es posible el cultivo y desarrollo del sentido del humor, responden en forma positiva, señalando que cada uno deberá partir de un análisis personal y cuidadoso con el objeto de detectar obstrucciones, eliminar barreras y activar mecanismos implicados en su uso para poner en práctica conductas que tiendan al empleo del humor.

Propone Kushner al negociador que cuando se encuentre en una situación de estrés intente aliviarlo imaginando cosas divertidas. A este mecanismo lo llama «internalizar el humor». Lo práctico de su obra radica en señalar los pasos a seguir para la preparación del uso del humor. Describe el modo de hallar diversas fuentes donde inspirarse, las cuales comentamos a continuación.

4.1. Formas de expresar el sentido del humor: distintos recursos[21]

4.1.1. Preparación

El humor imprevisto no depende del ingenio, ni se puede planificar, controlar o desarrollar, pero puede considerarse una oportunidad cuando aparece de pronto y ayuda a aliviar un conflicto. Quien lo emplee puede considerase afortunado, pero no es posible sentarse a esperarlo, sino ponerse a trabajar, usando el sentido común. No es imprescindible ser un genio de la comedia para emplear el sentido del humor.

Ante todo hay que realizar un análisis de las personas a quienes se va a entrevistar antes de decidir lo que se va a decir y cómo. Hay que conocer sus puntos de vista, sus creencias, sus valores, su grupo cultural... Es importante elegir palabras de la lengua o jerga que hablan los interlocutores y seleccionar las palabras que reflejan su universo, la forma de hablar que les caracteriza. Este lenguaje propio crea un vínculo e intensifica la comunicación, cuidando de ser correcto, oportuno, sin que discrimine.

El humor debe ser además pertinente, destinado a destacar determinados puntos. Ha de tener un sitio en el discurso o conversación, debilitando la resistencia que muestran las personas si piensan que alguien trata de parecer gracioso. Si el humor es pertinente se comprende que la persona lo está utilizando para subrayar un punto de su disertación, y sólo en segundo término para divertir. Para ello hay que analizar con detenimiento el mensaje serio que se quiere transmitir al alumno, encontrar los puntos claves y fundamentales. Hay que pensar en un propósito definido. Para Kushner, cuando el auditorio escucha dentro de un mensaje serio un toque de humor, «los ojos de los que escuchan se abren, las cabezas se adelantan, la expectativa se siente en el aire». Una vez clarificado el lenguaje y la pertinencia, se podrán utilizar las distintas formas y los recursos para expresar el sentido del humor.

4.1.2. Formas y recursos

El enfoque tradicional del humor se basa en que la suposición molesta o irritante implícita es rechazada. Sin embargo, utilizando el humor no irrita. Seguir la corriente o hacer algo al pie de la letra parte de aceptar la suposición irritante. A continuación surge lo humorístico. Por ejemplo, lo que hizo la contable cuando le pidieron que

---

21. Kushner, 1991: 40-89.

disminuyera los gastos y sacó una fotocopia en tamaño mínimo. Este humor derrota las expectativas del potencial antagonista y da ventajas de sorpresa y risa.

El uso de *chistes* es importante. Se puede vestir un chiste viejo con ropaje nuevo.

También es útil asociar *una ocurrencia o una pequeña anécdota* con uno de los puntos clave citados. La anécdota puede estar relacionada con el ambiente estudiantil o laboral y debe tener dos rasgos fundamentales: uno, ser verídica –eso la hace valiosa–; y que quien habla debe sentirse cómodo relatándola. Está considerada como una de las armas más poderosas del arsenal del humor. Es conveniente recordar sucesos de la época de estudiantes, exámenes, fiestas, profesores, clases, etc.

El empleo de *citas cómicas* es uno de los métodos más sencillos de introducir el humor. Son fáciles de encontrar y de usar, y si el que escucha no encuentra la gracia, es posible excusarse diciendo que la culpa la tiene el que la inventó, no el que la usa. A veces no es necesario saber con exactitud quién es el autor de la cita. Hasta podría decirse: «Me parece que fue... quien dijo...».

También se puede referir una *historieta o tiras cómicas* de los periódicos o revistas. Es más fácil que contar un chiste, porque éste debe representarse; en cambio con las viñetas uno no es más que un observador objetivo de la escena, un narrador.

Otra forma son las *cartas*, como las que escriben los niños a los Reyes Magos o a Papa Noel. También se puede crear una *sigla* inventando las palabras que corresponden a cada letra.

Otro recurso son los *comentarios pintorescos y las observaciones*. Se trata de la capacidad de ver lo absurdo en el mundo que nos rodea. El tutor de convivencia debe distanciarse de su tarea y contemplarla desde una perspectiva más amplia. Pueden utilizarse proverbios, dichos contundentes en forma de máximas o de refranes, o frases breves e inteligentes que pueden ser insertadas en cualquier discurso. Algunas adoptan la forma de ley o regla universal; otras incumben a una persona o situación particular. Con frecuencia se basan en la exageración, pero la palabra clave es «chispa». También son llamadas «perlas de sabiduría». No requieren habilidad histriónica para reproducirlas y, sin embargo, comunican sentido del humor. Comentarios aplicables por el tutor de convivencia ante un alumno atemorizado: «Con tanto miedo te mantendrás con una dieta de uñas», o «Anoche has dormido como un bebé. A cada hora te despertabas y llorabas».

La *analogía* consiste en una frase concisa que pone de relieve las similitudes entre dos cosas. El autor dice que son como semillas que se plantan en la mente de las personas. El abono de lo cotidiano las hará florecer en la memoria y el recuerdo de puntos de vista se mantendrá siempre presente en los oyentes.

También se pueden emplear las *definiciones*. Consiste en elegir una palabra de un mensaje y definirla con humor. Se puede utilizar la definición seria, si se quiere. Este material hay que buscarlo en periódicos, revistas y libros humorísticos. El diccionario está vinculado al recurso anterior. Sin embargo, no es imprescindible usarlo. Siempre se puede decir que nuestra definición proviene de uno, aunque en realidad sea una invención humorística. Por ejemplo: «**Público**: único grupo de personas en el mundo que se cansa después de haberse sentado».

Kushner también aconseja unos ejercicios de precalentamiento para estirar los *músculos del humor* (1991: 280), como colocar uno de esos carteles de «Cuidado con el perro» en un lugar insólito, por ejemplo, el escritorio del jefe; o encontrar funciones novedosas para objetos comunes, como usar una silla como sombrero, hacer de un conflicto un culebrón, o ponerle nombre de películas.

La utilización de esos recursos tiene como frontera la imaginación. Su eficacia está limitada sólo por la propia inventiva. La manera de relacionarlos es una decisión personal, y para ello se aconseja leer chistes, además de anotarlos o recortarlos. Otra de las condiciones es que cualquiera de las formas que se elijan debe emitirse de forma concisa, breve: «la brevedad es el alma del ingenio». Kushner aconseja utilizar una grabadora, registrar lo elegido, escucharlo y luego eliminar todas las palabras superfluas (1991: 94). Incluso, para mejorar la técnica, se pueden sustituir algunas por gestos o inflexiones de voz, tratando de utilizar referencias próximas que resulten familiares al interlocutor, que su mundo forme parte de la anécdota, convirtiéndole en protagonista.

Si se utiliza el humor como golpe de gracia al final, lo esencial es que no hay que seguir hablando más allá del momento sorpresivo. El golpe de gracia es una chispa que hace estallar la risa. Otra regla es no anunciar que se va a contar un chiste, porque se despoja al humor del factor sorpresa, que es el *quid* de la mayor parte del humor.

Contestar con humor siempre es producto de un proceso de tres etapas: prever las situaciones incómodas que puedan surgir, escribir las improvisaciones por anticipado y estar listo para utilizarlas cuando se presente el inconveniente. Hay que preguntarse cuál sería la cuestión hostil o embarazosa que se nos ocurriría si los papeles estuvieran invertidos.

Un factor fundamental es el *humor sobre uno mismo:* pone en evidencia la capacidad de mando, revela fuerza y autoconfianza. Sentirse seguro como para reírse de uno mismo y *autotomarse* el pelo, ayuda a establecer un vínculo con los otros, ya que levanta el ánimo de quienes nos rodean y acrecienta la simpatía. También elimina las barreras con quienes, por la propia posición, se encuentran en una relación de poder inferior, como ocurre con los alumnos respecto al profesor. El humor sobre uno mismo sirve de puente. Se pueden admitir pequeños errores y reírse de ellos. Ofrece un terreno común en situaciones conflictivas y asegura que hasta el más enconado y antagónico de los adversarios siempre puede concordar en, por lo menos, un punto: sus defectos.

4.2. Filosofía del humor

Desde la antigüedad el hombre se ha hecho preguntas sobre el humor: ¿De qué nos reímos? ¿De quién nos reímos? ¿Con quién nos reímos? ¿Por qué nos reímos? ¿Para qué nos reímos? Hösle (2002) piensa que es posible que en el origen de la humanidad la risa fuera sencillamente una expresión de alegría, bienestar o juego. A través del tiempo los filósofos han elaborado varias teorías acerca de la risa. El autor las desarrolla a través del teatro y especialmente del cine, y considera que un criterio importante a la hora de valorar a otras personas es analizar cuáles son los objetos de su risa. Si se enfoca la causa de la risa o «de qué nos reímos», la *teoría de la inadecuación* es la que apela a una cualidad del objeto o de la situación cómica o ridícula que produce risa.

La causa más común es que algo incongruente o inexplicable provoque sorpresa. Si se piensa «por qué nos reímos», bien puede ser que al reírse uno sienta cierta superioridad comparada con la desgracia o defecto de otro. Si se canaliza esta forma particular de risa puede ejercer una función social positiva, y aquí se estaría respondiendo al «para qué». Es un eficaz medio para demostrar desaprobación sin que suponga un elevado coste para quien lo emplea. Esto explica su éxito en la historia de la evolución, sobre todo en grupos que tenían que compensar su inferioridad de poder. Cita a los bufones de la corte, que desempeñaban un papel importante en sistemas políticos en los que no estaba permitida la crítica abierta contra el soberano. Para otros autores la risa tiene el poder de desafiar a las autoridades establecidas. También ha sido, por ejemplo, una herramienta utilizada para la resistencia contra el racismo y sus consecuencias de colonización, segregación, y anulación de la autodeterminación de ciertas minorías, como analiza la directora de un centro indígena de Australia.

Si observamos el «de quién nos reímos» a lo largo de la historia, los grandes cómicos han ayudado a humanizar nuestros sentimientos. Para considerar moralmente aceptable la risa deberá atenuarse el sentimiento de superioridad y reconocer el humorista que el sujeto del que se ríe no es básicamente distinto de él. La cualidad decisiva es la capacidad de reírse de uno mismo.

También Pollock (2003: 416) estudia las distintas posiciones filosóficas respecto a la risa, y lo hace especialmente a través del teatro isabelino, analizando el humor y su evolución en las obras de teatro de Shakespeare. Su estudio tiene como objetivo devolverle a la noción de humor los valores de jerarquía ética y especificidad estética. El humorista no se permite burlarse de la ingenuidad de los otros; por el contrario, ve en ella la primera de las cualidades, sabe explotarla en los demás y la desarrolla en sí mismo a fin de proveerse de las potencias subversivas poéticas y defensivas que reconoce. El humorista no es un mero ingenuo, como el infante o el tonto del pueblo. No, no es un falso ingenuo, sino un ingenuo auténtico pero lúcido, consciente de los efectos que produce su ingenuidad en el espíritu de los demás, y capaz de hacer uso de este conocimiento en el momento oportuno.

Citando un concepto escrito en 1607, se menciona que el humorista es de naturaleza alegre, aguda, rápido para comprender, dotado de imaginación, que puede inventar con facilidad planes de acción, caprichos y estratagemas tan ingeniosas que quien no posee un espíritu igualmente sutil sólo puede admirarle sin pretender rivalizar con él.

4.3. El humor desde un punto de vista médico

Según el neurólogo portugués Antonio Damasio, ganador del Premio de Investigación Príncipe de Asturias, las emociones negativas nos hacen más vulnerables a las enfermedades, mientras que las positivas las evitan y aceleran la curación. La ciencia reconoce que la risa ejerce un efecto positivo sobre el organismo, reduce el estrés, relaja la tensión muscular, disminuye la presión arterial y modera el dolor. La palabra cómico alude a Komos, dios de la alegría en la mitología griega, mientras que al humorismo se lo relaciona con Hipócrates, el padre de la medicina, por la teoría de los humores y su influencia en los estados de ánimo, tema que trata ampliamente Pollock.

La risa ejerce muchos efectos sutiles sobre los vínculos personales, ya que rompe el hielo de un encuentro, facilita el acercamiento, genera actitudes propicias y atenúa la hostilidad y la agresividad, al tiempo que distiende a las personas creando lazos y facilitando la amistad. El doctor Abdala –siguiendo a Damasio– explica que los neurocientíficos han recurrido a la teoría de las imágenes, y descubrieron un circuito que forma parte de la vía del placer. La sensación de bienestar cuando se escucha un chiste proviene de la activación del núcleo *accumbens*, un importante centro de tránsito en el cerebro emocional. También tiene que ver con la liberación de endorfinas, las llamadas «hormonas de la felicidad». Científicos de la Universidad de California han ubicado el lugar del cerebro que corresponde al centro de la risa: se encuentra en el área motora suplementaria, región cercana a la que gobierna el lenguaje.

Estas son algunas de las razones importantes por las cuales entendemos que el tutor de convivencia pueda manifestarse a través del sentido del humor, porque además de favorecer el dialogo y la comunicación entre las personas, estará ofreciendo un modelo de vida creativo, positivo, vivaz e inteligente para resolver las cuestiones cotidianas y para dotar a los vínculos de un modo más facilitador de consenso, respetando las diferencias.

5. BIBLIOGRAFÍA

Albrecht K. y S. (1998). *Como negociar con éxito*. Buenos Aires: Granica.

Alonso, A. y De Marillac, L. (2006). *Habilidades relacionales en los grupos humanos*. Madrid: Federación de Servicios y Administración Pública de CCOO.

De Bono, E. (1988). *Seis sombreros para pensar*. Barcelona: Granica.

Deprè, T. (1987). *El arte de la negociación*. Buenos Aires: Atlántida.

Dilts, R. (1998). *Liderazgo creativo PNL*. Barcelona: Urano.

González, J. (2000). *Jornadas Internacionales de Ética y Educación*. Buenos Aires: Senado de la Nación Argentina y UNESCO.

Holt, L. (2003). «Is Humour an Invaluable Tool for Indigenous People and their Survival?» Conferencia del Forum Mundial de Mediación. Buenos Aires.

Hösle, V. (2002). *Woody Allen. Filosofia del humor*. Barcelona: Tusquets.

Kushner M. (1991). *Cómo hacer negocios con humor*. Barcelona: Granica.

Pano, R. (1973). *Análisis del valor*. Buenos Aires: Contabilidad moderna.

Pollok, J. (2003). *¿Que es el humor?* Buenos Aires: Paidós.

CAPÍTULO V
ALGUNAS PROPUESTAS PARA TRABAJAR LA CONVIVENCIA EN PRIMARIA

Concepción Martínez Vírseda

1. INTRODUCCIÓN

A continuación presentamos un conjunto de ideas, planteamientos y propuestas que muestran algunos aspectos que consideramos significativos a la hora de abordar el desarrollo de la convivencia en la etapa de Educación Primaria. Como se verá a lo largo del capítulo, es difícil que las iniciativas y actuaciones que aquí proponemos queden a cargo de una sola persona, por lo que el responsable de llevarlas a cabo, llámese coordinador o tutor de convivencia, debe ser más bien un pionero o un líder, o simplemente alguien que tenga un mínimo de conocimiento y el deseo de hacerlo. En todo caso, difícilmente pueda concretar muchas de las ideas aquí expuestas –al menos que al nivel del aula– sin la colaboración de sus compañeros. Hecha esta advertencia, detallamos varias propuestas para dinamizar la convivencia del centro.

Partimos de la necesidad de realizar una gestión positiva, constructiva, creativa, cooperativa y crítica de la convivencia. Esto se traduce en una apuesta por el diálogo, por la comprensión de las situaciones, por el descubrimiento y generación de nuevas vías de cambio en cooperación con otros, y por la defensa de valores de equidad y transformación social.

Por otro lado, a la hora de planificar actuaciones y medidas en el centro hemos de tener en cuenta la multiplicidad de factores que se vinculan con la convivencia. Esto nos permitirá proyectar un tratamiento desde una perspectiva global, que contemple aspectos curriculares, de organización escolar y de relación con el entorno, entre otros, y que implique a los diversos sectores de la comunidad educativa en un sentido amplio.

La teoría y la práctica educativa muestran que para esta tarea no sirven programas o planes importados desde fuera. Es necesario que cada centro defina su propio marco de actuación y que a partir de sus características particulares identifique determinados ámbitos de mejora, que podrá desarrollar desde una apuesta por su capacidad interna para generar propuestas útiles y relevantes, dentro de un proceso reflexivo, creativo, autónomo y responsable.

Por su parte, contemplar las características específicas del alumnado y de la etapa de Primaria nos lleva a defender un enfoque de la convivencia eminentemente educativo y preventivo, ya que es en esta etapa cuando se van sentando las bases del desarrollo de los aspectos personales de construcción de la propia identidad, y de los aspectos sociales de relación con los demás, todo ello a través de los diversos aprendizajes. Esto supone que los planteamientos han de quedar muy integrados dentro de las actividades y maneras de hacer cotidianas del profesorado. Hay que desplegar actividades y medidas diversas que conformen un medio educativo cargado de prácticas convivenciales, de tal manera que los alumnos puedan sentir y practicar todos los días los valores, los procedimientos y las maneras que queremos transmitir.

En los apartados que siguen trataremos de ilustrar y sugerir algunas ideas, con la intención de que las personas interesadas puedan profundizar en esta línea. Para ello presentamos en primer lugar una serie de claves significativas a tener en cuenta para mejorar la convivencia en el centro. A continuación, algunas propuestas para favorecer el proceso de elaboración de un Plan de Convivencia desde la perspectiva de la mejora escolar. El siguiente apartado recoge un conjunto de actividades prácticas que tratan de mostrar cómo se pueden concretar estas líneas y planteamientos más generales. Para ello hemos seleccionado los procedimientos de resolución dialogada de conflictos, los programas de ayuda entre iguales y algunas medidas contempladas desde la acción tutorial. Terminamos con una serie de referencias sobre recursos de carácter práctico que pueden ayudar al profesorado en las tareas de programación de actividades concretas.

2. CLAVES RELACIONADAS CON LA MEJORA DE LA CONVIVENCIA ESCOLAR EN LA EDUCACIÓN PRIMARIA

El análisis detallado de diversas experiencias de mejora de la convivencia en centros de Primaria[22] nos permite identificar una serie de claves a la hora de planificar actuaciones para su desarrollo. Son las siguientes:

---

22. Un ejemplo son las experiencias que se recogen en los Premios de Convivencia del MEC (Buenas Prácticas de Convivencia. Premios 2006), Secretaría General Técnica, Subdirección General de Información y Publicaciones, Madrid.

1. **Atención especial y cuidado de las relaciones interpersonales**, dentro de un clima de cercanía, afectividad, respeto y valoración de la singularidad. Los centros que mejoran su convivencia desarrollan actuaciones para conseguir un estilo de relación y un ambiente en el que todos los miembros de la comunidad educativa (alumnado, profesorado, familias, etc.) sientan que tienen un lugar propio dentro de un centro que conoce, respeta y valora sus características particulares, donde todas las personas se pueden sentir apreciadas, escuchadas y seguras. Algunos ejemplos serían las jornadas de acogida, las medidas de atención a la diversidad, las actividades de creación de grupo, las actividades tutoriales con el alumnado y sus familias, etc.

2. **Participación amplia de la comunidad educativa**. Es una clave tan importante que podríamos considerarla un auténtico principio educativo. La participación permite el entendimiento, el enriquecimiento de todos con las distintas ideas, las diferentes visiones y experiencias, etc., favorezca el compromiso. Permite ser parte, estar incluido en algo que se vive como propio, algo con lo que nos comprometemos y que cuidamos. En las propuestas que describiremos más adelante veremos de qué manera se va haciendo realidad esta participación activa.

3. **Desarrollo de procedimientos educativos para el tratamiento de conflictos.** Los centros que se preocupan por mejorar la convivencia abordan de manera prioritaria este punto, desde el convencimiento de que disponer de estrategias de diálogo y estructuras específicas para detectar, prevenir e intervenir en los diversos conflictos, contribuye a educar en y para la convivencia, al tiempo que genera un clima de confianza en las capacidades de respuesta del propio centro. Los programas de alumnos ayudantes o los procedimientos de resolución dialogada de conflictos, que describiremos después, son un ejemplo de ello.

4. **Desarrollo de estrategias de gestión de aula desde la acción tutorial.** Dentro de esta clave se tienen en cuenta sobre todo las estrategias que pone en marcha el profesor para organizar la actividad dentro del aula (normas, rutinas, cuidado de los espacios y organización), el empleo de metodologías participativas que atiendan a la diversidad desde una perspectiva inclusiva, así como toda una serie de habilidades relacionadas con el estilo docente (comunicación, gestión de conflictos, didácticas...).

5. **Programación de actividades de educación emocional, social y afectiva.** Si bien estos aspectos están presentes en el día a día, en todas y cada una de las actividades que se realizan en las aulas y sobre todo en la manera en que se realizan, se constata la necesidad de desarrollar una formación expresa de dichos aspectos que garantice su adecuado tratamiento y que legitime el lugar que ha de corresponderles dentro de una educación verdaderamente integral, en la línea que señala el actual desarrollo del currículo por competencias.

6. **Actuaciones en espacios no docentes.** En Primaria sobre todo se plantean proyectos para intervenir dentro del patio de recreo y comedor, ya que son entornos en los que se viven y practican múltiples interacciones sociales y donde tienen lugar numerosos conflictos que influyen en las relaciones, en el desarrollo personal y en los propios aprendizajes. Este será un tema que trataremos específicamente en el apartado 4.4.

7. **Relaciones con el entorno.** Los centros que mejoran la convivencia son conscientes y valoran las posibilidades educativas de tomar en serio esta apertura y comunicación con el entorno desde una doble vertiente. Por un lado tenemos todas las acciones destinadas a respetar y cuidar el medio, ya que no se entendería educar en el respeto a las personas si luego abusamos del medio; y por otro, toda la línea de colaboración con las familias, con otros colegios, institutos, entidades, asociaciones, comercios, etc. del barrio o municipio, para aprovechar los diversos programas o iniciativas que desarrollen. De esta manera también se va potenciando una red social y comunitaria verdaderamente educativa.

Las claves anteriores dan lugar a muy diversas actuaciones que, a su vez, se pueden articular en torno a varios ámbitos. Veamos un par de ejemplos:

Articular las actuaciones en tres ámbitos, que son considerados los contextos básicos para el desarrollo de las medidas preventivas y de intervención. Estos son el centro, el aula y el entorno. Los vemos esquematizados en los siguientes gráficos:

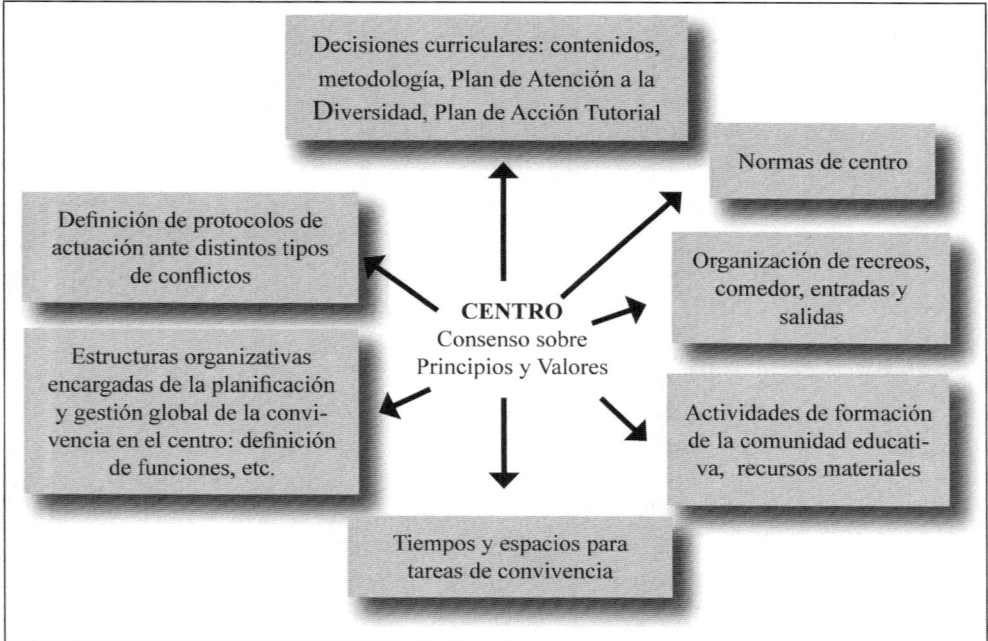

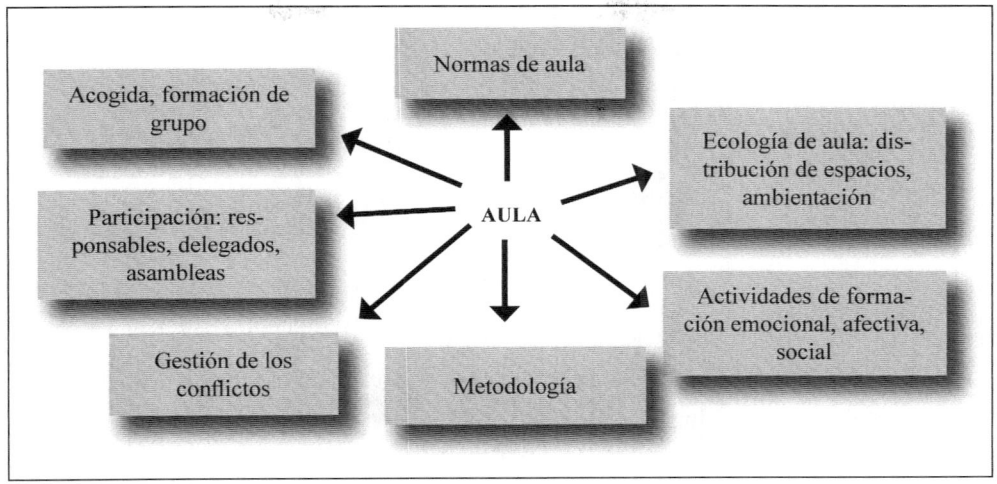

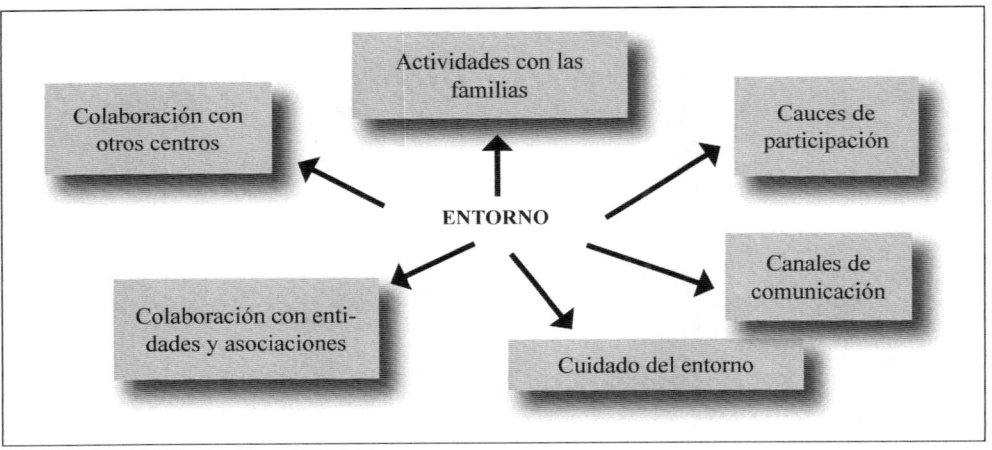

Articular las distintas actuaciones según ámbitos priorizados por el centro en función de sus características, necesidades y posibilidades. Un ejemplo concreto es el siguiente:

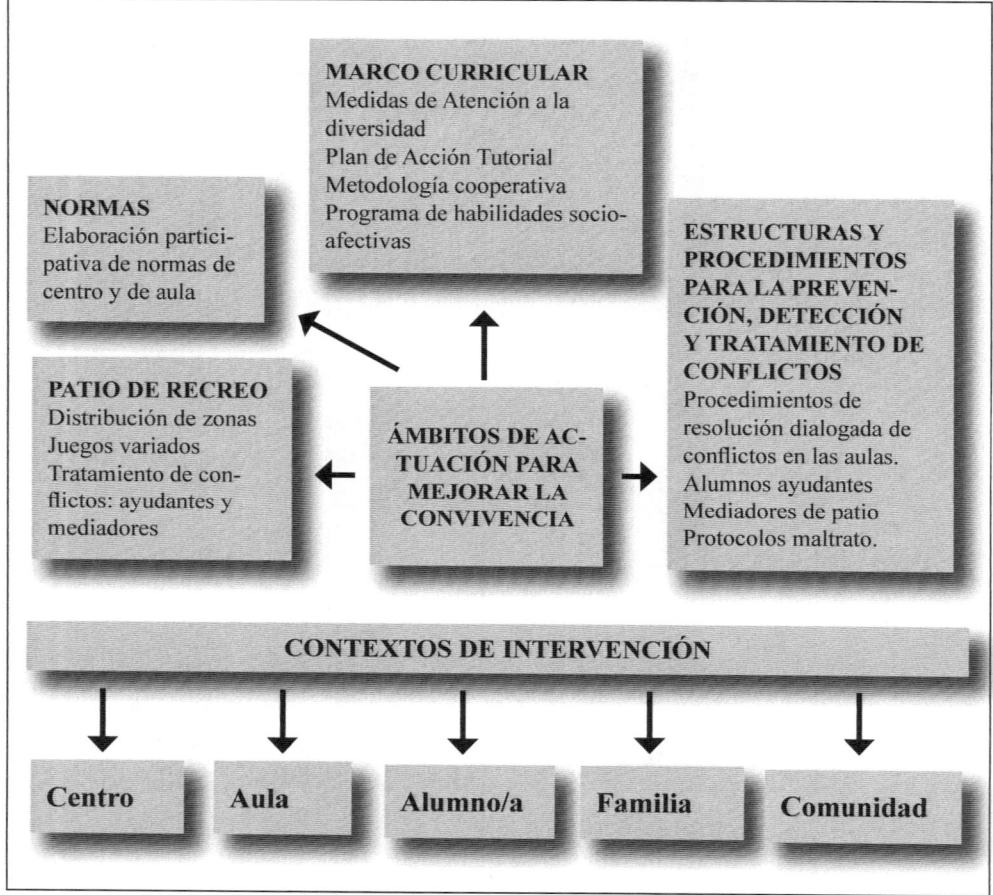

3. PROCESO DE ELABORACIÓN DE UN PLAN DE CONVIVENCIA

Desarrollar la convivencia es introducirse en un mundo complejo, variado, rico, difícil, valioso y apasionante. De entrada, nos encontramos con toda una serie de elementos, acciones, intenciones, deseos, problemas y realidades diversas... Y con todo ello hemos de planificar el desarrollo de la convivencia en nuestro centro. ¿Cómo orientarnos en esta tarea? A continuación veremos algunas cuestiones que nos pueden servir de ayuda, como son: los referentes de los que debemos partir, las fases de elaboración del Plan de Convivencia y los factores dinámicos que están presentes a lo largo de todo el proceso.

3.1. Los referentes

Tenemos que tener en cuenta, a la hora de planificar el desarrollo de la convivencia, tres referentes básicos, a saber:

1. **Los principios educativos del Proyecto Educativo del Centro (PEC)**. La planificación de la convivencia no sólo ha de ser coherente con los principios y los objetivos recogidos en el Proyecto Educativo del Centro, sino que han de constituir el punto de partida y el referente fundamental de cualquier planteamiento. Normalmente encontramos en los proyectos educativos de los centros referencias a la participación, al respeto entre las personas, a la integración y la acogida, a la diversidad como riqueza, a la formación para la paz, la cooperación y la solidaridad… Pues bien, como tales principios que son, entendemos que recogen aquello que es vital para la comunidad educativa y que de alguna manera describe el mundo del colegio. Tenemos que diseñar actuaciones desde la óptica de esos principios. Esto implica que, como centro, reflexionemos y nos planteemos algunas cuestiones, como, por ejemplo: ¿De qué manera el principio de participación impregna las estructuras organizativas del centro o la dinámica del aula? ¿Cómo ponemos en práctica el diálogo o el respeto en nuestro hacer cotidiano o en los procedimientos de resolución de conflictos? ¿De qué manera favorecemos la aceptación de las diferencias?, etc.
2. **El marco normativo**. El marco legal nos va a indicar qué se puede hacer, de qué manera y con qué estructura. Con carácter general tenemos como referente las disposiciones recogidas en la Ley Orgánica 2/2006, de 3 de mayo, en concreto el artículo 121, donde se indica que el Proyecto Educativo ha de recoger los valores, objetivos y prioridades de actuación, además de la concreción de los currículos, el tratamiento transversal en las áreas, la educación en valores, otras enseñanzas y el Plan de Convivencia. También es relevante la disposición adicional primera, ya que incluye la modificación de los derechos y deberes de padres o tutores y de los propios alumnos. Además de esta norma general, habrá que contar con los desarrollos propios de las distintas comunidades autónomas.

3. **Las características del centro**. Nos referimos tanto a las generales (alumnado, profesorado, espacios, familias, etc.), como, y sobre todo, a las que tienen que ver con la situación de partida en relación a la convivencia, resultantes del autodiagnóstico realizado y que, entre otras cosas, permitirán identificar puntos fuertes en los que apoyarse y puntos débiles que necesitan ser mejorados. Lo veremos a continuación con un poco más de detalle.

3.2. *Fases de elaboración del Plan de Convivencia*

Una de las herramientas que ayudan a elaborar un plan es disponer de un proceso pautado y organizado. Para ello podemos partir de las fases que integran cualquier ciclo de mejora y concretarlas para nuestro objetivo particular. En el caso que nos ocupa hemos definido cinco fases, que recogen las actuaciones o tareas que consideramos fundamentales. Las vemos esquematizadas en el siguiente cuadro:

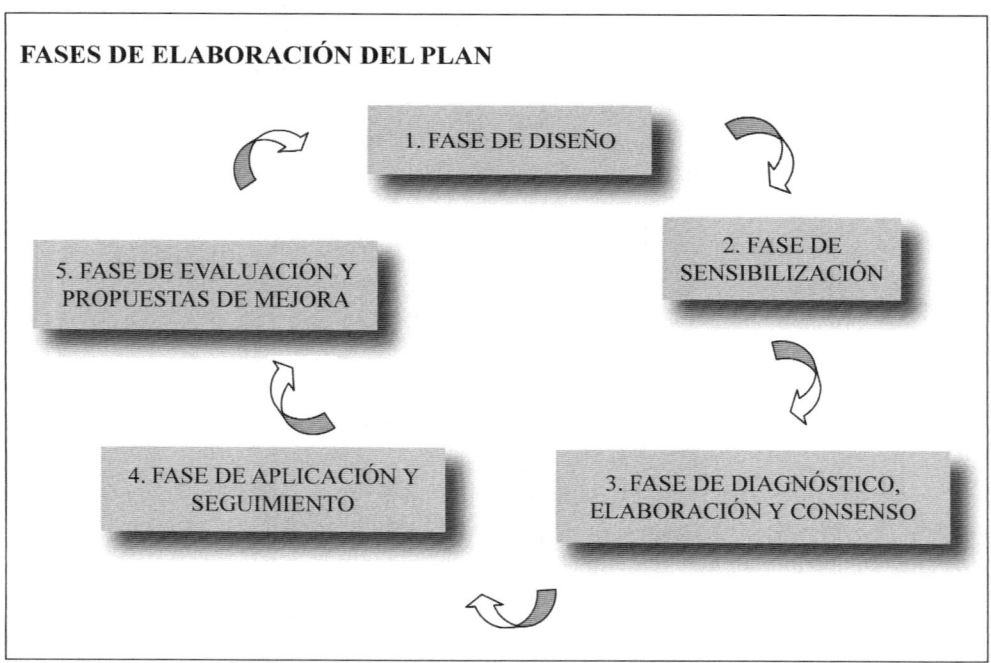

FASES DE ELABORACIÓN DEL PLAN

1. FASE DE DISEÑO

2. FASE DE SENSIBILIZACIÓN

3. FASE DE DIAGNÓSTICO, ELABORACIÓN Y CONSENSO

4. FASE DE APLICACIÓN Y SEGUIMIENTO

5. FASE DE EVALUACIÓN Y PROPUESTAS DE MEJORA

a) La **fase de diseño** tiene por objetivo realizar una propuesta coordinada para la elaboración participativa del Plan de Convivencia. Es muy importante, ya que es necesario planificar cuidadosamente un proceso que se adapte a las necesidades y características de cada centro. Es conveniente que esta tarea la realice un grupo coordinador, que puede estar integrado por personas significativas de la comunidad educativa, como el equipo directivo, el Departamento de Orientación, el orientador del centro, miembros de la Comisión de Convivencia del Consejo Escolar, profesores, alumnos, padres y madres, personal no docente, etc. Sus atribuciones básicas serán las de diseñar y coordinar el proceso de elaboración del plan y preparar documentos, actividades y materiales de apoyo. Para ello, el grupo coordinador valorará inicialmente aspectos como éstos:

1. ¿Se considera importante el tema a nivel de centro?
2. ¿Se encuentra el profesorado motivado para la tarea?
3. ¿Existen muchas discrepancias a la hora de definir lo que es una buena convivencia?
4. ¿Cómo encajaría un proyecto para elaborar el Plan de Convivencia en la organización y funcionamiento actual del centro?

También tendrá que definir las condiciones organizativas (horarios, espacios, tareas…) que permitan incluir el proyecto en la dinámica habitual de funcionamiento del centro. Después elaborarán una propuesta de trabajo que será presentada a la CCP, al claustro, y a la Comisión de Convivencia del Consejo Escolar para su estudio y aprobación.

b) En la **fase de sensibilización** trabajaremos con los distintos miembros de la comunidad educativa la importancia de elaborar un marco común de convivencia para el buen funcionamiento del proceso. Además, dicha tarea debe realizarse con la participación, compromiso e implicación de todas las personas que forman parte del recinto educativo. Para ello se realizarán las actuaciones previstas por el grupo coordinador, que irán desde la presentación del proyecto a profesores, alumnos, familias y personal no docente, hasta la realización de actividades de reflexión en torno a una serie de preguntas. Un ejemplo de posibles cuestiones dirigidas al profesorado para la reflexión individual y posterior trabajo en grupo sería el siguiente: ¿Te parece que la elaboración de un marco común de convivencia mejoraría los procesos educativos en el centro? ¿En qué sentido? ¿Qué ventajas e inconvenientes encuentras a este proceso? ¿Te parece adecuado que participen los alumnos, las familias...? ¿Crees que tendría que haber alguna limitación a esta participación? ¿Cuál? ¿Estarías dispuesto a participar en la elaboración?

c) Una vez que hemos visto la importancia de construir entre todos un marco común de convivencia y estamos dispuestos a participar, nos adentraremos en la **fase de diagnóstico, elaboración y consenso**. Se puede empezar por el autodiagnóstico y seleccionar después los ámbitos de mejora o viceversa. Es muy importante que en esta fase se pueda «soñar», expresando libremente todo aquello que nos gustaría conseguir. Por ejemplo: ¿cómo queremos que sea nuestro centro en cuanto a la convivencia? ¿Qué normas deseamos? ¿Qué tipo de relaciones nos gustaría que se dieran en el colegio? ¿Cómo nos gustaría que se trataran los conflictos? ¿Cómo nos gustaría que fuera el recreo o el comedor?, etc. Se trata, en definitiva, de realizar planteamientos sobre cómo sería el colegio que querríamos para que se diera una buena convivencia[23]. A continuación realizaremos un autodiagnóstico. Es conveniente elaborar instrumentos propios de diagnóstico, ya que esto permite centrarse en los aspectos significativos de cada contexto particular y realizar formatos adecuados a los distintos miembros de la comunidad educativa (por ejemplo, si queremos valorar lo que sucede en recreo, seleccionaremos cuestiones vinculadas con nuestra realidad y diseñaremos instrumentos y/o actividades de diagnóstico diferenciadas para el alumnado, el profesorado, las familias o el personal no docente). Es importante que estos instrumentos de diagnóstico no se centren exclusivamente en los problemas de convivencia (violencia, conflictos, sanciones, etc...), sino que puedan también valorar, por ejemplo, si se dan las condiciones necesarias para que sea viable un determinado planteamiento o cómo podemos sacar partido a aquellas cosas con las que ya contamos.

La suma de lo que queremos y lo que tenemos dará como resultado unas determinadas áreas de mejora que tendremos que priorizar para posteriormente planificar su desarrollo. Nos parece importante señalar que desde el planteamiento de mejora educativa que estamos contemplando no se trata de planificar al mismo nivel todos los ámbitos posibles de convivencia, sino de incidir en algunos seleccionados a través del proceso descrito. Abordar la planificación de esta manera tiene la ventaja de que permite dar respuesta a los intereses y necesidades del centro, evitando que la tarea quede reducida a un mero ejercicio burocrático, que en la práctica no constituye un referente útil. Además hace posible un desarrollo sostenible, en la medida en que el centro va graduando sus esfuerzos según sus posibilidades, favoreciendo así el cumplimiento de lo planificado. Si las cosas van bien, se podrán constatar los avances y las mejoras, lo que sin duda incrementará la motivación para iniciar un nuevo proceso de planificación.

d) En la **fase de aplicación y seguimiento** se trata de poner en práctica las medidas y decisiones que se han tomado y realizar un seguimiento dentro del propio proceso de desarrollo, que permita ir introduciendo los ajustes necesarios. Para ello, es de gran ayuda disponer de una programación ajustada y concreta que incluya un cuadro detallado donde se especifiquen los objetivos que se pretenden, se describan las acciones y actividades que desarrollan esos objetivos, los recursos materiales y organizativos necesarios, las personas encargadas y los tiempos en que se van a realizar cada una las actuaciones.

---

23. Véase la descripción que se hace de la fase del *sueño* en el Proyecto de Comunidades de Aprendizaje, Flecha, R., Puigvert, L. (2002: 11-20).

Objetivos	Acciones	Recursos	Responsables	Tiempos

Por su parte, el seguimiento se verá facilitado con la elaboración de unos indicadores claros y el empleo de diversas estrategias de recogida de información, contraste y reflexión, como observación, cuestionarios, entrevistas, reuniones, etc.

Hemos de tener en cuenta que el desarrollo de algunas de las actuaciones planificadas puede incorporar en sí mismo elementos de seguimiento; por ejemplo, si el centro cuenta con estructuras de participación como alumnos ayudantes, delegados de clase, equipos de mediación, comisión de convivencia, etc., se pueden constituir en "observatorios de la convivencia" permanentes, que realicen un chequeo continuado del clima del centro, de las dificultades que van surgiendo y del impacto de las diversas actuaciones que se van realizando.

e) En la **fase de evaluación y propuestas de mejora**, habría que diseñar y poner en marcha estrategias para realizar de una manera participativa la evaluación del Plan de Convivencia. Esta fase es también un momento para el desarrollo y, por tanto, las estrategias que se diseñen deberán estar al servicio de la convivencia y la participación. En este sentido es útil que en la evaluación tengamos siempre como referentes los principios educativos del PEC, de tal manera que los resultados sean una especie de termómetro para medir el estado de valores como el respeto, la participación, el diálogo, la ayuda, etc., evitando limitarse al recuento de actividades realizadas o similar. La evaluación también permitirá apreciar el grado de desarrollo de los proyectos planificados, las dificultades, los avances, etc. y servirá de apoyo para el comienzo de un nuevo ciclo de mejora.

La siguiente tabla recoge de forma esquemática cada una de las fases, con sus objetivos, los responsables y las actividades.

FASE DE DISEÑO		
OBJETIVOS	**RESPONSABLES**	**ACTIVIDADES**
– Realizar una propuesta de trabajo coordinada para la elaboración participativa del Plan de Convivencia. – Definir los objetivos, las tareas y la organización del grupo coordinador. – Diseñar el proceso. – Preparar documentos, actividades y materiales. – Coordinar el proceso.	– Grupo coordinador, que puede estar integrado por: equipo directivo, Departamento/orientador del centro, personas con representación en la comunidad educativa (por ejemplo, miembros de la Comisión de Convivencia del Consejo Escolar: profesores, alumnos, personal no docente, padres...)	– Diagnóstico de la situación previa del centro para iniciar el proyecto. – Propuesta de trabajo para el centro.

FASE DE SENSIBILIZACIÓN		
OBJETIVOS	**RESPONSABLES**	**ACTIVIDADES**
– Sensibilizar a los sectores de la comunidad educativa sobre la importancia de la elaboración de un marco común de convivencia para el buen funcionamiento del proceso educativo. – Favorecer la participación, implicación y compromiso de todos los miembros de la comunidad educativa en la elaboración del Plan de Convivencia.	– Equipo directivo: convoca a los órganos del centro, informa a padres y personal no docente – Grupo coordinador, orientación y/o tutores: preparan sesiones con los alumnos, actividades para las familias y el personal no docente – Participa toda la comunidad educativa.	– Con el profesorado: exponer el proyecto elaborado por el grupo coordinador y trabajar una serie de preguntas de reflexión en torno al tema de la convivencia. – Con las familias y personal no docente: carta informativa y, en el contexto que proceda, reflexionar en torno a una serie de preguntas, invitando a la participación. – Con el alumnado: se podrá realizar en esta fase o de manera más concreta dentro de cada uno de los ámbitos de mejora
FASE DE DIAGNÓSTICO, PLANIFICACIÓN, DISEÑO Y CONSENSO		
OBJETIVOS	**RESPONSABLES**	**ACTIVIDADES**
– Conocer y analizar la situación de los distintos factores que inciden en la convivencia en el centro. – Seleccionar los ámbitos de intervención prioritarios. – Planificar y diseñar las actuaciones. – Consensuar el Plan de Convivencia. – Recoger los acuerdos en los documentos del centro. – Informar a toda la comunidad educativa del resultado final del proceso.	– Equipo directivo: convoca a los órganos del centro, informa a padres y personal no docente. – Grupo coordinador, y/o tutores: delimitan los ámbitos de participación de los distintos miembros de la comunidad educativa. Prepara sesiones con los alumnos, actividades para las familias y el personal no docente. – Tutores: realizan actividades de esta fase con los alumnos. – CCP/ciclos/AMPA/familias/alumnos/personal no docente: colaboran en la elaboración y consenso de las actuacione.s – Consejo Escolar: aprueba el Plan de Convivencia.	– Diseño de las actividades de diagnóstico, elaboración y consenso, por el grupo coordinador y el resto del profesorado. – Realización de las actividades por los distintos miembros de la comunidad educativa. – Redacción del documento Plan de Convivencia del Centro. – Difusión del Plan de Convivencia.
FASE DE APLICACIÓN Y SEGUIMIENTO		
OBJETIVOS	**RESPONSABLES**	**ACTIVIDADES**
– Poner en práctica las decisiones tomadas. – Realizar el seguimiento y los ajustes necesarios.	– Equipo directivo – Consejo Escolar – Grupo coordinador – Tutores y profesorado en general – Alumnado – Familias Cada uno dentro del ámbito de sus competencias	– Realizar programaciones concretas. – Realizar las actividades programadas. – Elaborar indicadores de seguimiento. – Definir estrategias para el seguimiento: cuestionarios, entrevistas, reuniones, observatorio de la convivencia, etc.

FASE DE EVALUACIÓN Y PROPUESTAS DE MEJORA		
OBJETIVOS	RESPONSABLES	ACTIVIDADES
– Diseñar y poner en marcha estrategias para realizar de una manera participativa la evaluación del Plan de Convivencia, de su eficacia en la mejora de la convivencia en particular y del proceso educativo en general. – Realizar propuestas de mejora.	– Equipo directivo – Consejo Escolar – Grupo coordinador – Tutores y profesorado en general – Alumnado – Familias Cada uno dentro del ámbito de sus competencias	– Diseñar estrategias e instrumentos de recogida de información adaptados a cada uno de los miembros de la comunidad educativa. – Recoger información empleando las técnicas e instrumentos acordados. – Analizar y valorar los resultados obtenidos. – Realizar propuestas de mejora. – Elaborar un informe de evaluación final.

3.3. Factores dinámicos

Para que un centro mejore, se movilice, vaya creciendo poco a poco, además de contar con referentes teóricos, contenidos, normativas, procedimientos, estructuras, etc., necesita otra serie de ingredientes que hemos llamado factores dinámicos, porque son los que impulsan, promueven, sostienen y mantienen vivo el desarrollo del proyecto. Dichos factores son los siguientes:

1. *Partir de una necesidad*, un deseo, un interés, que lleva a un proceso de reflexión y búsqueda. Los centros que acometen procesos de mejora o de planificación de actuaciones significativas, es decir, no burocráticas o puramente formales, generalmente se encuentran dentro de un continuo que va desde la existencia de una necesidad más o menos acuciante de dar respuesta a una o varias problemáticas (a veces son situaciones graves en las que el profesorado ya no sabe qué hacer), hasta el deseo de introducir alguna innovación que vaya en la línea de los planteamientos educativos del centro. En cualquiera de los casos, el centro progresa si se afrontan dichas situaciones como retos, si éstos promueven una tarea de reflexión interna, de búsqueda de recursos, y un proceso de trabajo que lleve a construir una respuesta propia, no importada o trasladada tal cual de otros contextos.

2. Existencia de un *grupo interno coordinador y dinamizador*. Es un factor práctico desde un punto de vista organizativo. Todos sabemos que es más fácil y operativo planificar y tomar decisiones en un grupo pequeño que en otro grande. Además es importante su labor de motivación, de preparación de materia-

les, de tiempos, lugares, etc. En definitiva, se trata de que alguien (una o varias personas), mejor si están especialmente interesados, se ocupe del tema desde el interior del propio centro.

3. *Contar con todos los sectores*, cada uno según su situación. Si bien es cierto que siempre hay un grupo más motivado o con más ganas y energía, a la hora de desarrollar un proyecto es necesario contar con todos los sectores de la comunidad educativa, máxime si queremos hacer realidad el principio de participación que tantos beneficios conlleva y si queremos ser coherentes con los valores de respeto, escucha, valoración, integración de las diferencias, etc. No es necesario que todo el mundo participe de la misma manera ni en la misma medida. De hecho, para no forzar y para ser realistas, habrá que establecer diferentes niveles y ámbitos de participación, para que puedan tener cabida las variadas situaciones, motivaciones y posibilidades de cada una de las personas o colectivos.

4. Realizar un *reparto de tareas concretas con asignación de responsabilidades*. Es conveniente que para cada uno de los ámbitos que el centro haya decidido acometer se determinen responsables y tareas específicas ajustadas a las posibilidades de dedicación de las personas que las lleven a cabo, y que luego exista una estructura de coordinación que agrupe a todos ellos. De esta manera se evita la dispersión y se rentabilizan los esfuerzos al concentrarse cada uno dentro de un campo determinado, lo que a su vez facilita mucho el desarrollo de los proyectos.

5. *Emplear estrategias de investigación-acción y procesos de reflexión sobre la práctica*. Como decíamos antes, los centros mejoran cuando reflexionan para dar respuesta a sus necesidades o sus intereses, y cuando para ello emplean procedimientos que les llevan a tomar una conciencia más clara de lo que ocurre: para comprenderlo (investigación), para plantear medidas basadas en los resultados de esa investigación (acción), y para evaluar los cambios generados tras su puesta en práctica (investigación). Este conocimiento del profesorado que parte de la propia reflexión práctica es muy efectivo y enriquecedor, genera una gran autonomía y un fuerte sentimiento de competencia, sobre todo cuando se origina dentro de estructuras de apoyo entre profesionales (Kemmis, 1998; Perrenoud, 2001; Cochran Smith, 2002).

6. Disponer de una *formación ajustada a las necesidades*. Cuando los centros desarrollan proyectos de mejora desde un planteamiento interno como el que estamos presentando, generalmente surge la necesidad de formarse en técnicas específicas (análisis, programación, diseño y puesta en marcha de actividades, evaluación) que vayan apoyando en distintos momentos el despliegue de dicho proyecto. Desde este marco, es el propio centro el que demanda formación sobre los contenidos que más se ajusten a las circunstancias y condiciones de cada momento. Dentro de los procesos formativos, desempeñan un papel destacado el conocimiento de experiencias prácticas y materiales concretos.

7. Poner en marcha *sistemas de observación, seguimiento y evaluación.* Es importante estar atento a la manera en que se van desarrollando los distintos procesos, los avances, las resistencias, los estancamientos y, a veces, los callejones sin salida. Esta supervisión aporta rigor, permite realizar reajustes, cambiar o reforzar determinados aspectos que van a favorecer la continuidad de las actuaciones, siendo especialmente útil la puesta en marcha de estrategias de análisis de situaciones y habilidades de resolución de conflictos, que lógicamente se van a ir produciendo en las dinámicas de trabajo. Puede ser una tarea coordinada por el grupo interno y realizada desde las distintas comisiones formadas.

4. DESCRIPCIÓN DE ALGUNAS MEDIDAS PARA EL DESARROLLO DE LA CONVIVENCIA EN PRIMARIA

A continuación presentamos algunas de las medidas que se están desarrollando actualmente en los centros de Primaria. Comparten la idea de ir generando una cultura en la que primen el entendimiento, la comunicación y la resolución de los problemas de una manera constructiva y educativa. Por razones de espacio presentamos sólo cuatro de ellas: procedimientos de resolución dialogada de conflictos, programas de ayuda entre iguales, medidas en el aula desde la acción tutorial, y actuaciones en el patio de recreo. Como veremos, destacan sobre todo las dimensiones preventiva y formativa, que consideramos centrales en la etapa de Educación Primaria.

4.1. Resolución dialogada de conflictos

4.1.1. Cuestiones previas

El tratamiento de conflictos es un aspecto central de reflexión y formación que el centro tiene que acometer cuando quiere poner en marcha medidas en este sentido. Las cuestiones básicas sobre las que debería girar esta reflexión, análisis, formación y toma de acuerdos son las siguientes:

1. Ideas previas en cuanto a la propia naturaleza del conflicto, para poder entender su dinámica, qué elementos tenemos que tener en cuenta en su análisis, comprender que los conflictos forman parte de la naturaleza social humana y que, según cómo sean abordados, pueden constituir una oportunidad de desarrollo y crecimiento personal y social, o por el contrario generar mayores conflictos. Esto es particularmen-

te relevante porque todos sabemos que nuestra manera de ver e interpretar lo que ocurre nos conduce también a una determinada manera de actuar.

2. Conocer y valorar distintos modelos de regulación de la convivencia, como el *sancionador*, basado en la aplicación de correcciones al que infringe la norma; el *relacional*, que pone el acento en la resolución del problema mediante el diálogo entre las partes en conflicto; y el *integrado*, que se basa en la resolución del conflicto mediante el diálogo (siempre que sea posible), pero bajo la dirección del centro y las normas que en el mismo se han elaborado (Torrego, 2006 y 2008).

3. Establecer una tipología de conflictos para poder diferenciar situaciones de cara a su tratamiento. Por ejemplo: la disrupción en el aula, vandalismo, agresiones, maltrato entre iguales...

4. Conocer, seleccionar y adecuar procedimientos y técnicas concretas para el tratamiento positivo de conflictos.

4.1.2. Conceptualización y análisis del conflicto

La propuesta práctica que vamos a plantear se basa en una conceptualización que parte de la idea de que el conflicto es inevitable, en la medida en que es inherente a las relaciones y condición humana, y que dependiendo de cómo sea analizado y abordado puede ser fuente de aprendizaje y transformación, o dar lugar a un clima de enfrentamiento y tensión permanentes (Jares, 1999; Torrego, 2000; Johnson y Johnson, 1999; Vinyamata, 1999; Rozemblum, 1998).

La mayoría de los autores indican que si verdaderamente queremos acercarnos a la comprensión de los conflictos hemos de tener en cuenta no sólo lo que es evidente, los elementos visibles, sino también lo que no percibimos claramente en un primer momento, los elementos invisibles (Galtung, 1990). Dentro de los elementos evidentes estarían los protagonistas, es decir, las personas en conflicto, las conductas que manifiestan, etc... Lo no visible son los sentimientos, las actitudes, los motivos, las necesidades y la contradicción o conflicto subyacente, que es el verdadero origen y motor del problema.

A partir de esta conceptualización, para la etapa de Primaria podemos concretar un esquema de análisis de conflictos sencillo, con los siguientes elementos:

1. *Los protagonistas.* ¿Quiénes son las personas que intervienen? Interesa diferenciar protagonistas principales de secundarios y hacer una acotación adecuada de los mismos, sobre todo en los conflictos complejos que pueden requerir un tratamiento en distintas fases y con distintos protagonistas.

2. *El tema.* ¿Cuál es el tema del conflicto? Es decir, hay que saber en torno a qué gira el problema, si tiene que ver con actitudes, con ideas, con objetos, con actividades, con personas... Es importante identificar y aclarar el tema del conflicto para poder avanzar adecuadamente en el proceso de tratamiento.

3. *Las posiciones.* ¿Qué piden las personas en conflicto en un primer momento? Cuando estalla una situación así y los ánimos están muy enardecidos, cada protagonista reclama o demanda algo, por ejemplo que el alumno no vuelva a entrar en su clase, o que le dejen en paz los profesores. En muchos casos ni siquiera se identifican estas demandas, ya que se está instalado en la pura queja o se pide un cambio tan radical que es del todo imposible encontrar un acuerdo. Tomar en consideración este aspecto sirve para ser consciente de que las posiciones constituyen la parte más externa e inmediata del problema y que quedarse en ellas, en el mejor de los casos, no soluciona las cosas y con mucha frecuencia lo que produce es un mayor desencuentro.

4. *El proceso.* ¿Cuál es el proceso? Todo conflicto tiene una historia, que se plasma en el relato que hacen los protagonistas de cómo han ido sucediendo las cosas. Pararse a pensar para narrar la historia de lo sucedido ayuda a comprender tanto el punto de vista propio como el del otro, y permite ir construyendo una versión diferente, más integrada, de lo que ha pasado.

5. *Los sentimientos.* ¿Cómo se sienten los protagonistas? Este es uno de los principales elementos no visibles y que, sin embargo, en muchos casos se convierte en el punto de apoyo esencial en la comprensión, dinámica y posibilidad de transformación de los conflictos. Esto es así porque los sentimientos nos acercan a lo que nos es más íntimo, lo que nos singulariza como personas y lo que dice de qué manera nos afectan las situaciones. Hablar de sentimientos nos pone en contacto con nosotros mismos y permite que aflore la empatía entre los protagonistas. Muchas veces lo que más nos importa es ser reconocidos y que el otro se dé cuenta de lo que nos pasa. Vamos comprendiendo un poco más cuando expresamos y escuchamos los sentimientos.

6. *Las necesidades.* ¿Cuáles son sus necesidades? Debajo del tema o motivo aparente de todo enfrentamiento generalmente se esconden otras necesidades más profundas, que es preciso poner de manifiesto para movilizar aquellos recursos que den satisfacción a esas necesidades, ya que de no ser así el conflicto volverá repetirse una y otra vez. El primer paso es ser un poco más consciente de ellas. Por eso se introduce este elemento dentro del análisis y, como veremos, dentro de los procedimientos de resolución de conflictos. La simple pregunta por las necesidades ya supone un gran paso en este camino.

7. *El ofrecimiento.* ¿Qué está dispuesto a ofrecer cada uno? Cuando analizamos un conflicto, de cara a su posible tratamiento, es importante prever o tomar en consideración qué es lo que la persona o personas estarían dispuestas a hacer para solucionar el problema. De esta manera estamos apostando por su protagonismo activo en la transformación, al tiempo que tenemos una visión de la realidad que nos permite ajustar estrategias y expectativas.

8. *Las soluciones.* En los conflictos que ya han pasado, y con vistas a aprender de ellos, podemos incorporar a nuestro esquema las soluciones o salidas que se dieron. Se puede valorar la manera en que se llegó a esa salida, las consecuencias y calidad de la misma. Por ejemplo, si realmente solucionó el problema, cómo quedaron las relaciones entre las personas, si se pudo reparar el daño causado, si hubo ganadores y perdedores, o todos salieron ganando. En los conflictos que están en proceso de resolución las salidas serán los acuerdos y compromisos a los que lleguen los propios protagonistas tras el trabajo realizado. Las características de dichos acuerdos variarán de unos casos a otros, dependiendo, entre otros factores, de la profundidad e implicación personal que se haya dado.

4.1.3. Proceso de resolución dialogada de conflictos

Los procedimientos de tratamiento de conflictos, además de incorporar los elementos de análisis anteriores, tienen que facilitar los procesos de comunicación y la implicación activa de las personas involucradas en la búsqueda de soluciones y en el establecimiento de compromisos.

La comunicación se ve facilitada cuando existe la posibilidad de expresarse adecuadamente, es decir, con sinceridad y de forma no agresiva, y cuando existe una actitud de escucha que trata de entender con respeto y sin juzgar. La implicación activa se favorece cuando se anima a las personas en conflicto a participar en la propuesta de soluciones, tras haber aclarado el problema, y se les ayuda a establecer compromisos y a trazar un plan que permita llevarlos a la práctica.

A continuación ejemplificamos los planteamientos anteriores mediante la presentación de un procedimiento de resolución dialogada de conflictos que puede ser empleado por el maestro, por los propios alumnos, por las familias y por otros miembros de la comunidad educativa:

1. *Descripción general.* Para iniciar el proceso, y como primer, paso es necesario asegurarse unas condiciones de tranquilidad para dialogar (parar y estar tranquilo). Este es un aspecto importante para trabajar con los alumnos y para cuidarnos como profesores, ya que cuando estamos muy afectados emocionalmente (muy enfadados, muy tristes, muy dolidos) no estamos en condiciones de tratar los problemas de manera constructiva.

Después es necesario favorecer la comunicación (hablar y escucharse). Para esto se puede emplear un sistema de turnos, que puede establecerse por medio de carteles con dibujos que se van pasando de uno a otro (una oreja para el que escucha y una boca para el que habla) o sentarse en la «silla de hablar» y luego en la de «silla de escuchar». Es importante entrenar a los niños en el uso de una comunicación positiva, sincera y no agresiva, empleando, por ejemplo, los mensajes en primera persona. Es en este diálogo donde se va aclarando el problema, se van expresando los sentimientos, las necesidades, para buscar los intereses comunes (determinar lo que ambos necesitan) y proponer soluciones. Para que los chicos no se bloqueen y no digan que no se les ocurre nada, podemos proponerles el procedimiento de la tormenta de ideas, para que digan todo lo que se les ocurra sin juzgarlo. Así se dinamiza mucho la producción de ideas, al tiempo que se estimula la creatividad al permitir la libre expresión. Después se elige la idea o ideas que más hayan gustado a las dos partes y se traza un plan para su puesta en práctica. Este último paso es muy necesario, ya que a los chicos les suele costar concretar las ideas, tener en cuenta los inconvenientes y las condiciones que se tienen que dar para poder llevar a cabo lo que han decidido.

Posteriormente se evalúa cómo han ido las cosas. Puede ocurrir que todo haya funcionado bien, en cuyo caso les felicitamos, pero también puede ocurrir que las cosas no hayan ido como se esperaba, ya sea porque la solución se llevó a la práctica y no resolvió el problema, o porque no hayan hecho lo que habían acordado. Pues bien, la evaluación o seguimiento constituye un momento de análisis de lo ocurrido y de realización de nuevas propuestas si fuera necesario. Con esto se consigue fomentar la responsabilidad de los alumnos, dar seriedad y credibilidad a todo el proceso, y ofrecer ayudas suplementarias en aquellos casos que sea necesario.

2. *Fases del proceso.* Veamos un esquema en varios pasos y su ilustración en un ejemplo (Adaptado de Porro, B., 1999):

Primer paso: parar y estar tranquilo
Cuando un niño nos cuenta que tiene un conflicto, le escuchamos, reformulamos el problema, le decimos que se tome un tiempo o le ofrecemos una actividad para recobrar la calma y, si es necesario, podemos preguntarle «¿Qué te ayudaría a sentirte mejor?»

Segundo paso: hablar y escucharse uno a otro
Nos reunimos con ambos alumnos y preguntamos al primer chico: «¿¿Cuál es el problema? ¿Cómo te sientes?» Reformulamos lo que dice para verificar que hemos entendido bien y que eso es lo que el alumno realmente quería decir. Ayudamos al primer chico a comunicarse directamente. Le invitamos a que transmita un mensaje en primera persona: «Dile a... cómo te sientes y por qué». «Yo [cómo me siento] cuando tú [acto específico] porque [cómo me afecta]». Pedimos al segundo niño que haga lo mismo que el anterior. Verificamos la comprensión de los chicos. Le decimos a cada uno: «Dime qué le has escuchado decir [al otro chico]».

Tercer paso: determinar lo que ambos necesitan

Para esto sintetizamos lo que hemos escuchado, señalamos los intereses comunes, enunciamos el problema en función de las necesidades: «Entonces parece que [el primer chico] necesita... y [el segundo chico] necesita..., y lo que a ambos os gustaría es... ¿No es así?»

Cuarto paso: proponer soluciones (tormenta de ideas)

Preguntamos a los dos: «¿Qué podéis hacer para resolver el problema?». Les animamos a expresar ideas lo más rápidamente posible sin hacer comentarios. Si son muchas, las anotamos. Mantenemos la atención de los niños centrada en la búsqueda de soluciones. «Sí, podrías... ¿Qué otra cosa podrías hacer?»

Quinto paso: elegir la idea que más les guste a los dos

Para cada idea preguntamos a ambos chicos: «¿Te parece bien?» Ayudamos a los chicos a elegir una solución. Preguntamos: «¿Ha quedado resuelto el problema?»

Sexto paso: trazar un plan. Ponerlo en práctica

Hacemos preguntas para concretar un plan de acción: «¿Qué vais a hacer? ¿Qué tiene que pasar antes? ¿Y después? ¿Cómo vais a...? ¿Cuándo? ¿Dónde? ¿Quién? Si esto volviera a suceder, qué otra cosa podríais hacer?»

Séptimo paso: seguimiento

Más adelante, ayudamos a los niños a reflexionar y evaluar. «¿Cómo funcionó la solución?»

Un ejemplo, comentado:

En el recreo, Álvaro se acerca a la profesora y le dice llorando: «Rubén no quiere jugar conmigo». Álvaro es un alumno al que le cuesta hacer y mantener amigos y que todavía necesita la ayuda de la maestra. Rubén también necesita práctica, ya que suele tener algunos problemas con los compañeros en el patio. Como el ambiente está relativamente tranquilo, la maestra decide utilizar con Álvaro y Rubén el procedimiento de resolución dialogada de conflictos. Veamos cómo se desarrolla.

Primer paso: parar y estar tranquilo. Se hace saber al niño que nos interesamos por él, le escuchamos, le comprendemos. Prestamos atención sin arreglar, aconsejar, desviar, etc.

Maestra (a Álvaro): ¿Cuál es el problema?

Álvaro (llorando): ¡Rubén no quiere jugar conmigo! ¡Se lo he dicho a Juan y me ha dicho que Rubén ya no quiere ser mi amigo!

Maestra: Así que te sientes mal porque Rubén no quiere jugar contigo y crees que ya no quiere ser tu amigo.

Reflejo de sentimientos. Sirve para tranquilizar y para ir preparando el camino. Hay alumnos que se tranquilizan enseguida, pero otros necesitan más tiempo o alguna actividad para sentirse suficientemente tranquilos. Algunos niños necesitan que la profesora les sugiera qué pueden hacer; otros, que tienen más práctica, pueden evaluar su estado emocional y elegir una estrategia ellos mismos.

Maestra: ¿Rubén sabe que tú quieres jugar con él?

Recabar información para ayudar al niño a definir el problema. Para ello, formulamos preguntas para clarificar.

Álvaro (lloriqueando): Sí. Esta mañana le dije que si jugaba conmigo y me dijo que sí. Y ahora está jugando con Raúl.

Maestra: Ah, entonces Rubén quedó en jugar contigo y, en vez de hacerlo, está jugando con Raúl. ¿Cómo te sientes?

Álvaro: Enfadado.

Maestra: ¿Te gustaría hablar con Rubén para resolver el problema?

Álvaro: No sé… Sí, pero él no va a querer.

Maestra: ¿Qué te parece si le voy a preguntar? ¿Tú estás preparado para hablar ahora o necesitas más tiempo para tranquilizarte?

Álvaro: Bueno, creo que estoy preparado (suspira profundamente).

La maestra se dirige a Rubén y le hace señas de que se acerque.

Maestra: Álvaro quiere hablar contigo para resolver un problema.

Rubén y la maestra se acercan a Álvaro y los tres se quedan de pie mirándose.

Segundo paso: hablar y escucharse uno a otro. Los niños se turnan para hablar del problema y escucharse. La maestra facilita este diálogo, así como la expresión de sentimientos a través del uso de mensajes en primera persona, resaltando las manifestaciones de apreciación y reconocimiento mutuo.

Maestra: Álvaro, cuéntanos qué pasó.

Álvaro: Rubén dijo que iba a jugar conmigo y después se fue con Raúl.

Maestra: Así que hablaste con Rubén para jugar, él te dijo que sí y luego se fue a jugar con Raúl.

Álvaro: Sí.

Maestra: ¿Puedes decirle a Rubén cómo te sientes? Empieza diciendo: «Rubén, yo...»

Álvaro (a Rubén): Rubén, yo estoy enfadado porque no quieres jugar conmigo.

Maestra: Gracias, Álvaro. Ahora, Rubén, es tu turno. ¿Qué pasó?

Rubén: Bueno, Raúl me lo dijo primero, así que tuve que jugar con él.

Maestra: Así que Raúl te pidió jugar antes que Álvaro.

Rubén: Sí, Raúl me lo dijo ayer.

Maestra: Vamos a ver si lo he entendido bien. Raúl te lo dijo ayer. Álvaro te lo dijo esta mañana y tú les dijiste que sí a los dos. ¿Cómo te sientes ahora?

Rubén: Mal, porque se ha formado un lío y no quiero que Álvaro se ponga a llorar.

Maestra: Así que para ti es importante que Álvaro no se sienta mal... Bueno, cuando Álvaro te pidió jugar esta mañana, ¿tú querías jugar con él?

Rubén: Sí.

Maestra: ¿Puedes decírselo a Álvaro?

Rubén (a Álvaro): De verdad que yo quería jugar contigo, lo que pasa es que Raúl me lo dijo antes.

Tercer paso: determinar lo que ambos necesitan. Con los pasos anteriores ya hemos podido ver qué es lo que cada uno necesita. Recordemos que las necesidades no son lo mismo que las posiciones. Es más fácil encontrar soluciones satisfactorias para ambos si nos concentramos en los intereses y necesidades y no en las posiciones. Para encontrar las necesidades es útil preguntarse por qué o para qué han adoptado sus respectivas posiciones. Álvaro quiere que Rubén juegue con él enseguida, pero su verdadera necesidad o interés es que Rubén sea su amigo. Rubén quiere jugar con Álvaro en otro momento, para seguir jugando con Raúl, pero su verdadera necesidad o interés es que Álvaro no esté enfadado con él y que puedan seguir jugando juntos en el futuro.

Maestra: (a los dos): Entonces parece que los dos queréis jugar juntos. ¿Es así? (Ambos asienten). Vamos a ver si se os ocurre de qué manera podéis quedar para jugar. Pensad, por ejemplo, hasta cuatro ideas.

Señalar el *interés común* ayuda a reconciliarse y a encontrar una solución satisfactoria. Hay casos en los que los chicos no tienen un interés común. Entonces lo que hay que hacer es incluir los intereses de ambos: «Parece que X necesita... y que Y necesita...»

Cuarto paso: proponer soluciones. Es la fase de tormenta de ideas. Hay que animar a los chicos a proponer muchas ideas sin juzgarlas. Las primeras suelen ser las más parciales, por eso hay que animarles para que surjan más y que satisfagan a ambos. Hacerlo con rapidez favorece la concentración y evita que la atención se desvíe a otros problemas. Conviene llevar un registro de las ideas, contándolas con los dedos, anotándolas en un papel o en la hoja de registro. Cuando el procedimiento se realiza de una manera más formal sirve para dar validez y anima a proponer más ideas.

Rubén: Yo podría jugar con Álvaro mañana.
Álvaro: ¡No! ¡Quiero jugar hoy!
Maestra: Álvaro, ¿recuerdas las reglas de la tormenta de ideas? Primero proponemos muchas ideas. Luego, en el paso siguiente, vemos qué nos parecen esas ideas. Muy bien. Rubén y Álvaro pueden jugar mañana. Ésa es una idea (La maestra levanta un dedo y sigue contando a medida que se proponen otras ideas). ¿Quién tiene otra idea?
Álvaro: Podemos jugar en el próximo recreo.
Maestra: Ya van dos ideas. ¿De qué manera podríais quedar para jugar?
Rubén: Podríamos jugar después de clase.
Álvaro: Podríamos hacer juntos las actividades de taller.

Quinto paso: elegir la idea que más les guste a los dos. Se puede hacer sólo verbalmente o marcando algún signo en el registro de soluciones.

Maestra: Muy bien, ya tenemos cuatro ideas. ¿Hay alguna otra? (No responden). Entonces, ¿cuál de las ideas os gusta a los dos?
Álvaro: Jugar en el próximo recreo.
Maestra: ¿Rubén, te parece bien?
Rubén: Es que Raúl y yo pensábamos seguir jugando en ese recreo.
Álvaro: ¿Puedo jugar yo también?
Rubén: Bueno.

Sexto paso: trazar un plan. Ponerlo en práctica. Para ayudar a los niños a elaborar un plan, la maestra hace preguntas abiertas que les permitan determinar los pasos que deben dar. Cuanto más específico sea el plan, mejor. Preguntas posibles: «¿Qué tiene que pasar antes? ¿Y después de eso, qué...? ¿Cómo vais a...? ¿Dónde? ¿Cuándo? Y si eso no funciona, ¿qué vais a hacer?»

Maestra: Así que a los dos os gusta la idea de jugar juntos con Raúl en el próximo recreo. Para que esa idea funcione, ¿qué tiene que pasar antes?
Rubén: Tengo que decírselo a Raúl.
Maestra: ¿Se os ocurre a qué podéis jugar los tres?

Álvaro: Podríamos jugar a los coches.
Rubén: Está bien.
Maestra: ¿Qué pasa si Raúl dice que quiere jugar él solo con Rubén?
Rubén: Entonces yo puedo jugar con Álvaro mañana.
Álvaro: En el recreo largo.

Resumen final y felicitaciones:

Maestra: De manera que el plan es que Rubén le pregunte a Raúl si quiere jugar a los coches con Álvaro en el próximo recreo. Y si eso no funciona, Rubén jugará con Álvaro en el recreo de comedor de mañana. ¿Está solucionado el problema?
Ambos: Sí
Maestra: ¡Enhorabuena! ¡Os felicito! Habéis conseguido encontrar una solución.

Séptimo paso: seguimiento. Sobre todo al principio es conveniente preguntar a los chicos cómo les ha ido. Si la idea no funcionó se puede ver por qué y volver a la lista de propuestas para retomar otra de ellas o realizar las actuaciones que se consideren necesarias.

3. *Formación.* La puesta en marcha de estos procedimientos exige educar y formar a los alumnos en una serie de aspectos. Una posible secuencia para desarrollar esta formación sería la siguiente:

Introducción al tema: conflicto, maneras de responder y resolución dialogada.

– Presentación de las sesiones de formación.
– Conflicto: qué es, contar conflictos.
– Diferentes respuestas. Reflexionar y analizar cada una de las opciones:

    a) No hacer caso (evitarlo o negarlo).
    b) Enfadarnos mucho, gritar, pelear (confrontar de manera agresiva).
    c) Hablar para entendernos y encontrar una solución que nos guste a los dos (colaborar).

Cómo calmarse: el enfado y estrategias para recobrar la calma.

– Reconocimiento de emociones asociadas a los conflictos.
– Reconocer y explorar el enfado.
– Encontrar maneras positivas de manejar el enfado y estrategias para tranquilizarse.

Cómo expresarse adecuadamente.

– Mostrar mensajes en segunda y en primera persona. Analizar las diferencias.

– Explicar cómo usar los mensajes en primera persona.
– Practicar los mensajes en primera persona.

Cómo escuchar.

– ¿Para qué sirve escuchar?
– Actividades para detectar una buena y una mala escucha.
– Actividades para practicar una buena escucha.

Cómo encontrar soluciones justas.

– Averiguar las necesidades.
– Explicar el problema en función de las necesidades.
– Proponer soluciones: tormenta de ideas.
– Elegir la idea que más les guste a los dos.
– Establecer un plan para que nuestra idea dé buen resultado.
– ¿Qué hacer si no funciona?

4. *Espacios y rutinas de funcionamiento.* Una vez finalizada la formación habrá llegado el momento de establecer con los alumnos unos espacios y unas rutinas para practicar el procedimiento, que se puede ejecutar en distintos contextos. Algunos de los más utilizados son un lugar del aula, o del patio de recreo, o durante la asamblea de clase.

– *Rincón en el aula.* Se elige un lugar en el aula y se le pone un nombre (Rincón del Conflicto, Rincón de la Paz, Espacio para Dialogar, etc.). Se decora y acondiciona convenientemente, se ponen carteles que recuerden los pasos del diálogo, un esquema de los mensajes en primera persona y una lista donde los alumnos se anotan. Se establece un horario para utilizarlo, por ejemplo quince minutos diarios, mientras el resto de la clase realiza la tarea que se determine[24].
– *En el recreo.* Tras un tiempo en el aula se puede trasladar la misma idea al recreo. Pueden hacer de facilitadores los profesores, o los propios alumnos cuando han sido formados. Habrá que elegir un espacio determinado e identificar a los facilitadores mediante alguna señal, como una pañoleta, un chaleco, una placa, un carnet, etc.
– *Asamblea de clase.* Sirve para animar y mostrar cómo funciona el procedimiento a los alumnos que nunca lo usan. También enriquece las soluciones al contar con las ideas de todos, que intervienen para hacer propuestas después de que lo haya hecho cada una de las partes. Con todas las ideas, los protagonistas se

---

24. Una descripción pormenorizada del funcionamiento de este espacio la podemos encontrar en Porro: 1999.

van a hablar y deciden cuál les gusta. Pueden hacerlo delante del grupo o en privado, y después informar al grupo de la idea que han elegido. Algunas normas que facilitan este proceso son las siguientes: sólo se puede hablar sobre un conflicto en la asamblea de clase si las dos personas quieren hacerlo; la clase debe seguir unas reglas, como ser respetuosos, escuchar sin interrumpir y ayudar a los compañeros en su intento de resolver su problema; la clase ayudará en el momento de buscar ideas; al final, todos aplaudirán y darán las gracias. La asamblea de clase también sirve para resolver otros conflictos que se generen dentro del grupo de alumnos.

— *Otros espacios*. El centro puede desarrollar procesos de resolución dialogada de conflictos estableciendo estructuras específicas (equipos de mediación) para los casos que no se puedan abordar dentro del aula o en el patio de recreo.

5. *Quién se encarga de facilitar el proceso.* Con respecto a la persona o personas que conducen el proceso, hay que decir que en esta etapa educativa lo más conveniente es que en un primer momento sea el docente quien se encargue, para que los alumnos vayan practicando y observando cómo se hace. Posteriormente, cuando los niños vayan aprendiendo y se hagan más autónomos, es el momento de que resuelvan los conflictos por ellos mismos o con la ayuda de otro alumno que haga de facilitador. Estos alumnos facilitadores o mediadores reciben una formación específica para realizar esta función, ya que no se trata de que digan a los demás lo que tienen que hacer, o decidir quién tiene razón o quién no la tiene: su tarea es ayudar a los compañeros a dialogar y a encontrar sus propias soluciones, apoyándose en los distintos pasos del procedimiento y cuidando de que se cumplan las reglas para facilitar la comunicación entre los compañeros en conflicto.

4.2. Programas de ayuda entre iguales

La dimensión de ayuda ocupa un lugar destacado dentro de la convivencia, no sólo por el papel que desempeña en la prevención y resolución de conflictos, sino por su importante contribución al desarrollo de actitudes y habilidades prosociales, con un determinado carácter moral y ético, que sin duda son fundamentales para construir un entorno de convivencia más positivo, más satisfactorio y más humanizado. Además, incentiva la participación activa del alumnado que es, como ya hemos señalado, una de las claves para el desarrollo de un buen clima de relaciones y de convivencia en los centros.

Tradicionalmente los programas de ayuda entre iguales se han utilizado para prevenir y tratar los problemas de violencia y acoso. Algunas de las claves de su efectividad guardan relación con los siguientes aspectos: los iguales son capaces de detectar la violencia en etapas más tempranas que los profesores y otros adultos; es más probable que los chicos confíen en algún compañero que en un adulto; las víctimas de la violencia tienen a alguien a quien acudir y perciben a la escuela actuando sobre el problema; se ponen en marcha recursos en lugares y tiempos a los que el profesorado no tiene acceso o les resulta mucho más costoso que a los propios alumnos (Cowie y Wallace, 2000).

Las investigaciones (Cowie y Wallace, 2000; Cowie, Naylor, Talamelli, Chauhan y Smith, 2002) también ponen de manifiesto los importantes beneficios que el programa ejerce sobre los alumnos que realizan la ayuda, tales como una mayor seguridad en sí mismos, un sentimiento de responsabilidad y la creencia de que están contribuyendo positivamente al desarrollo diario de la escuela, así como el aprendizaje de habilidades sociales e interpersonales que les resultan muy útiles en su vida diaria y que perduran en el tiempo. De hecho, muchos de los alumnos participantes en estos programas han elegido estudios universitarios o una profesión asistencial de ayuda y cuidado hacia los demás.

Existen diferentes maneras de concretar y poner en marcha sistemas de ayuda entre iguales. En Primaria generalmente se dirige a la detección y apoyo de los alumnos que lo están pasando mal por diversas causas como, por ejemplo, cuando se encuentran solos en el patio de recreo, cuando otros compañeros se meten con ellos, cuando sufren situaciones de rechazo, malentendidos, rumores... También ayudan a los alumnos que acaban de llegar nuevos al colegio y necesitan que alguien les acompañe.

Suele realizarse con alumnos del tercer ciclo, que son seleccionados por sus compañeros (de dos a cinco por aula) y que reciben formación en habilidades de detección, comunicación y resolución de conflictos. Son apoyados y coordinados por un profesor responsable de dicho programa.

A continuación presentamos de manera resumida las diversas fases de la puesta en marcha con el alumnado, una vez que se ha consensuado y decidido en el centro que se va a iniciar este programa[25]:

1. *Selección de los alumnos-ayudantes*. Se realiza en sesiones de tutoría. Previamente el tutor informa a todo el grupo del programa de alumnos-ayudantes. Puede contar con la participación de alumnos que ya han pasado por el programa en cursos anteriores. Se realiza alguna dinámica para que los alumnos reflexionen acerca de las cualidades que debe tener alguien en quien se confía,

---

25. Un desarrollo detallado lo encontramos en Fernández, I., Funes, S. y Villaoslada, E. (2002).

para después proponer y elegir entre todos a alumnos del grupo que reúnan esas cualidades. El tutor habla individualmente con los alumnos propuestos por sus compañeros, los anima a entrar en el programa y comunica a todo el grupo el nombre de los elegidos.

2. *Formación de los alumnos-ayudantes.* Los seleccionados participan en una formación inicial, previa información y consentimiento de sus familias. En esta formación se entrena a los alumnos para:

a. Comprender qué es un conflicto, sus elementos visibles y no visibles.
b. Reflexionar sobre las formas que tenemos de afrontar los conflictos.
c. Explorar las posibilidades de la ayuda y reflexionar sobre lo positivo y negativo de cada una de ellas.
d. Adquirir y practicar habilidades de comunicación.
e. Practicar el proceso de mediación informal.
f. Identificar situaciones y casos complicados y pensar en qué es lo que debemos hacer.
g. Definir las funciones de los alumnos ayudantes.
h. Concretar aspectos de organización y funcionamiento dentro del colegio: nombre del grupo, logotipo, tiempos de reunión, código ético.

3. *Seguimiento de los equipos de alumnos-ayudantes.* Se realizan periódicamente y asiste el equipo de alumnos ayudantes y los profesores responsables del programa. Estas sesiones sirven para:

a. Analizar las intervenciones realizadas.
b. Analizar casos de interés especial para aprender.
c. Planificar las ayudas a realizar.
d. Estudiar las derivaciones de los casos y situaciones que no pueden ser atendidos por los alumnos ayudantes.

4. *Funciones de los profesores coordinadores del programa.* Los profesores coordinadores realizan las siguientes funciones:

a. Facilitar la participación de los alumnos.
b. Conducir el proceso de comunicación.
c. Ayudar a identificar los conflictos.
d. Dar pautas de intervención, derivación, etc.
e. Orientar las reflexiones del grupo.
f. Apoyar y valorar las intervenciones de los alumnos.

Además del programa que hemos descrito, la dimensión de ayuda puede irse desarrollando de distintas maneras en función de la edad y situación del aula, encontrándonos con un continuo que va desde actuaciones muy formales y sistemáticas, a otras más informales o puntuales. Pensemos en casos concretos como el de los alumnos de primer nivel, que van aprendiendo a leer o a atarse los cordones de las zapatillas y enseñan a sus compañeros lo que ellos han logrado. Otra forma más sistemática, pero no tan formalizada como el programa de alumnos-ayudantes, puede ser la creación de una comisión de apoyo entre compañeros dentro del aula, que forma parte de los cargos o responsabilidades de la clase. Esta comisión está integrada por distintos alumnos, que de manera rotativa se encargan de ver cómo se pueden ayudar unos a otros para que la clase sea un buen lugar de aprendizaje y convivencia. También está la figura del alumno-tutor (puede haber más de uno), que se encarga de acompañar a otro estudiante durante un tiempo para ayudarle a superar sus dificultades de aprendizaje, de integración o de relación.

La ayuda también se puede desarrollar en situaciones de aprendizaje. Sabemos la estrecha relación que existe entre aprendizaje y convivencia, de tal manera que en muchas ocasiones los problemas de aprendizaje van acompañados de otros de atención, disciplina, etc. Y viceversa, la mejora de las relaciones y del clima de aula y centro incrementa las posibilidades de aprender dentro de un contexto de trabajo agradable y motivador. En esta línea se encuentran las metodologías colaborativas que hacen de la interacción entre los alumnos una variable crítica del aprendizaje. En efecto, la investigación confirma que los alumnos pueden ejercer una gran influencia educativa sobre sus compañeros y desempeñar un importante papel mediador (Johnson, Maruyama, Johnson, Nelson y Skon, 1981). Asimismo, los planteamientos teóricos actuales remarcan el carácter social, interpersonal y comunicativo del aprendizaje, señalando que el conocimiento se construye (o se co-construye) en contextos sociales mediante procesos de diálogo con los otros (Resnick, Levine y Teasley, 1991; Salomón, 1993).

Esta relación de colaboración en el aprendizaje puede concretarse de distintas maneras. Entre ellas estarían las *relaciones tutoriales*, la *colaboración entre iguales* y el *aprendizaje cooperativo*. En las relaciones tutoriales un alumno más experto enseña a otro o a otros alumnos con menos conocimientos. El aprendizaje cooperativo se caracteriza por el trabajo en grupos heterogéneos de cinco o seis alumnos que se ayudan mutuamente para realizar una actividad determinada (Johnson y Johnson, 1999; Pujolás, 2003 y 2008). En la colaboración entre iguales dos alumnos (a veces más), sin competencia previa en una determinada tarea, trabajan juntos en su resolución. En todos estos casos los alumnos ponen a disposición de los demás las habilidades y capacidades que poseen, siendo todas ellas valoradas y necesarias, con lo que se refuerza la autoestima y se atiende a la diversidad. Además, los alumnos que trabajan juntos desarrollan competencias sociales y personales básicas para la mejora de la convivencia, como las destrezas de comunicación (tono de voz, respeto de turnos, expresiones), el pedir y dar ayuda, animar a los compañeros, argumentar sin imponer, aceptar las explicaciones y propuestas de los demás, asumir y desempeñar el cargo y las tareas asignadas para el buen funcionamiento del grupo, resolver los conflictos que vayan surgiendo, etc.

A partir de este abanico de posibilidades, los centros que quieran construir y sistematizar la ayuda tendrán que tener en cuenta las características evolutivas generales y específicas de los alumnos en cada ciclo y nivel, las condiciones de cada aula y el estilo docente del profesorado, de manera que se puedan ir introduciendo las actividades, estrategias, metodologías y proyectos más convenientes en cada contexto y momento del proceso educativo.

4.3. Medidas en el aula desde la acción tutorial

Es cierto que los planteamientos más globales del centro van a posibilitar o dificultar determinadas actuaciones, y van a generar climas más o menos positivos, pero es indudable que el aula es el contexto que tiene una influencia más intensa y directa en el desarrollo educativo de los alumnos, sobre todo en las edades más tempranas.

El aula es un contexto complejo en el que suceden gran cantidad de acontecimientos de manera simultánea, de forma muy rápida, muchas veces inesperada, de forma pública, ante la mirada de alumnos y profesores, y donde lo ocurrido en días anteriores va configurando un determinado clima y maneras de hacer que marcan el devenir cotidiano de las clases (Doyle, 1986). Este ambiente de clase depende en gran medida de la gestión del aula que haga el profesorado, es decir, la organización de tiempos y espacios, los agrupamientos del alumnado, el estilo de comunicación y relación con los alumnos, las estrategias de resolución de conflictos, la metodología, las actividades propuestas, las formas de participación del alumnado, etc. Cualquier propuesta para desarrollar y mejorar la convivencia ha de tener en cuenta las características del aula como un contexto complejo y quedar insertadas en el quehacer cotidiano de alumnos y maestros.

Desde el punto de vista preventivo y formativo, las actuaciones del profesorado han de ir encaminadas a favorecer el progreso en competencias cognitivas, afectivas, sociales y morales que propicien una convivencia satisfactoria y enriquecedora para todos. Para ello, podemos tener en cuenta siete líneas básicas:

1. Atención individualizada y cercanía afectiva.
2. Creación del sentimiento de grupo.

3. Elaboración participativa de normas.
4. Realización de actividades específicas para el desarrollo socioafectivo.
5. Establecimiento de cauces de participación.
6. Desarrollo de procedimientos de resolución dialogada de conflictos.
7. Empleo de metodologías coherentes con los principios de participación, respeto a la diversidad e inclusión.

A continuación, por razones de espacio, sólo vamos a ejemplificar algunos de estos aspectos, describiendo actividades de acogida y organización en los primeros días del curso, actividades para la elaboración participativa de normas y actividades para favorecer el desarrollo afectivo y emocional.

4.3.1. Actividades de los primeros días

Dedicar los primeros días del curso a acoger a los alumnos, a organizar la clase y las actividades, es fundamental, ya que todo ello ayuda a reducir la incertidumbre, a saber que estamos en un lugar donde somos reconocidos como personas, un lugar organizado en el que todos participamos, un lugar predecible que da seguridad y confianza. Un buen encuentro inicial es decisivo a la hora de crear un clima agradable y una convivencia positiva. Podemos programar actuaciones (apoyándonos en Puig Rovira, 2006) dentro de los siguientes ámbitos de intervención:

1. *Acogida personal.* Se puede realizar a través de actividades de presentación, juegos de nombres o simplemente pasando lista, dando la bienvenida a los alumnos, mostrando nuestra satisfacción por iniciar este nuevo curso y expresando lo que esperamos de manera positiva y motivadora. Habrá que prestar atención a los alumnos nuevos, darles la bienvenida (puede servir un aplauso del grupo) y pedir algunos compañeros voluntarios para que les ayuden explicándoles cómo funcionan las cosas en el colegio (recreos, personas, horarios, etc.) y les acompañen en los primeros días (puede ser tarea de los alumnos ayudantes si existe esta figura en el centro). Con estas actividades se va minimizando la angustia ante lo desconocido, las amenazas de lo nuevo. Se va estableciendo una relación de confianza entre los maestros y los alumnos y unas buenas expectativas de cara al curso. Estos sentimientos facilitan mucho el aprendizaje y la convivencia.
2. *Organización.* También reduce la angustia y la incertidumbre, y sobre todo aporta seguridad. La organización permitirá la participación de los alumnos y el aprendizaje de valores, actitudes y formas de comportarse y convivir. La organización se puede concretar en los siguientes aspectos:

a) Organización de los materiales. Revisaremos los materiales que han traído. Les diremos lo que han de traer. Si hay materiales cooperativos, cuáles son. Cómo los tienen que cuidar. También la revisión de materiales constituye una buena ocasión para hablar sobre reciclaje, consumismo (no comprar la carpeta más cara, sino una más sencilla que ellos puedan personalizar), etc.

b) Organización de cargos. Los cargos constituyen una excelente oportunidad para desarrollar la responsabilidad, el trabajo en equipo, la evaluación personal y del grupo respecto a su cumplimiento y, con ello, la posibilidad de mejora. Además, son tareas significativas que contribuyen al buen funcionamiento del grupo-clase. Cargos posibles son:

- Asistencia, para pasar lista por la mañana y por la tarde.
- Material, para comprobar el material que falta, ir a pedirlo y repartirlo por las mesas.
- Fecha, para poner la fecha de cada día.
- Observación del tiempo, para ver cómo está el día y anotar la temperatura, etc.
- Biblioteca, para llevar el control de préstamos de libros de la biblioteca, ordenar los libros, etc.
- Asamblea, para preparar y conducir las asambleas semanales.
- Comisión de apoyo entre compañeros, para prestar ayuda y promover situaciones de colaboración en el aula.

Lo mejor es que los cargos se realicen en equipo de manera rotativa (por ejemplo semanal) y que se agrupen aquellos que tienen menos tarea, dejando solos los de mayor complejidad. Puede haber cargos unipersonales, como los ya clásicos de responsable de mesa y el de delegado. Los cargos variarán en función de la edad de los alumnos y de las necesidades de cada aula. El maestro tiene que enseñar a los niños las tareas de cada cargo. Al principio describe sus cometidos y después irá acompañando y modelando sus actividades específicas a lo largo de los días. La evaluación del equipo y la autoevaluación individual del desempeño de los cargos puede ser un tema de la asamblea semanal o se puede buscar un momento específico para ello.

c) Organización de equipos. En los primeros días ha de acometerse la tarea de formar los equipos. La distribución de la clase en grupos o equipos favorece la cooperación y la ayuda mutua, y da ocasión de practicar la resolución de esos conflictos que, lógicamente, se irán produciendo. Los alumnos han de aprender a vivir y trabajar en grupo, lo que sin duda contribuye a su educación en la convivencia. Hay que tener en cuenta que los criterios y procedimientos de formación de los grupos son fundamentales, ya que con ellos estamos transmitiendo determinados valores. Por ejemplo, que sean mixtos, que los alumnos se agrupen para poder trabajar juntos, que se ayuden a realizar la tarea... Para eso han de tener habilidades diferentes y aprender qué es y qué no es ayudar, etc.

3. *Nombre del grupo y elección de una mascota o un logo.* Elegir un nombre y una mascota o un logo para la clase es otra de las actividades que contribuye a crear grupo y a tener una identidad como tal, a la vez que se trabajan otros aspectos educativos. Para ello podemos seguir un proceso participativo, en el que cada equipo discuta y elabore una propuesta. Después se elegirá entre las distintas ideas de todos los equipos la que más guste a toda la clase. A continuación tendrán que hacer el rótulo con el nombre y el dibujo de la mascota o logo.

4.3.2. Elaboración participativa de normas de aula

Los alumnos se encuentran inmersos sin darse cuenta dentro de un contexto normativo en el que viven desde el primer momento que entran en el colegio. Todas las propuestas de los maestros van transmitiendo unas rutinas, unas maneras de hacer que van marcando los límites y las posibilidades dentro de las que se pueden mover, dibujando así las líneas del terreno de juego. Son algo de todos y cada uno de los momentos del día. Sin embargo, conviene trabajar con los niños, de manera explícita, el tema de las normas para favorecer en ellos una reflexión moral y establecer consensos de grupo que sin duda van a facilitar la responsabilidad, el cumplimiento de aquello que acuerden entre todos y la práctica de un estilo democrático (Barriocanal, 2001; Aguado y De Vicente, 2006).

Se puede introducir esta variante mediante una actividad en la que se presente a los alumnos una situación en la que no hay normas y se abra un debate sobre lo que ocurriría. Es importante que los niños vean la necesidad de unas normas, bien porque tienen una utilidad de carácter práctico (normas convencionales), o bien porque suponen valores morales tan importantes como el respeto a los demás (normas morales). En otro momento podemos establecer un diálogo con el grupo sobre aspectos como los siguientes: ¿qué normas de centro y aula conocen? ¿Qué les parecen? ¿Son útiles? ¿Son justas? Se comentan las respuestas teniendo en cuenta las reflexiones de la actividad anterior acerca de la doble dimensión de las normas. Después pedimos a los niños que piensen en qué es para ellos lo más importante de venir al colegio, qué necesitan, qué quieren, qué les gustaría encontrar. Pueden realizar esta actividad primero individualmente y luego en grupos, mediante dibujos, escritura o de manera oral.

Vamos anotando las cosas que los niños van diciendo. Seguramente, expresarán unas necesidades vinculadas al aprendizaje y otras que tendrán que ver con las relaciones personales. Se redacta una pequeña lista con las cosas que a la mayoría le parecen importantes. Este es el momento de pensar entre todos unas normas que sirvan para conseguir esas cosas que han considerado primordiales. Se discuten las propuestas y se llega a consenso.

Posteriormente los niños tienen que pensar qué puede suceder si alguien no cumple alguna de las normas que han acordado. En la valoración de las consecuencias haremos reflexionar a los alumnos sobre la importancia de que estén directamente relacionadas con la falta cometida, que ayuden a la persona a comprender los perjuicios que produce su conducta, que sean educativas, que faciliten la reconciliación, la reparación del daño y, si es posible, conduzcan a la solución del problema que ha dado origen a ese comportamiento.

Para terminar, se plasma de manera visual el resultado de este proceso mediante carteles, dibujos, murales en el aula y también en los cuadernos, agendas, etc. de cada alumno.

4.3.3. Actividades específicas para el desarrollo socioafectivo

Es verdad que en esta etapa, como venimos repitiendo a lo largo del capítulo, la educación para la convivencia se realiza en el día a día, en todas y cada una de las situaciones cotidianas, y no sólo en las que están específicamente programadas para ello. Esto permite que los valores, las actitudes, las maneras de comportarse, vayan calando poco a poco en los niños. Sin embargo, hay toda una serie de habilidades que precisan de un tratamiento intencionado si queremos asegurarnos una verdadera educación en y para la convivencia. Habrá que contemplar objetivos, contenidos, actividades y espacios para aprender a dialogar, aprender a expresar, comprender y manejar emociones, aprender a ayudar, a cooperar, a resolver conflictos, etc.

En general hemos de desarrollar cuatro líneas básicas. Una dirigida hacia sí mismo, para ser más autónomos, más libres, en definitiva, para ser mejores; otra dirigida a las relaciones con los otros, con los más cercanos, para convivir, crear vínculos, ampliar la visión subjetiva y egocéntrica; otra de carácter cívico para formar parte de una colectividad social, ser un ciudadano activo, respetuoso y partícipe de lo público; y una última ecológica, para cuidar y respetar el mundo que habitamos.

Vamos a mostrar algunas sugerencias de actividades relacionadas con la comunicación y el desarrollo emocional en las que básicamente se trata de propiciar espacios para que los alumnos puedan expresar y compartir sus sentimientos, sus vivencias y sus preocupaciones. Compartir experiencias ayuda a conocerse a uno mismo y a los demás, sobre todo si estamos convencidos de la importancia que tiene «ver en el corazón del otro» para educar y educarse juntos. Quizá lo más central es que en la clase se va creando el sentimiento de que existen lugares en los que podemos ser escuchados sobre cosas que son importantes en nuestras vidas. Muchas veces los maestros no saben cómo abordar con los niños situaciones como la muerte de un ser querido, los celos por el nacimiento de un hermano pequeño, o dar cabida a las experiencias de orgullo y satisfacción que viven los alumnos, como cuando consiguen superar un miedo o alcanzan un determinado aprendizaje. En este sentido, disponer de actividades o pequeñas estructuras, como las asambleas, permite que de forma natural y no forzada los chicos encuentren un entorno de acogida para contar y elaborar sus emociones y sus vivencias. A continuación presentamos varias propuestas prácticas, a modo de sugerencia:

1. *Los diarios de clase.* Se utilizan a veces en las aulas para que los alumnos reflexionen sobre lo aprendido, expresen sus ideas y sentimientos, integren distintas experiencias, etc. Cada día un alumno escribe en el diario de clase sus pensamientos y sentimientos, algo que le ha pasado, etc. Después lo lee para todo el grupo. Los compañeros participan activamente, con sus opiniones, sus vivencias personales, su apoyo, etc. Esta actividad favorece el autoconocimiento, la comunicación, la expresión y la elaboración personal y colectiva. También permite al profesor y a los alumnos tomarse el pulso, captar lo que es importante para cada uno, ir tomando decisiones para intervenir, y comprobar la evolución y el crecimiento tanto personal como grupal.

2. *Entrevistas y presentaciones.* Sirven para que los alumnos se conozcan mejor, para que puedan tener ocasiones de protagonismo positivo, lo que aumenta la confianza en sí mismos y también contribuye a la cohesión del grupo. Las presentaciones se pueden realizar en parejas, mediante una serie de preguntas que habremos preparado según las circunstancias y lo que interese expresar y compartir. El momento en que las parejas hablan entre sí es una ocasión para practicar habilidades de escucha y de expresión. Después cada uno presenta al grupo al otro miembro de la pareja. En las entrevistas se hacen preguntas a un alumno delante del grupo sobre diferentes aspectos de su vida. Puede hacer de entrevistador el maestro, pero también pueden preguntar el resto de compañeros. Por supuesto, el entrevistado se reserva el derecho de no contestar a aquellas preguntas que no quiera.

3. *El protagonista de la semana.* Cada semana un alumno es el protagonista. Se coloca una cartulina en el aula donde se van poniendo fotos de la familia, la casa, objetos personales que le apetezca enseñar, etc. En esta cartulina se reserva un espacio para que los compañeros anoten aspectos que han ido observando a lo largo de la semana sobre los gustos, características y cualidades del protagonista. También se aceptan sugerencias respetuosas de aspectos a mejorar. Todo esto se comenta en la asamblea el último día de la semana. Esta

actividad sirve para desarrollar el conocimiento mutuo, el autoconcepto y la autoestima.

4. *Compartir en la asamblea.* Como decíamos antes, la asamblea de clase es un lugar especialmente idóneo para compartir sentimientos, experiencias, información, ocurrencias... Los temas pueden ser aquellos que los alumnos propongan y también otros que sugiere el maestro, como por ejemplo, «algo de lo que me siento muy orgulloso», «un recuerdo agradable», «algo que me resulta muy difícil»... El profesor animará a todos para que participen, pero sin forzar. Aunque algunos alumnos no quieran participar hablando en el grupo, es muy útil que estén escuchando y reflexionando sobre el tema, al tiempo que una actitud de respeto favorece que en otro momento se sientan libres para comunicarse.

5. *Diccionario de sentimientos.* Es otra manera de favorecer la expresión de emociones, de ponerles nombre y de comunicarse con los demás. Se trata de confeccionar entre toda la clase un libro que se va formando con lo que cada alumno escribe o dibuja sobre los sentimientos. Se pueden realizar actividades en momentos programados o cuando un alumno necesite utilizar esta vía de expresión por iniciativa propia o por sugerencia de su maestro. Por ejemplo, cada día o con la frecuencia que se determine, se propone a los chicos frases incompletas como: «Me siento contento cuando...», «La tristeza es...», etc. Los alumnos completan las frases, hacen dibujos y luego se leen en alto sin decir quién los ha escrito. Si alguno no quiere que se lea, ponen: «Por favor, no leer». Con todas las frases y dibujos se va confeccionando el libro (adaptado de Hudson, 2000).

6. *Los cuentos y otros textos literarios.* Dado que a los niños y a los no tan niños les encantan los cuentos (y otros textos literarios), que además suelen estar repletos de emociones, de conflictos y de soluciones, y puesto que seguro que podemos encontrar más de uno que trate el tema que nos interesa, está claro que tienen que ocupar un lugar destacado dentro de nuestros recursos para la educación en la convivencia. Podemos diseñar actividades a partir de cuentos clásicos (*Caperucita*, *Los tres cerditos*, etc.) para practicar con ellos el esquema de análisis de conflictos, para dramatizar situaciones de mediación entre los diversos personajes que están enfrentados o para centrarse en algún aspecto que queramos trabajar, ya se trate de un sentimiento, percepción, emoción, habilidad o una problemática concreta. También los niños, individualmente o en grupo, pueden inventar cuentos para narrar sus vivencias, para ejemplificar situaciones que se están trabajando y para dar ideas de cómo resolver problemas que se vayan presentando.

4.4. Actuaciones en espacios no docentes. El recreo como espacio educativo

El recreo es un tiempo para la socialización, el encuentro con los otros, el juego, el descanso, la risa, la descarga de tensiones, el relax, pero también es un tiempo y un espacio de desencuentro, violencia, abuso, aislamiento, intolerancia, exclusión... Con frecuencia, los maestros reciben a algunos alumnos bastante alterados por los conflictos que se han producido durante el recreo y, como poco, tienen que dedicar un tiempo de clase a tratar de calmar los ánimos. Por otra parte, los informes del Defensor del Pueblo sobre violencia escolar (2000, 2006) indican que los escenarios con menor control por parte del profesorado (recreos, pasillos, aseos) son muy propicios para que den conductas de acoso o intimidación. Por si lo anterior no fuera suficiente, diremos que los alumnos que se quedan en el comedor escolar (que actualmente son la mayoría) pasan en el patio de recreo alrededor de un 30 por ciento del tiempo total de permanencia en el colegio.

No es de extrañar, por tanto, que planteemos la necesidad de hacer del recreo un espacio educativo, por la potencialidad que tiene para enseñar y poner en práctica habilidades de comunicación y de resolución de conflictos que ya se han enseñado en clase, y porque no se entendería, ya que sería muy incoherente y antieducativo, que el trabajo en la convivencia se circunscribiera a lo que ocurre dentro las aulas.

¿Qué podemos hacer? Se trataría de introducir una cierta organización, de favorecer el establecimiento de relaciones constructivas, propiciar la resolución de conflictos dentro del propio patio, fomentar determinados valores, enriquecerse con nuevos aprendizajes y contar una vez más con la participación de la comunidad educativa.

¿Cómo podemos hacerlo? Incidiendo en una serie de aspectos como los siguientes:

1. La *organización de los espacios*: para ello se puede dividir el patio en zonas para distintas actividades, de manera que tengan cabida una mayor variedad de juegos. Por ejemplo, una zona de deportes, otra de juegos tradicionales, otra de juegos de mesa, otra de mercadillo para el intercambio de libros, juguetes, etc., y también espacios delimitados para otras actividades, como una zona para los mediadores.

2. La *organización de los tiempos*: supone establecer turnos para el alumnado que permitan a todos la posibilidad de utilizar las distintas zonas y también que dé lugar a la programación de actividades con distinta frecuencia (por ejemplo, una vez al mes se realizan juegos de distintos países o relacionados con otras temáticas específicas que interesen al centro en ese momento). Generalmente los cursos van rotando de tal manera que a cada nivel le corresponden unas determinadas actividades cada día o ciertos días de la semana. Para que los

alumnos se organicen, al inicio de la semana se les entrega un cuadrante con la distribución de las zonas y actividades que les toca a cada grupo.

3. La *propuesta de actividades variadas* que atiendan, en la medida de lo posible, las diversas posibilidades, intereses y situaciones del mayor número de alumnos. Esto implica que hay tener previstas actividades de movimiento, más tranquilas, de gran grupo, de parejas, que impliquen hablar, dibujar, pensar, relajarse…

4. La *propuesta de actividades coherentes* con los principios y valores en los que queremos educar, como por ejemplo juegos para la cooperación, la interculturalidad, la igualdad de género, la integración de las discapacidades…

5. La introducción de *medidas para el tratamiento de conflictos*, como por ejemplo un espacio para la mediación o la presencia de alumnos ayudantes.

6. La *participación de la comunidad educativa* a través del establecimiento de distintas figuras, como:

   a. Alumnos encargados de los materiales en las distintas zonas de actividades (su distribución, reparto, supervisión, etc.).

   b. Comisión de actividades, integrada por alumnos, maestros, familias, monitores de comedor, etc., encargada de recoger propuestas y de diseñar nuevas actividades.

   c. Familias que colaboran en la realización de juegos y actividades del patio.

   d. Alumnos ayudantes de convivencia, que ejercen su tarea de acompañamiento, detección y apoyo durante el tiempo de recreo.

   e. Alumnos mediadores de patio.

   f. Alumnos encargados de actividades con compañeros de su nivel o con otros más pequeños, como entrenar en algún deporte o ir a jugar con los alumnos de infantil.

Partiendo de unos planteamientos generales como los anteriores, lo más conveniente es que cada centro desarrolle un proceso que le lleve a crear y concretar en la práctica lo que mejor se adapte a su situación específica. En este sentido hemos de decir que éste es un ámbito de mejora propicio para poner en marcha las fases de elaboración de un plan a las que nos hemos referido antes: una pequeña comisión hace un proyecto, lo presenta a la comunidad educativa, se realiza el diagnóstico participativo de la situación del recreo, se recaban ideas y propuestas de todos y se llega a unos acuerdos y un plan de puesta en práctica.

Como puede verse, el desarrollo del proyecto ya es en sí mismo altamente educativo y además podemos contar con ciertas garantías de éxito, ya que se trata de algo muy concreto, bastante acotado y al mismo tiempo muy motivador, sobre todo para el alumnado. Y tiene el valor añadido de ejercer una repercusión espectacular en la mejora del clima de centro y de aula, a tenor de los resultados obtenidos en diversos centros escolares que han adoptado medidas en este sentido[26].

5. PARA TERMINAR

A lo largo de este capítulo hemos pretendido señalar algunas claves y pautas para guiar a los centros en su proceso de reflexión y planificación, así como ofrecer una pequeña muestra de actividades sencillas, fáciles de integrar en la dinámica del aula y que en la práctica han resultado útiles para ir creando una convivencia positiva.

Está claro que las cosas no son fáciles, ni para los niños, ni para los maestros, ni para los padres. Sin embargo, como adultos tenemos la responsabilidad de trabajar para ofrecer a los más pequeños unas condiciones que les animen a querer construir un mundo mejor, más pacífico, solidario, respetuoso y comprensivo. La educación es el presente y el futuro. Dentro de un ambiente desesperanzado, pasivo, conformista o exclusivamente normativo, faltarían las condiciones esenciales para hacer de la educación un instrumento que colabore a que cada uno vaya encontrando su lugar en el mundo y quiera contribuir a mejorarlo. Para ello no se trata de hacer muchas o pocas cosas, sino de orientarlas desde una determinada mirada, que cada cual irá construyendo y definiendo a través de su propio proceso de reflexión, de sus intereses, habilidades y práctica concreta.

6. BIBLIOGRAFÍA

Aguado, C. y De Vicente, J. (2006). «Gestión democrática de normas», en Torrego, J. C. (coord.). *Modelo integrado de mejora de la convivencia*. Barcelona: Graó, pp. 139-170.

Barriocanal, L. A. (2001). «Implicando al alumnado en el establecimiento de normas de clase: normas consensuadas, normas aceptadas», en Fernández, I. (coord.), *Guía para la convivencia en el aula*. Barcelona: Ciss-Praxis.

---

26. Véase la experiencia del CEIP Zamakola, descrita en *Buenas Prácticas de Convivencia. Premios 2006,* MEC, Secretaría General Técnica, Subdirección General de Información y Publicaciones, Madrid.

Cochran Smith, M. (2002). *Dentro/fuera. Enseñantes que investigan*. Madrid: Akal.

Cowie, H. y Wallace, P. (2000). *Peer Support in Action*. London: Sage.

Cowie, H., Naylor, P., Talamelli, L., Chauhan, P. y Smith, P. (2002). «Knowledge, Use of and Attitudes towards Peer Support». *Journal of Adolescence*, pág. 25.

Defensor del Pueblo (2000). *Informe del Defensor del Pueblo sobre violencia escolar.* Madrid: Defensor del Pueblo.

Defensor del Pueblo (2007). *Violencia escolar: el maltrato entre iguales en la Educación Secundaria Obligatoria 1999-2006*. Madrid: Defensor del Pueblo.

Doyle, W. (1986). «Classroom Organization and Management», en Merlin C. Wittrock (ed.). *Handbook of Research on Teaching,* 4ª edición. Nueva York: MacMillan Publishing.

- (2008) *El Plan de Convivencia. Fundamentos y recursos para su elaboración y desarrollo.*Madrid: Alianza.

Fernández, I., Villaoslada, E. y Funes, S. (2002). *Conflicto en el centro escolar: el modelo de alumno ayudante como estrategia de intervención educativa*. Madrid: Los Libros de la Catarata.

Flecha, R. y Puigvert, L. (2002). «Las comunidades de aprendizaje: una apuesta por la igualdad educativa». *REXE Revista de Estudios y Experiencias en Educación,* Facultad de Educación de la Universidad Católica de la Santísima Concepción, Chile, nº 1, vol. 1, pp. 11-20.

Galtung, J. (1998). *Tras la violencia, 3R: reconstrucción, reconciliación, resolución*, Bilbao: Gernika Gogoratuz.

Hudson, S. (ed.) (2000). *Aprendiendo a resolver conflictos en la infancia*. Madrid: Los Libros de la Catarata.

Jares, X. R (1999). *Educación para la paz. Su teoría y su práctica*. Madrid: Popular.

Johnson, D. y Johnson, R. (1999). *Cómo reducir la violencia en las escuelas*. Buenos Aires: Paidós.

Johnson, D., Maruyama, G., Johnson, R., Nelson, D. y Skon, L. (1981). «The Effects of Cooperative, Competitive and Individualistic Goal Structures on Achievement: a Meta-analysis. *Psychological Bulletin*, 89, pp. 47-62.

Johnson, D. y Johnson, R. (1999). *Aprender juntos y solos. Aprendizaje cooperativo, competitivo e individualista*. Buenos Aires: Aique.

Kemmis, S. y McTaggart, R. (1998). *Cómo planificar la investigación acción*. Barcelona: Laertes.

MEC. Premio a las Buenas Prácticas de Convivencia 2006, Secretaría General Técnica, Subdirección General de Información y Publicaciones, Madrid, 2007.

- (2006). *Modelo integrado de mejora de la convivencia*. Barcelona: Graó.

Perrenoud, P. (2001). *Desarrollar la práctica reflexiva en el oficio de enseñar. Profesionalización y razón pedagógica*. Barcelona: Graó.

Puig Rovira, J. M. (2006). *La tarea de educar*. Barcelona: Octaedro.

Porro, B. (1999). *La resolución de conflictos en el aula*. Buenos Aires: Paidós.

Pujolás, P. (2008). *9 ideas clave. El aprendizaje cooperativo*. Barcelona: Graó.

Resnick, L., Levine, J. y Teasley, S. (ed.) (1991). *Perspectives on Socially Shared Cognition*. Washington DC: APA Press.

Salomon, G.,(ed.) (1993). *Distributed Cognition: Psychological and Educational Considerations*. Nueva York: Cambridge University.

Torrego, J. C. (coord.) (2001). *Mediación en conflictos en instituciones educativas. Manual para la formación de mediadores*. Madrid: Narcea. 2ª edición.

Vinyamata, E. (1999). *Cómo reducir la violencia en las escuelas*. Buenos Aires.

7. ANEXO. MATERIALES DE APOYO

Como hemos dicho, este es otro de los elementos importantes que ayudan en la puesta en marcha de programas y actuaciones concretas adecuadas a la edad y características específicas de cada grupo.

Presentamos los materiales, que se agrupan en bloques que consideramos especialmente significativos.

Juegos y actividades cooperativas

Vicent, A. *Juegos para la cooperación y la paz,* 2004. http://www.ctv.es/USERS/avicent/Juegos_paz/index.htm. Consulta: 10 de diciembre de 2008.

Cascón, P. y Beristáin, C. M. *La alternativa del juego I. Juegos y dinámicas de educación para la paz*, Los Libros de la Catarata, Madrid, 2001.

Hudson, S. (ed.) *Aprendiendo a resolver conflictos en la infancia*, Los Libros de la Catarata, Madrid, 2001.

Resolución dialogada de conflictos

Boqué, C. *Guía de mediación escolar. Programa comprensivo de actividades de 6 a 16 años*, Octaedro-Rosa Sensat, Barcelona, 2002.

Boqué, C. *Hagamos las paces. Mediación 3-6 años*, Ceac, Barcelona, 2005.

Porro, B. *La resolución de conflictos en el aula*, Paidós, Buenos Aires, 1999, 1ª reimpresión, 2004.

Torrego, J. C. (coord.) *Mediación en conflictos en instituciones educativas. Manual para la formación de mediadores*, Narcea, Madrid, 2001, segunda edición.

Maltrato entre iguales (acoso escolar)

Avilés, J. M. *Bullying. Intimidación y maltrato entre el alumnado*, Stee-Eilas, Valladolid, 2003.

Fernández, I. *Un día más* (vídeo y manual), Defensor del Menor de la Comunidad de Madrid, Madrid, 1998.

Monjas, M. I. y Avilés, J. M. *Programa de sensibilización contra el maltrato entre iguales*, Junta de Castilla y León, 2003.

Aprendizaje cooperativo

Johnson, D. y. Johnson, R. *Aprender juntos y solos. Aprendizaje cooperativo, competitivo e individualista,* Aique, Buenos Aires, 1999.

Pujolás. P. *Aprender juntos, alumnos diferentes. Los equipos de aprendizaje cooperativo en el aula*, Eumo-Octaedro, Barcelona, 2004.

Pujolás. P. *9 ideas clave. El aprendizaje cooperativo*, Graó, Barcelona, 2008.

Alumnos ayudantes

Fernández, I., Villaoslada, E. y Funes, S., *Conflicto en el centro escolar: el modelo de alumno ayudante como estrategia de intervención educativa,* Los Libros de la Catarata, Madrid, 2002.

Educación intercultural

Colectivo Amani. *Educación intercultural. Análisis y resolución de conflictos,* Editorial Popular, Madrid, 2006.

Programas

Díaz Aguado, M. J. *Convivencia escolar y prevención de la violencia.* http://w3.cnice.mec.es/recursos2/convivencia_escolar/index.html. Consulta, 10 de diciembre de 2008.

Ortega, R. *La convivencia escolar: qué es y cómo abordarla. Programa educativo de prevención del maltrato entre compañeros y compañeras,* Consejería de Educación y Ciencia de la Junta de Andalucía. http://www.juntadeandalucia.es/averroes/recursos/educacion_paz.php3. Consulta, 10 de Diciembre 2008.

Segura Morales, M. *Relacionarnos bien. Programa para Primaria,* Narcea, Madrid, 2002.

CAPÍTULO VI
«CHOCA LA PALA»: MIL HISTORIAS CON ACENTOS. UNA EXPERIENCIA DE MEJORA DE LA CONVIVENCIA EN PRIMARIA

Mar Ayuela Fernández
Colectivo de Profesores del colegio Marqués de Santillana (Palencia)

La más larga caminata comienza con un paso.

(Proverbio indio)

1. PRESENTACIÓN

Llegué al colegio Marqués de Santillana, de Palencia, en septiembre de 2007. Mi primera impresión la definiría como la normal en estos casos. Sin embargo, en las primeras reuniones descubrí que las personas de este colegio utilizaban un vocabulario diferente: «hilo conductor», «comisiones de trabajo»... Yo me preguntaba: «¿Dónde estoy? ¿He venido a un colegio?» Y es que realmente había *aterrizado* en un colegio con una forma de trabajar muy especial.

Quiero contar mi experiencia durante ese curso, ya que considero que, aparte de innovadora, es extrapolable a nuevas vivencias pedagógicas y experimentales y, sobre todo, es un canto a la mejora de la calidad educativa.

2. EL CENTRO

Estamos hablando de un colegio público de una sola línea, con doscientos alumnos aproximadamente, y veintiún profesores. Es un centro de enseñanza bilingüe e integración preferente de motóricos por lo que, entre el personal, además, disponemos de una fisioterapeuta y dos auxiliares técnicos educativos.

Se encuentra situado en el extrarradio de Palencia, en una zona dependiente de la antigua fábrica de armas y que hoy es un barrio donde conviven las viejas casas con nuevas construcciones. Esta situación repercute lógicamente en el alumnado del centro, ya que las viviendas más antiguas se encuentran ocupadas por minorías e inmigrantes, y las nuevas por una población joven con niños en edad escolar. El centro es un reflejo de esta realidad. Es de destacar que el alumnado de atención a la diversidad asciende a un 40% entre ACNEES (alumnos con necesidades educativas especiales), ANCES (alumnos con necesidades de compensación educativa) y NEL (necesidades específicas de lenguaje).

Lo que percibí durante los primeros días es que el profesorado aquí no se quedaba *frío*, y que mis compañeros estaban inmersos en diversos programas. Por ejemplo:

- Portfolio Europeo de las Lenguas.
- Programa «Aprender con el Periódico».
- Ecoauditoría Escolar: «Mi patio, un espacio evaluable». Escuelas para la Sostenibilidad.
- Gestión integral de la convivencia desde las habilidades sociales, escuela de agentes de mediación, tutorías…

Ante todo descubrí el grado de implicación de todo el profesorado y su reflejo en el buen ambiente y en la actitud positiva y participativa hacia todo lo que surge.

3. ANTECEDENTES DE LA EXPERIENCIA DE CALIDAD: JUSTIFICACIÓN

Como antecedentes de esta experiencia debemos señalar que el colegio lleva trabajando durante seis cursos temas como la convivencia y las habilidades sociales (Programa CON-PA), a partir de la inquietud de un amplio grupo de profesores que buscaban emprender acciones colectivas que, poco a poco, fueran creando un clima adecuado para pensar que el centro (lugar) y la jornada escolar (tiempo) poseen muchas posibilidades educativas, a la vez que se crean espacios de participación y de relación respetuosa con y entre todos. Para ello el equipo docente sigue apostando por potenciar las relaciones y las habilidades sociales, a la vez que cree que el análisis e intervención en el centro puede ser extrapolable a otros momentos y lugares: parque, barrio, ciudad…

Además, de forma más puntual, durante el curso 2006-2007 se ha trabajado el proyecto «Mi patio, un espacio evaluable», en el que se abordaba de forma conjunta un plan de mejora en el patio desde dos vertientes:

a) La *relacional*, teniendo en cuenta que muchos conflictos que surgían eran resultado de compartir e interaccionar durante un tiempo en un mismo espacio en el que se mezclaban diferentes forma de ver, sentir y actuar ante la vida, reflejos de los modelos y formas que existen en nuestra sociedad. El colegio no se encontraba al margen de todo ello. Si bien nuestro centro no puede considerarse conflictivo, tenemos que admitir la existencia de una serie de actitudes, comportamientos y acciones que interfieren en la dinámica cotidiana, produciendo conflictos, deteriorando la convivencia y dañando las infraestructuras del patio. Por tanto, consideramos que educar para la convivencia es importante, además de ser una necesidad escolar y social que también se aprende.

b) La *medioambiental*, en la que el mantenimiento, respeto y cuidado de los espacios del colegio (reciclado selectivo de residuos en el centro) es una responsabilidad de todos, aunque en ocasiones no lo ejerzamos como debemos. Y es que, en numerosas ocasiones, el valor de lo público no se encuentra incorporado a nuestras formas de actuar cotidianas.

Ambas áreas se pueden ver en el siguiente gráfico:

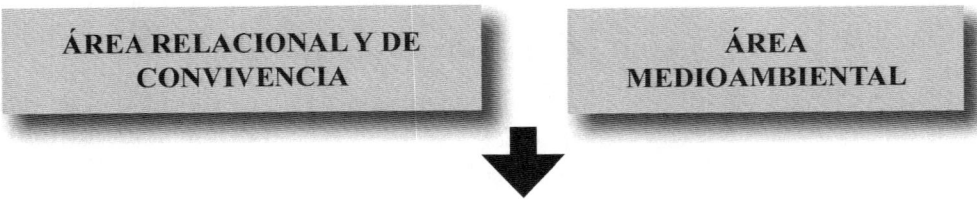

ÁREA RELACIONAL Y DE CONVIVENCIA

ÁREA MEDIOAMBIENTAL

OBJETIVOS:
* Realizar un diagnóstico desde los ámbitos relacional, medioambiental y lúdico.
* Conseguir trasladar al entorno más próximo: parque, barrio… los valores aprendidos en el centro (generalización).

Las primeras reuniones del curso sirven para ir aclarando a todo el profesorado el sistema de trabajo de este colegio. Los pilares básicos sobre los que se apoya son:

1. Implicación del profesorado.
2. Descubrimiento de las posibilidades que ofrece un nuevo marco organizativo: las comisiones de trabajo.
3. Rentabilidad metodológica de la propuesta de hilo conductor.
4. Participación activa de toda la comunidad educativa: alumnado, familias, profesorado, personal laboral...

La implicación del profesorado es fundamental. Supone la aportación individual de ideas que luego tienen su reflejo en un todo. Los mecanismos de participación activa del profesorado se encuentran perfectamente arbitrados y organizados.

Comisiones de trabajo. A principio de curso cada maestro se adscribe a una de las comisiones que existen en el centro: Convivencia, Día de la Paz, Navidad, Medio Ambiente, Semana Cultural, Semana de la Lectura o Carnaval son algunas de ellas. Se procura que a cada comisión asista algún representante de cada ciclo.

La misión de las comisiones es aportar ideas y actividades sobre el hilo conductor elegido. Estas propuestas son filtradas y adecuadas dentro de los equipos de ciclo y consensuadas dentro del gran grupo. Esquemáticamente el recorrido es el siguiente:

El marco organizativo es importante: todos los viernes se reparte un plan semanal en el que quedan reflejadas todas las reuniones y actividades a desarrollar durante la próxima semana. En este plan tienen su momento las reuniones de las distintas comisiones.

Con este sistema todos los maestros pueden aportar sus ideas, se adaptan al ciclo y se establece un consenso entre todos. En todo este proceso y a nivel organizativo adquiere relevancia el tratamiento que se da a los espacios: son zonas de motivación, información, transformación y participación.

Lo más llamativo es el «hilo conductor»[27]. Hablar de él en este colegio significa que todas las actividades que se organizan a nivel de centro y muchas de las de aula giran alrededor de ese tema. Actividades tan distintas como el Día de la Paz, la Semana de la Lectura, las Jornadas de la Comunidad o la Semana Cultural tienen un enfoque basado en la unidad que da ese motor dinamizador de todas las actividades del centro. Es necesario aclarar que supone un nuevo tratamiento pedagógico y educativo. No es cuestión de trabajar de cara a la galería, sino con una intención educativa. Como trasfondo se encuentran las relaciones que entre todos establecemos y, desde una visión más amplia, la convivencia, entendida de manera integral.

Así, cuando el profesorado habla de «enlaces» se refiere a los temas tratados mediante el hilo conductor. Todo ello con una participación activa de toda la comunidad educativa.

Este método de trabajo supone un proceso: se comienza con aportaciones sencillas que van evolucionando hacia una madurez de realizaciones realmente relevantes. Es importante observar y comprobar cómo se construye el pensamiento entre todos. El «no sé» no vale, y todos tenemos algo que decir. Obviamente, las relaciones entre todas las personas de la comunidad educativa son muy estrechas, con todo lo que ello implica.

---

27. Durante los últimos cursos los hilos conductores que han guiado estas actividades colectivas fueron:

Curso 2002-2003: Pedro Berruguete.
Curso 2003-2004: Convivencia y participación.
Curso 2004-2005: El Quijote.
Curso 2005-2006: El mundo de los cuentos.
Curso 2006-2007: La ciencia (Premio Giner de los Ríos 2007).
Curso 2007-2008: El arte.
Curso 2008-2009: Consumo y desarrollo sostenible.

4. EL PUNTO DE PARTIDA

Llegados aquí, ¿qué es en realidad la educación para, por y en la convivencia? Comenzaré señalando unos objetivos concretos en este campo:

1. Gestionar los conflictos en el colegio.
2. Colaborar en los procesos de cambio y mejora mediante la dinamización de espacios de discusión, reflexión y toma de decisiones.
3. Potenciar la vinculación de agentes externos a la escuela (familias, ayuntamientos, asociaciones, etc.) al proceso educativo.
4. Mejorar la participación de los miembros de la comunidad educativa (profesores, alumnos, padres, equipos, personal laboral, etc.).
5. Favorecer la convivencia y facilitar la incorporación de minorías étnicas y culturales.
6. Experimentar el modelo de mediación escolar como procedimiento para resolver conflictos de convivencia.
7. Bajar el grado de tensión de algunos alumnos concretos.
8. Posibilitar que los alumnos experimenten situaciones relacionadas con conflictos (principalmente a partir de juegos y ejercicios que proponemos).
9. Reflexionar sobre el conflicto y diversos aspectos relacionales.
10. Que los alumnos disfruten realizando las actividades propuestas.

Todos estos objetivos se encuentran engarzados en la filosofía educativa del centro, que lo que se intenta es:

1. Conseguir la implicación de toda la comunidad educativa en el desarrollo de las actividades que se realicen a nivel de centro.
2. Descubrir las posibilidades de un nuevo marco organizativo humano y espaciotemporal.
3. Experimentar la rentabilidad metodológica de la acertada elección de un hilo conductor.
4. Ser capaces de programar actividades que inviten a la participación activa y a la implicación del alumnado y sus familias.

Claro está, los objetivos son importantes, pero no son algo aislado, sino que se encuentran integrados en un marco teórico que los sustenta, además de contar con un enfoque metodológico.

5. MARCO TEÓRICO

En este plano nos planteamos algunos interrogantes: ¿cómo educamos las actitudes y comportamientos de los niños? ¿Cualquier espacio o momento nos sirve para aprender? O, por el contrario, ¿necesitamos un tiempo organizado y un lugar estructurado para ello?

Si observamos escenas cotidianas en la escuela, ¿sólo aprenden en el aula? ¿O también lo hacen cuando van al baño, o cuando están en el comedor o en el patio? Pues sí, efectivamente los escenarios de aprendizaje son múltiples. Lo importante, entonces, será tomar conciencia de la significación de los diferentes terrenos en los que se desenvuelven los niños y de las relaciones que se establecen, en especial para aquellos que no se ven muy motivados a participar, pues las ofertas se alejan de sus intereses y expectativas.

Como comentan Lave y Wanger (1991) el aprendizaje no es solamente un aspecto en la adquisición de conocimientos individuales, sino un *proceso de participación social*. La naturaleza de la situación desempeña un papel determinante en el proceso de adquisición, y destaca la importancia de las prácticas.

Así pues, el contexto se define en función de las acciones que realizan las personas en las distintas situaciones que viven. Esto nos lleva a considerar varias dimensiones del contexto, como son la social, la cultural y la histórica (Cole, 1996/1999; Rogoff, 1993).

Partir de este presupuesto, para centrarlo en nuestro centro y sus características, implica estudiar el contexto teniendo presentes diferentes enfoques teóricos, siguiendo a Lacasa, Pardo y Herranz-Ybarra, (1994b), Lacasa *et al.* (2000) y Lacasa y Reina (2004):

1. Un enfoque ecológico, en el que el contexto en sentido amplio parece un escenario (Bronfrenbrenner, 1979).
2. Un enfoque sociocultural, que contiene a su vez dos modelos:

    a. El contexto como sistema de actividad (Luria y Vygostky, 1930/1992; *Werst et al.*, 1995).
    b. El contexto como comunidad de práctica (Rogoff, 1994).

Nos encontramos con el concepto de actividad, pero no de cualquier tipo, sino dentro de una práctica compartida, que ocurre a través de un tiempo sociohistórico en el que se desarrolla un intercambio simbólico y la utilización de herramientas culturales para la mediación. Siguiendo a Leontiev, Wertsch nos comunica que la actividad intelectual no está separada de la actividad práctica, y así señala al respecto:

Si retiráramos la actividad humana del sistema de relaciones sociales y de la vida social, no existiría ni tendría estructura alguna. Con sus diversas formas, la actividad individual humana es un sistema en el sistema de relaciones sociales. No existe sin tales relaciones. La forma específica en la que existe está determinada por las formas y los medios de interacción social, material y mental creados por el desarrollo de la producción. (Leontiev, en Wertsch, 1981: 219).

6. METODOLOGÍA

Todo lo que realiza el grupo de maestros tiene una fundamentación metodológica, ya que no hacen las cosas sin ton ni son. Lo fundamentan desde el enfoque de proyectos, que constituye un estilo de enseñanza y aprendizaje apoyado en la indagación y reconstrucción constante del sentido y significado de la enseñanza, como un todo. Desde este punto de vista el profesorado profundiza en la labor que realiza en la clase desde la práctica real diaria y los supuestos teóricos que definen su planificación.

Es una corriente que se ha impuesto en algunas aulas buscando formas atractivas y eficaces para llevar a cabo la enseñanza, pretendiendo romper con algunas prácticas tradicionales habituales en las que los niños, desde edades tempranas, se ven obligados a acercarse a conocimientos, en la mayoría de los casos poco significativos, poco funcionales y escasamente motivadores. Por ello este enfoque propone crear en las aulas situaciones interactivas que favorezcan un aprendizaje significativo (Ausubel, 1968; y Vygostki, 1978), es decir, crear un ambiente repleto de experiencias ricas e integradoras, adaptadas a los intereses y a las realidades particulares de los estudiantes, teniendo en cuenta lo que pueden hacer más que lo que no pueden, y apoyando la idea de que los errores forman parte del proceso de aprendizaje, donde las relaciones que se establecen son determinantes.

Trabajar desde esta perspectiva, tal y como señalan Ventura y Hernández (1995), exige un cambio en las expectativas del docente, una modificación de actitud, *un cambio de la manera de hacer y de enseñar*, porque, como iremos observando, éste ya no se limita únicamente a transmitir conocimientos, sino que requiere además una detallada planificación diaria, flexible, creativa, que tenga muy en cuenta el proceso particular de aprendizaje de cada alumno y un alto grado de control y organización de la clase (relaciones). Por ello, como exponen Mases y De Molina (1996), para conseguir una organización eficaz en el aula el profesorado debe establecer unas reglas al principio del curso escolar y ser muy cuidadoso en cada actividad, para facilitar el aprendizaje colaborativo (centrado en unas expectativas comunes) de todos los miembros de la clase.

El Enfoque de Proyectos implica un orden lógico a través del cual el profesorado va canalizando las ideas aportadas por el alumnado siguiendo una estructura organizativa. Exige por tanto a los educadores implicados en el mismo una buena planificación, organización y coordinación.

Desde esta perspectiva el aprendizaje es entendido como un proceso de construcción de la realidad, que cada uno de los miembros de la clase realiza, personalmente, desde una situación de interacción conjunta y colaborativa en la que se ponen en funcionamiento los distintos lenguajes (visual, verbal, corporal, musical, plástico, escrito y matemático) y se utilizan todos los recursos, materiales e instrumentos tecnológicos disponibles (ordenadores, Internet, vídeo y cámaras) como vías de experimentación y acceso a la realidad que nos rodea. En conjunto supone un modelo organizativo diferente, en el que las relaciones que se establecen son distintas.

Los supuestos que fundamentan el trabajo de proyectos se engloban dentro de la perspectiva constructivista de la enseñanza y el aprendizaje. Además, constituyen un enfoque funcional, significativo y globalizador de los conocimientos escolares. Entendido, según Mases y De Molina (1996:. 55), «como un proceso mucho más interno que externo, en el cual las relaciones entre contenidos y áreas de conocimiento tienen lugar en función de las necesidades que comporta resolver una serie de problemas que están presentes en los contenidos de aprendizaje».

Esta postura educativa ofrece la oportunidad al profesorado de reflexionar y tomar conciencia de sus concepciones educativas, a la vez que posibilita el análisis de su actuación práctica y le ayuda e impulsa para enfrentarse a nuevos retos de la práctica en el aula. Del mismo modo, permite realizar al alumnado su propio itinerario de formación, haciendo que los alumnos sean personas activas y protagonistas principales de sus propios aprendizajes, teniendo presentes sus necesidades e intereses y respetando la realidad estudiada. Todo ello bajo un marco de cooperación, participación y diálogo en el que cada alumno puede plantear sus dudas, opiniones, ideas, preguntas e inquietudes y puede llevar a cabo pequeñas investigaciones, a través de experiencias y actividades reales y significativas, muy variadas (colectivas, individuales y de pequeños grupos). Desde un aprendizaje democrático (pilar básico de este enfoque) el alumnado y el profesorado aprenden juntos, ya que a partir de los conocimientos previos, juntos planifican las experiencias de aprendizaje desde una perspectiva comprensiva de la enseñanza (Mases y De Molina, 1996).

Aquí no se excluye el papel de la *familia*, dada su importante aportación e implicación en el proceso educativo, puesto que, como afirman Del Río, Lacasa y otros (1995), la interacción e interrelación entre lo escolar y lo familiar incrementa y fomenta la generalización, la comprensión, la flexibilidad y la consolidación del conocimiento que se transmite en el aula, es decir, se da sentido a los aprendizajes que realizan los niños.

De ahí que en la actualidad nuestras acciones hayan intentado dar un paso más, intentando involucrar al alumnado y a las familias en la asunción de responsabilidades y pequeños compromisos, siempre teniendo presentes las propuestas que nuestros niños nos realizaron el curso pasado.

7. FUNCIONES ESPECÍFICAS DEL COORDINADOR DE CONVIVENCIA EN EL DESARROLLO DE LA EXPERIENCIA

Dentro de este marco actúa un coordinador de convivencia, cuyas funciones son:

1. Organización y distribución del trabajo a realizar.
2. Establecimiento de enlaces entre la experiencia y el Plan de Convivencia.
3. Colaboración en las dinámicas de la Escuela de Mediadores.
4. Vaciado e interpretación de los resultados de las distintas observaciones establecidas en el Plan.
5. Facilitación de la comunicación entre la comisión de convivencia y el colectivo de profesorado.
6. Difusión de las actuaciones de la experiencia a los distintos sectores de la comunidad educativa.
7. Evaluación de la experiencia.
8. Comunicar y compartir la experiencia a otros colectivos interesados en el tema.
9. Valoración y propuestas de continuidad para cursos posteriores.

8. DESARROLLO DE LA EXPERIENCIA

En la actualidad nuestro trabajo en el ámbito relacional y de mediación se centra en tres pilares básicos y todo lo que los mismos implican.

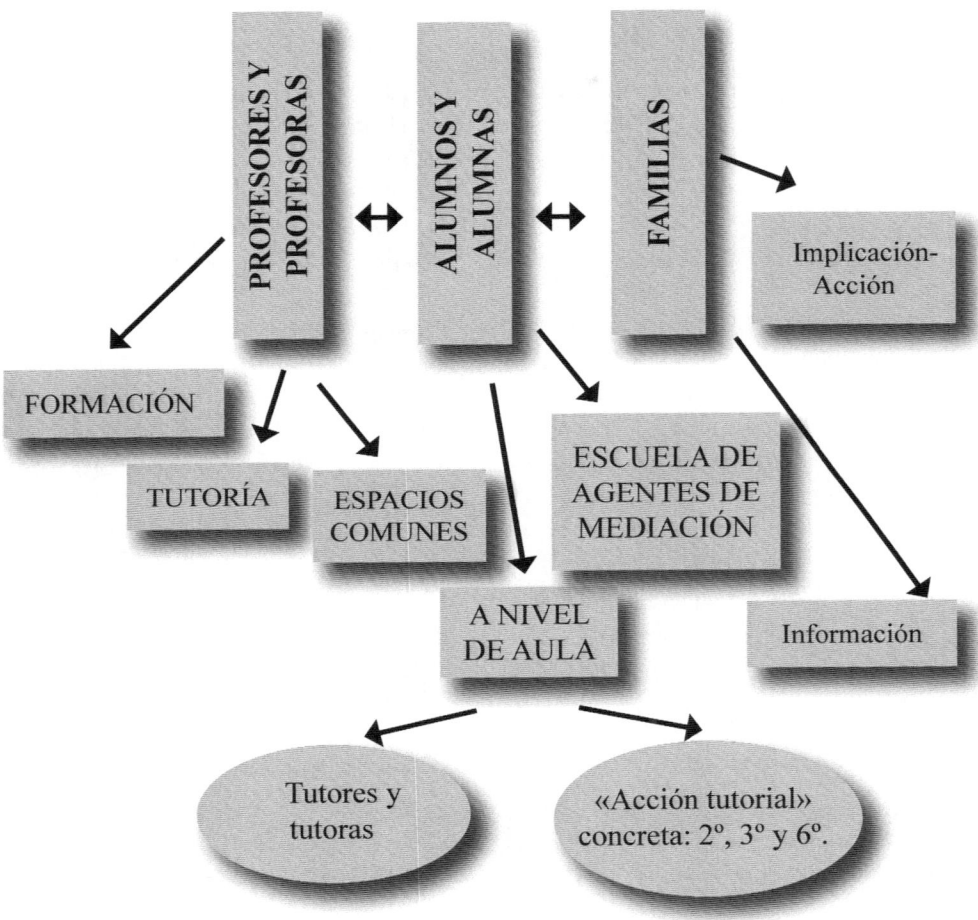

Para el diseño de la experiencia partimos de elaborar un programa adaptado a nuestra realidad y a nuestros propios enfoques. Tenemos que destacar la implicación de la mayoría de la comunidad educativa: profesorado, alumnado, personal laboral, familias. También hay que tener en cuenta que todo el proyecto se lleva a cabo de forma simultánea, si bien a la hora de exponerlo y por cuestiones metodológicas lo vamos a mostrar de forma secuencial en cada uno de los pilares que hemos diseñado.

8.1. A nivel del profesorado

Ya he señalado anteriormente que en este centro el profesorado no se detiene ante los obstáculos, y destaca por sus ganas de innovar, participar, buscar y hacer nuevas propuestas de forma constante. Este es el procedimiento:

8.1.1. Recogida de los conflictos más frecuentes y significativos

Hemos llevado a cabo dos registros durante un curso escolar. Uno de ellos hace referencia a las relaciones en el patio, donde se comentan aspectos generales del día, así como la descripción del conflicto, el curso, el género de las personas implicadas, la hora en la que ha sucedido y cómo se solucionó el conflicto. El otro se centra en aquellos otros momentos del día en los que se recogen las incidencias surgidas, así como el lugar, momento, fecha y resultado de las mismas. Los registros se realizan de forma anónima por parte de cualquier profesor que observe el más mínimo conflicto.

8.1.2. Mejora de las relaciones interpersonales: habilidades sociales

Asimismo, cada tutor en su aula trabaja cada tres semanas una *habilidad social* con sus alumnos. La Comisión de Convivencia ha diseñado siete para este curso, con su correspondiente temporalización que también se ha hecho llegar a las familias:

MES	DÍAS	HABILIDAD	
OCTUBRE	6-24	Nos saludamos mirándonos a los ojos.	
NOVIEMBRE	27-14	Escuchamos cuando hablan los demás.	
	24-12	Pedimos las cosas por favor y damos las gracias.	
DICIEMBRE	15-19	**CONCLUIR CUESTIONARIOS**	
ENERO	12-30	**PONTE EN MI LUGAR**	Compartimos lo que somos y tenemos.
FEBRERO	3-27		Decimos las cosas de otra manera.
MARZO	2-27		Yo te digo… ¿Qué me dices?
	30-3	**CONCLUIR CUESTIONARIOS**	
ABRIL	14-8		¿Qué deseas…? Pedir ayuda.
MAYO	11-29		Las cosas son de todos y para todos. ¡Cuídalas! El valor de lo público.

Todas ellas se sustentan en unos objetivos generales, entre los que se encuentran:

1. Mejorar la comunicación entre todos.
2. Adquirir fórmulas sociales básicas de interacción y comunicación.
3. Incorporar al alumnado en la elaboración de propuestas conjuntas.
4. Animar a la participación del profesorado y las familias.

Estas habilidades además de trabajarlas en el aula, también las colocamos en carteles en lugares estratégicos del centro, de cara a informar a toda la comunidad educativa. Los carteles también están diseñados para trabajar la habilidad en el lenguaje de signos: no debemos olvidar que el centro posee un 40 por ciento de niños de atención a la diversidad.

8.1.3. Reuniones de profesores que atienden una misma aula para hablar de temas conflictivos

En algunas aulas concretas se realizan reuniones de maestros con el fin de analizar los siguientes factores:

1. Los alumnos que les preocupan.
2. Las posibles actuaciones conflictivas.
3. Arbitrar posibles enfoques.
4. Repartir responsabilidades para realizar determinadas actividades propuestas.

8.1.4. Organizar espacios individuales para hacer el seguimiento de alumnos excesivamente pasivos

En algunas reuniones se tratan todos los conflictos ocultos o invisibles a los que no acostumbramos a dedicar demasiada atención, pero que constituyen situaciones que causan problemas y sufrimientos en determinados alumnos y requieren una atención explícita. Son normalmente alumnos callados, aparentemente no problemáticos, que no causan interferencias en clase, que se relacionan poco con el resto de compañeros. En estos casos los objetivos de maduración social quedan bastante estancados.

8.1.5. Seguimiento de un itinerario formativo

Hemos establecido un pequeño itinerario formativo, ya que observamos que nuestra formación en este ámbito es un tanto deficiente y posee muchas carencias y lagunas. Para ello hemos diseñado actividades y cursos en este campo. El profesorado también colabora, anima y participa.

8.2. A nivel de alumnos

Son los auténticos protagonistas. Y es que ellos, con su entusiasmo, sus dudas, sugerencias, análisis, reflexiones y compromisos nos hacen cada día situarnos «en la frontera». Son el aldabonazo que nos hace seguir adelante buscando juntos nuevas formas de hacer. El trabajo de nuestro alumnado lo hemos organizado a varios niveles:

8.2.1. Grupo de clase

Dos grandes momentos surgen en este terreno. Por un lado, en las aulas, donde todas las tutorías generan momentos para trabajar a nivel de gran grupo las habilidades sociales diseñadas y que previamente hemos comentado para manejar los conflictos de manera más pacífica. Dichas habilidades, según expusimos al principio, ya las hemos trabajado durante otros cursos, pero siempre es necesario recordarlas para seguir creciendo como personas.

En este aspecto hemos trabajado a partir de juegos y ejercicios que presentan situaciones extraídas de las vivencias de los alumnos. Todo ello con el fin de ir fomentando actitudes que favorezcan una visión positiva del conflicto, entendido como una oportunidad para aprender. En algunas aulas hemos creado una estructura que contempla espacios que permiten trabajar tales temas. También proporciona una periodicidad y tiempo de dedicación. El adulto es, en este caso, el animador de la actividad y del ejercicio.

Por otra parte, en algunas tutorías puntuales, con un mayor número de conflictos, se realiza una intervención quincenal en horario establecido, en las cuales, desde lo anteriormente expuesto, se trabajan temas como:

– Autoconcepto.
– Autoestima.
– Confianza.
– Comunicación
– Hábitos básicos.
– El valor de lo público.

8.2.2. A nivel de escuela de agentes de mediación «Choca la pala»

Dieciocho niños y niñas de 3º a 6º se forman para ser agentes de mediación en nuestro centro. Unos mediadores que cada viernes, de una y cuarto a dos de la tarde, de octubre a enero, se forman en diversos contenidos como:

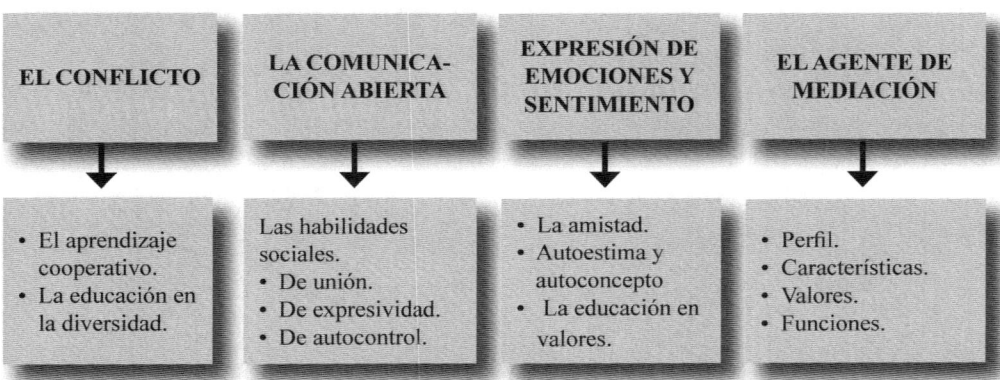

El curso pasado comenzó de forma puntual, con una formación en algunos recreos para niños a los que se les ofrecía de forma voluntaria. Esta experiencia comenzó a extenderse y los niños del centro, en un proceso expansivo, fueron creando una cultura de la mediación con pasos sólidos y sencillos que hacen que hoy en día la escuela de agentes de mediación de nuestro centro sea un referente. A continuación veremos lo realizado el curso pasado.

Un grupo de profesores del centro se propuso esta experiencia dividida en varias etapas:

1. Información a toda la comunidad educativa acerca del programa.
2. Asunción del proyecto de toda la comunidad educativa haciendo explícita la misma: profesorado, personal laboral, familias...
3. Selección de personas interesadas en participar.
4. Entrenamiento de esas personas.
5. Oferta del servicio de mediación a todo el centro.
6. Complementación de entrenamiento con especialistas externos.
7. Organización de sesiones de mediación.
8. Reuniones del grupo para reciclaje de técnicas y habilidades, para evaluación y para análisis de otros conflictos existentes en el centro.

La selección de niños que formaron parte de la escuela de agentes de mediación se ajustó a una serie de criterios, entre otros:

1. Continuidad: para ello se eligieron alumnos de 3º, 4º y 5º.
2. Profundidad: para ello elegimos a alumnos de 6º.
3. Representatividad: que asistan alumnos de atención a la diversidad.

Finalmente reunimos un grupo de dieciocho alumnos con interés en participar en un curso teórico-práctico sobre transformación de conflictos a lo largo de todo el curso. Con el tiempo y por diversas circunstancias han quedado en quince. El presente curso asisten dieciocho estudiantes, cubriendo las bajas dejadas por los alumnos y alumnas de 6º (que han pasado a la ESO) y algunos niños que normalmente, por traslado, habían dejado un hueco en la escuela y hemos cubierto nuevamente.

Esta realidad mediadora tiene su propia estructura, y cuenta con unos *objetivos* propios como:

1. Reconocer los conflictos como parte natural de la vida y fuente de aprendizaje.
2. Adquirir capacidad de diálogo para comunicarse abierta y efectivamente.
3. Saber reconocer y expresar las propias emociones y sentimientos, fomentando la revalorización de uno mismo y de los otros.
4. Desarrollar habilidades de pensamiento reflexivo, creativo y crítico en tanto herramientas de anticipación, solución y opción personal frente al conflicto.
5. Participar activa y responsablemente en la construcción de la cultura del diálogo, de la no violencia activa y de la paz, transformando el propio contexto.
6. Contribuir al desarrollo de un entorno social equitativo, pacífico y cohesionado.
7. Incorporar la mediación en tanto proceso de encuentro interpersonal para elaborar los propios conflictos y buscar vías constructivas de consenso.

Fases del proceso

El proceso de formación abarca muchas fases y aspectos, que se van trabajando de forma conjunta hasta completar los bloques diseñados.

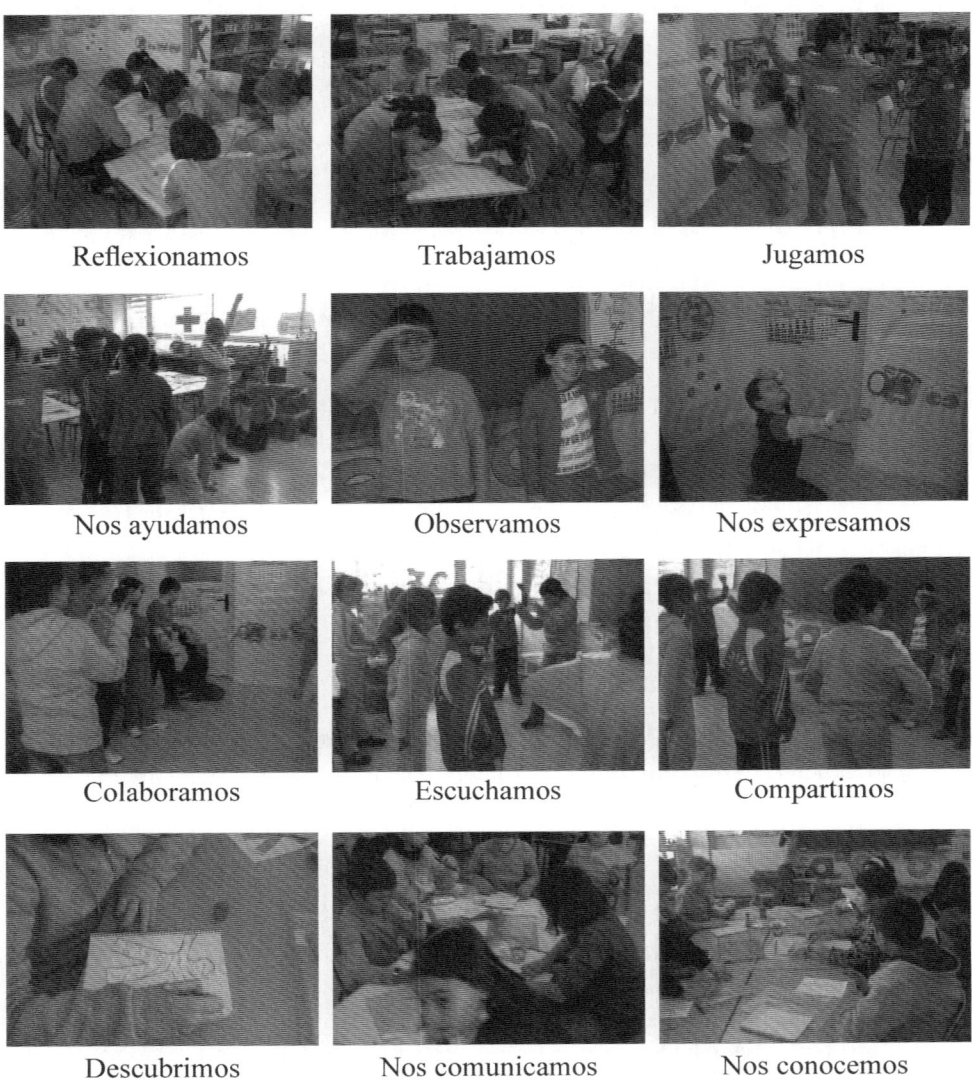

Reflexionamos	Trabajamos	Jugamos
Nos ayudamos	Observamos	Nos expresamos
Colaboramos	Escuchamos	Compartimos
Descubrimos	Nos comunicamos	Nos conocemos

En el conjunto del proceso analizamos distintos tipos de conflictos y nuestra postura como mediadores.

Los equipos de mediación

Al final de este proceso establecimos equipos de mediación para cada uno de los días de la semana, con un responsable de día, el cual era el encargado de tener el material a punto, distribuir los lugares de observación, recoger la información generada, etc. Así se crearon cinco grupos, uno para cada día de la semana, compuesto por tres niños, de los cuales uno de ellos era el responsable.

Asimismo, en este primer momento elegimos a nuestros representantes en la Comisión de Escuelas para la sostenibilidad del centro. Esto constituyó un proceso en sí mismo, ya que reflexionamos sobre qué criterios sería más conveniente tener en cuenta para nuestra representatividad. Después de un tiempo de análisis, llegamos a la conclusión de que lo mejor era que cada año fueran diferentes y se tratase de los alumnos de 5º y 6º, para dar opciones a todos.

La mediación: observación y registros anónimos

Fue el primer momento de observación, donde de forma anónima (aunque con una carpeta identificativa) registramos lo que ocurría. Todo ello lo plasmamos en una ficha sencilla en la que:

Observamos

Registramos

Nos integramos

Nos situamos   Nos ayudamos   Compartimos

Cualquier lugar y momento es importante para registrar

Mediación: registro como mediadores

En este momento toda la comunidad educativa sabía quiénes éramos y lo que hacíamos.

Observamos   Carpeta en ristre   Con buen humor

Disfrutando   Facilitando   Sin perder el horizonte

Todos tienen la palabra

Reflexionamos sobre los aspectos que observamos en el patio

Cada viernes, cuando nos juntamos, además de la formación como mediadores, analizamos los conflictos observados y la manera cómo los abordamos. Además contemplamos todas las sugerencias a tener en cuenta que surgen.

Dialogamos    Escuchamos    Compartimos

Tomamos decisiones todos juntos

Opinamos    Consuensamos    Decidimos

El cuaderno de mediación

Cada mediador posee un cuaderno de mediación en el que registra las cosas que le cuentan y que son importantes, las reflexiones, algunas dinámicas… A modo de ejemplo exponemos algunos de estos cuadernos:

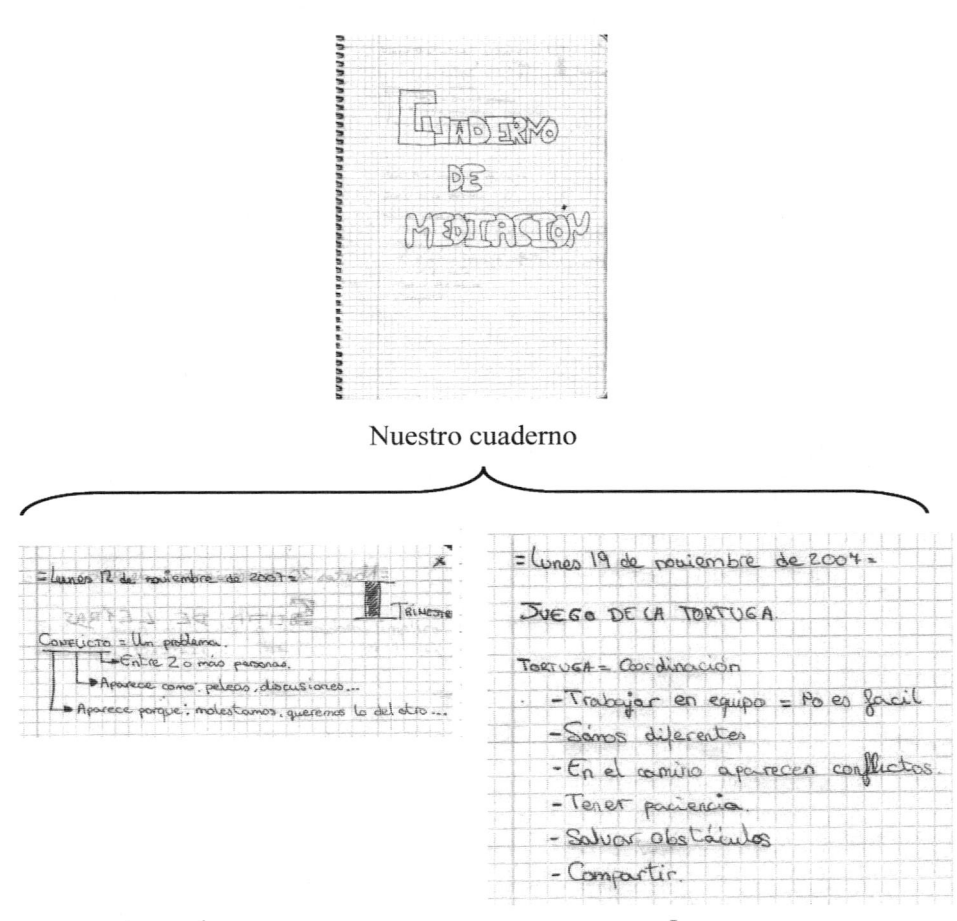

Nuestro cuaderno

Aprendemos cosas   Jugamos

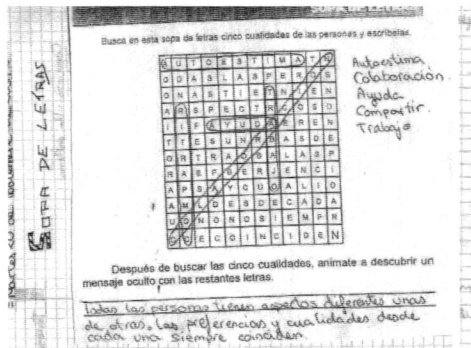

Descubrimos

De la dinámica a la reflexión

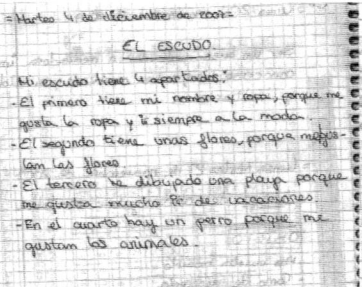

Nos manifestamos

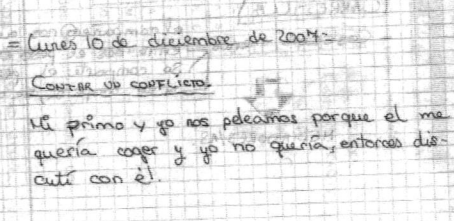

Contamos conflictos

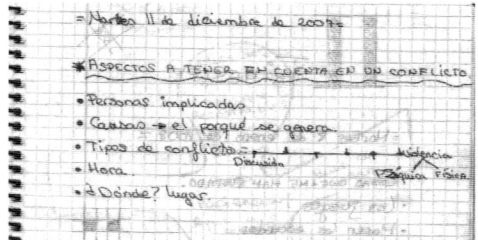

Analizamos conflictos

Revismos nuestra formación

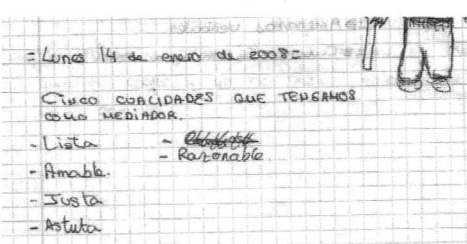 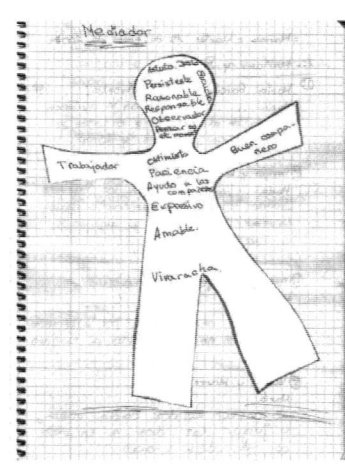

Expresamos lo que somos   Buscamos las cualidades que como me-
                                      diador y mediadora poseo

8.3. A nivel de padres

Es el tercer pilar de nuestra convivencia. Este trabajo también fue un proceso y siguió diversas fases.

8.3.1. Información de la escuela de mediadores

Es el primer momento, cuando establecimos una serie de objetivos como:

a) Informar y pedir colaboración en las propuestas al Consejo Escolar.
b) Informar a los padres de las habilidades sociales que se iban a trabajar, así como de la escuela de mediación.

Y es que las habilidades sociales que trabajamos en el centro se hacen extensibles a la vida familiar. Se solicita a las familias su colaboración para tratar lo trabajado en el centro se trabaja.

8.3.2. Elaboración de propuestas

Con la creación de una cultura de trabajo colectiva y la participación de los distintos sectores de la comunidad educativa en marcha, pasamos a la siguiente fase, que cubre estos objetivos:

1. Iniciar un proceso de trabajo colectivo entre los diferentes miembros de la comunidad.
2. Crear espacios de participación conjunta para el establecimiento de normas y formas de actuación consensuadas.
3. Implicar al alumnado en la idea de que el centro es algo propio.
4. Incorporar al alumnado en la discusión y elaboración de normas de convivencia.

Nuestra intención a la hora de diseñar el plan de actuación es que a lo largo de todo el proceso se trabajen formas de participación y se fortalezca la colaboración de los distintos sectores de la comunidad escolar, especialmente del alumnado.

9. VALORACIÓN

9.1. A nivel de maestros

Con todas las reflexiones aportadas por el profesorado hemos extraído una serie de elementos de análisis a partir de los siguientes criterios:

1. Género de los conflictos.

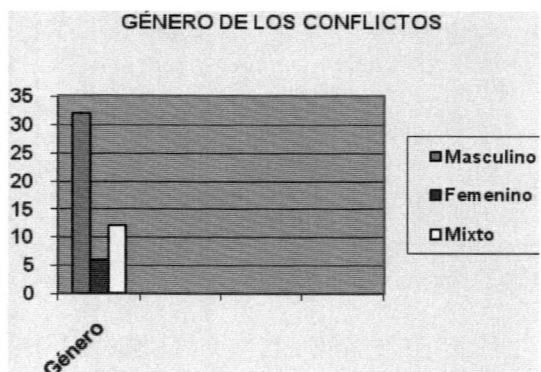

2. Características de los conflictos

CARACTERÍSTICA	NÚMERO
Relacional: Insultos, peleas	18
Espacial	9
Características del alumno	4
Intereses, tipo de juego, material	15
Xenófobos	1
Otros	3

3. Conflictos por cursos

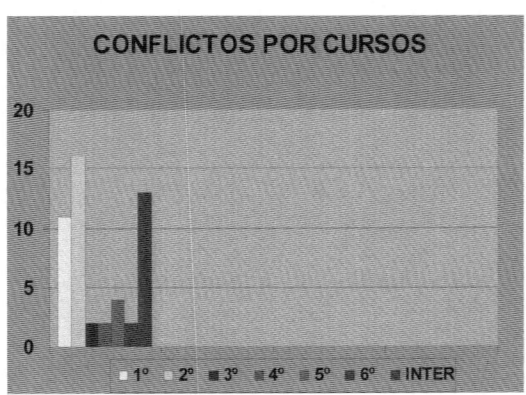

4. Conflictos por semanas y días

Días	1ª	2ª	3ª	4ª	5ª	6ª	7º	8ª	Totales
Lunes	2	-	1	1	0	3	0	0	7
Martes	2	-	1	1	2	3	1	1	11
Miércoles	4	2	2	3	1	1	0	2	15
Jueves	-	2	2	1	2	1	0	-	8
Viernes	1	0	2	2	1	2	1	-	9
Totales	9	4	8	8	6	10	2	3	50

Con todos estos datos hemos establecido una serie de conclusiones de lo que ocurría a nuestro alrededor, lo que nos ha permitido llegar a una serie de conclusiones:

1. Los lugares de juego están bastante definidos. Esta situación facilita la ausencia significativa de conflictos.

2. Los grupos relacionales y de juego son bastante fijos. Los principales criterios de agrupamiento son:

a) Por cursos.

b) Por características: ACNEES.

c) Por afinidad al juego.

3. Los conflictos que se producen son los propios de la edad y características de los niños: interés por el objeto de juego o por el espacio, búsqueda de su lugar, insultos, peleas...

4. Las intervenciones realizadas por el profesorado han estado enfocadas a la resolución del conflicto y a la reflexión sobre la acción.

5. El recreo es más extenso que el patio: salidas y entradas; algunos niños se quedan en las clases; en invierno bajan sin abrigo; la sirena no se oye bien y no hacen mucho caso...

La presencia de mediadores ha supuesto un efecto muy importante no sólo por la indumentaria, sino porque todos saben para qué están. .

9.2. A nivel de niños

Los menores han realizado un registro como mediadores, donde analizaban el conflicto planteado, las personas implicadas y la solución que les gustaría dar y la que realmente dan. Después de varios vaciados hemos establecido el análisis desde los siguientes criterios:

1. Género de los conflictos

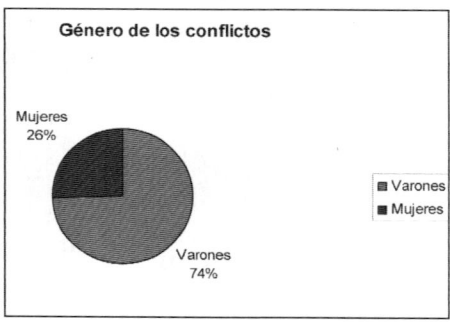

2. Características de los conflictos

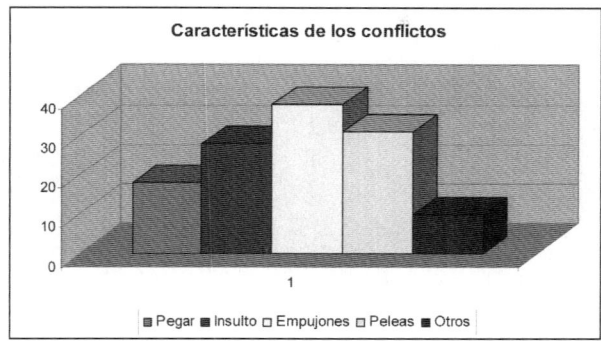

3. Conflictos por cursos

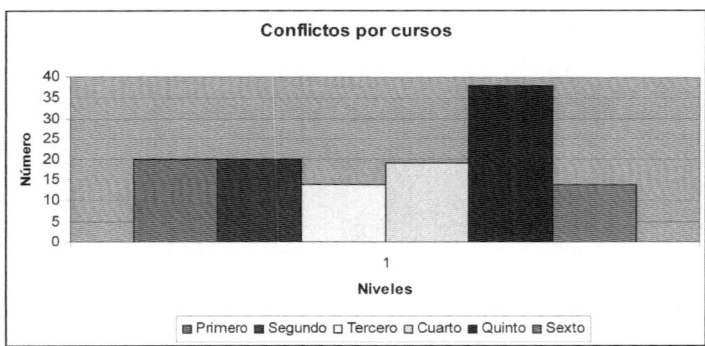

Esta misma cuestión puede analizarse en porcentajes:

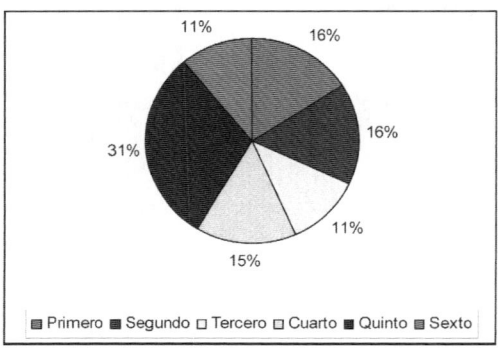

4. Mediación en los conflictos

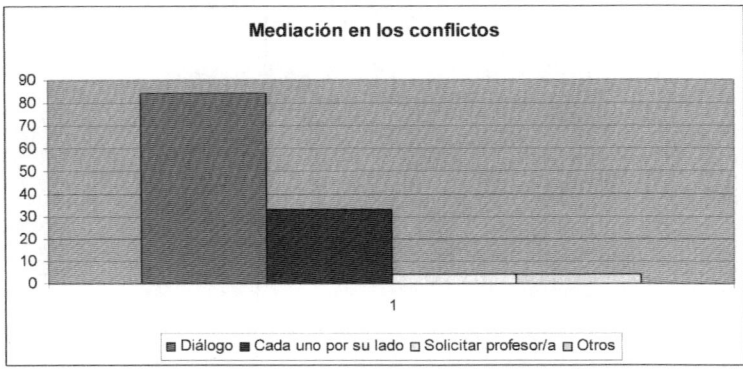

De acuerdo a los datos porcentuales, esta entrada da los siguientes resultados:

En esta área algunas de las conclusiones han sido las siguientes:

1. El género de los conflictos es fundamentalmente masculino.
2. Los conflictos planteados poseen unas características similares:

    – Empujones.
    – Peleas.
    – Insultos.
    – Pegar.
    – Otros.

3. El nivel de mayor incidencia de conflictos se da en quinto curso de Primaria.

4. Los niños ACNEES presentan también un número importante de conflictos, y casi todos no terminan en diálogo, sino yendo cada uno por su lado.
5. Los niños mediadores concluyen sus conflictos dialogando y solucionándolos.
6. Los lugares de juego se encuentran definidos. Allí juegan los grupos muy estables.
7. Los conflictos también se producen a la subida del recreo, sobre todo en los baños y en algunos pasillos.
8. Existen algunos lugares en el patio que son más peligrosos que otros, lo que hace que los conflictos en esos lugares sean mayores.

Como dato relevante, los conflictos en el patio siempre tienen lugar por la misma zona, sobre todo en áreas comunes y pistas de 1º-2º y 3º-4º.

10. PROPUESTAS DE MEJORA

De todo este trabajo hemos extraído una serie de *propuestas de acción* que se traducen en:

1. Motivación desde las clases en el sentido de que el tiempo de recreo es algo más.
2. Continuar con el trabajo de selección de residuos.
3. Búsqueda de estrategias de intervención ante los conflictos. Existen y existirán, y hay que gestionarlos.
4. Búsqueda de una nueva utilización de los espacios de juego. Más alternativas.
5. Hay algunos elementos peligrosos. Bancos, espacios en rampa, alambrada del campo de futbito.
6. Despejar las puertas de acceso ante cualquier emergencia: se cierran las dos.
7. Demandan el restablecimiento de la fuente.
8. Se pide una normativa más clara y consensuada para otros momentos: traslados, puntualidad, cuando salir al servicio…
9. La falta de puntualidad en los cambios provoca situaciones de desorden y conflictos que luego hay que reconducir.
10. Apoyo e intervención por parte de todo el profesorado. La correcta gestión de los conflictos favorece a todos.
11. Los pasillos y escaleras son lugares importantes de producción de conflictos, al ser de todos, y exigen una normativa clara tanto de actuación por parte del alumnado, como de observación y control por parte del profesorado.

12. Los servicios son lugares donde se detectan numerosas situaciones conflictivas y de desorden, por lo tanto requieren una intervención.
13. Mayor claridad sobre el control de los momentos de recreo: hay niños que entran y salen a su antojo. Por otra parte, si ocurre un accidente, no se tiene acceso rápido al colegio.
14. Formación en la gestión de los conflictos.

11. A MODO DE REFLEXIÓN

Resulta complejo poder transmitir todo lo vivido, sentido y experimentado durante este tiempo en este centro. Puede parecer que trabajar de esta manera es imposible, pero el desempeño ha sido muy satisfactorio. De hecho, se han conseguido unos resultados muy enriquecedores, tanto a niveles personales como de desarrollo profesional.

La *cultura de la convivencia* va calando en nuestro centro hasta tal punto que hemos generado espacios de intervención y gestión de los conflictos. La convivencia está presente, y los mecanismos oficiales y singulares del colegio se encuentran tan unidos que los sistemas de gestión de conflictos funcionan de manera muy efectiva. La convivencia ha sido y es un tema prioritario en la filosofía educativa del centro.

Es preciso destacar en este trabajo el papel de toda la comunidad educativa. En relación con esto, el día 23 de junio (ya en vacaciones escolares) toda la comunidad realiza una convivencia en un entorno natural de la ciudad al que asiste un número elevado de profesores, padres, niños y personal laboral. Esto nos hace comprender la trascendencia de que lo tratado en el colegio, en el ámbito de la convivencia, tiene un reflejo en todo el entorno.

Nuestro colegio, desde hace tiempo, cuenta con una Comisión de Convivencia encargada de diseñar, fomentar y hacer que cale el *quehacer de la convivencia*. Cuando se publicó el Decreto 51/2007 del 17 de mayo de 2007 en el *BOCyL*, en el cual se implanta la figura del Coordinador de Convivencia, en nuestro centro ya se estaba trabajando en este sentido. Sin embargo, somos concientes de que todavía queda un largo camino y que tenemos que seguir trabajando teniendo presentes las propuestas que aporta toda la comunidad educativa.

Aun así nos queda la ilusión de que entre todos hemos construido algo bonito, y vamos compartiendo la alegría del trabajo realizado. Por cierto, vanidad de vanidades, el trabajo de convivencia en el centro ha recibido dos menciones especiales a la

Mejora de la Calidad Educativa por parte de la Consejería de Educación de la Junta de Castilla y León. El tiempo dedicado y la ilusión derrochada bien lo merecen.

Para finalizar, nos gustaría compartir un último pensamiento:

Una organización inteligente es aquella que consigue que un grupo de personas, tal vez no extraordinarias, pueda hacer cosas extraordinarias por el modo en que se relacionan entre sí. Ese plus es inteligencia emergente. La inteligencia compartida. (Marina, 2006).

12. BIBLIOGRAFÍA

Ausubel, D. P. (1968). *Psicología Educativa. Un punto de vista cognoscitivo*. México: Trillas.

Bronfenbrenner, U. (1979). *La ecología del desarrollo humano*. Barcelona: Paidós.

Cole, M. (1996). *Psicología Cultural*. Madrid: Morata.

Del Río, P., Lacasa, P. y otros (1995). *Lenguaje integrado: un movimiento innovador en educación*. Madrid: Aprendizaje.

Lacasa, P., Blanco, M. S. y Herranz-Ybarra, P. (2000). «Telling and Writing Fictions Together: Children as Meaning Makers», en *III Conference for Socio-Cultural Research*, Campinas, Brasil, 16-20 de julio de 2000.

Lacasa, P., Pardo, P. y Herranz-Ybarra, P. (1994). «Escenarios interactivos y relaciones entre iguales», en M. J. Rodrigo (ed.). *Contexto y desarrollo social*. Madrid: Síntesis, pp. 118-156.

Lacasa, P. y Reina, A. (2004). *La televisión y el periódico en la escuela primaria: imágenes, palabras e ideas*. Centro de Investigación y Documentación educativa (CIDE), Secretaría General de Educación y Formación Profesional, Ministerio de Educación, Cultura y Deporte.

Lave, J. y Wanger, E. (1991). *Situated Learning*. Cambridge, Massachusetts (Estados Unidos): Cambridge University Press.

Luria, A. R. y Vygotsky, L. S. (1930). *Ape, Primitive Man and Child. Essays in the History of Behaviour*. Nueva York y Londres: Harvester y Wheatsheaf, p. 142.

Marina, J. A. (2006). *Aprender a convivir*. Madrid: Ariel.

Mases, M. y De Molina, M. J. (1996). «De las intenciones a la práctica». *Cuadernos de Pedagogía*, 243, pp. 54-57.

Rogoff, B. (1990-1993). *Aprendices del pensamiento. El desarrollo cognitivo en el contexto social*. Barcelona: Paidós.

Rogoff, B. «Developing Understanding of the Idea of Communities of Learners». *Culture and Activity*, 1 (4), 1994, p. 209-229.

Ventura y Hernández (1995). «¿Por qué los pintores pintan de manera diferente? Un proyecto de trabajo de educación artística en clase de 5 años». *Cuadernos de Pedagogía*, 234, pp. 62-68.

Vygotsky, L. S. (1978). *Mind in Society. The Development of Higher Psychological Processes,* edición de M. Cole, V. John-Steiner, S. Scribner, E. Souberman. Harvard, Massachusetts (Estados Unidos): Harvard University Press.

Wertsch, J. (1981). *The Concept of Activity in Soviet Psychology*. Armonk, Nueva York (Estados Unidos): Sharpe.

Wertsch, J. V., Del Río, P. y Álvarez, A. (1995). «Sociocultural Studies: History, Action and Mediation», en Wertsch, J. V., Del Río, P. y Álvarez, A. (eds.). *Perspectives on Sociocultural Research*. Cambridge: Cambridge University Press, pp. 1-37.

Legislación

Decreto 51/2007 del 17 de mayo de 2007 por el que se regulan los deberes y derechos de los alumnos y la participación y los compromisos de las familias en el proceso educativo, y se establecen las normas de convivencia en el centro y disciplina en los centros educativos de Castilla y León. *BOCyL* de 23 de mayo.

CAPÍTULO VII
UNA EXPERIENCIA DEL TRÁNSITO DE PRIMARIA A SECUNDARIA: EL ACOMPAÑAMIENTO SOCIOEMOCIONAL DEL ALUMNADO AL INICIAR LA EDUCACIÓN SECUNDARIA OBLIGATORIA[28]

Domingo Rivero Sánchez

28. Me gustaría agradecer la colaboración y la entrega que ha hecho posible esta práctica educativa –en el desarrollo del Protocolo de 1º de la ESO en el IES Vecindario, como parte integrante de la coordinación entre etapas– al profesorado de 6º de Primaria., orientadoras y equipos directivos de los CEIP Tamarán y Tagoror de Gran Canaria, así como al claustro de profesores, compañeros de enseñanza y de educación y al alumnado ayudante del IES Vecindario. A todos ellos les dedico estas líneas.

1. PROPUESTA DE COORDINACIÓN DE PRIMARIA Y SECUNDARIA DESDE UNA EXPERIENCIA EDUCATIVA EN LA COMUNIDAD AUTÓNOMA CANARIA

El presente artículo nace desde la apreciación emocional acerca de cómo experimenta el alumnado el proceso de cambio desde la Educación Primaria a la Secundaria. La idea es explicar cómo debe programar ese proceso el centro educativo de Secundaria en coordinación con el de Primaria, posibilitando que tanto el alumnado como el centro presten atención a ciertas dificultades que aparecen a lo largo de dicho proceso. En nuestra experiencia educativa en este ámbito nos planteamos por tanto organizar mejor dicho proceso, a la par que ofrecemos un acompañamiento emocional al alumnado que lo vive.

Antes de destacar la importancia que comienza a tener en el ámbito de la organización escolar (Serafín Antúnez *et al*., 2007: 9-10) el tránsito de Primaria a Secundaria y presentar el Protocolo de Acogida del alumnado que se incorpora al primer curso de ESO, empezaremos por contextualizar dicho tránsito como una parte importante en la coordinación entre las dos etapas educativas, realizable a nuestro entender en tres dimensiones.

Bajo nuestra perspectiva es necesario contextualizar las prácticas organizativas de dicha coordinación no sólo en términos de continuidad curricular (desde ésta la Enseñanza Secundaria culmina un proceso de aprendizaje que el alumnado inicia en Primaria, y ambos son parte integrante de la educación como proceso a lo largo de la vida de los ciudadanos), sino también administrativa, en referencia a los centros implicados, al tener que cumplimentar el proceso de transferencia de la documentación del alumnado que pasa de una etapa a otra. En nuestra zona escolar hemos intentado dar un paso más allá de esa doble planificación de la coordinación entre primaria y secundaria y, por ello, desde una perspectiva reflexiva y práctica entendemos que hay que integrar una nueva dimensión socioemocional o socioafectiva. Es obvio que sólo así se comprende que son tan importantes las personas como los documentos y los contenidos curriculares.

Esta dimensión socioemocional podemos contrastarla con las apreciaciones que aporta un nuevo paradigma con presencia reciente en la Psicología, y consecuentemente en la Pedagogía, como son la teoría de las inteligencias múltiples de Howard Gardner y la concepción de la inteligencia emocional y social de Daniel Coleman. También se podría observar en la nueva aportación que la Ley Orgánica de Educación (LOE) presenta con el concepto de «competencias básicas» (en especial la social y ciudadana y la de autonomía e iniciativa personal). En esta línea es posible pensar y argumentar que la organización escolar debe contar con un componente socioemocional que le permita velar por el alumno y favorecer procesos de desarrollos y de interrelaciones personales basados en la asertividad, con el fin de contrarrestar los efectos perniciosos de la inhibición y/o de la violencia social a los que pudiera tender el alumnado.

Sólo así, comprendidas como «organizaciones socioemocionales», se puede entender que las instituciones educativas formen en valores de integración social al alumnado mediante «el dominio competencial en habilidades de interrelación personal y en construcción del autoconcepto desde una solidez asertiva y empática» (Trianes y Fernández- Figarés, 2001: 165-7).

Por todo ello nos planteamos el desarrollo de una serie de medidas de acogida contempladas y desarrolladas desde el mes de marzo hasta el mes de octubre del año 2007, periodo en el que decidimos activar e iniciar la aplicación del Protocolo de Acogida del Alumnado que se incorpora desde Primaria a primer curso de la ESO.

A modo de justificación de la práctica-reflexión que conllevó dicho proceso sobre el tránsito entre esas dos etapas y de la modalidad de coordinación –que integra esa dimensión socioemocional–, a continuación presentaremos dicha experiencia educativa expresada en diferentes puntos.

2. FUNDAMENTACIÓN LEGAL

La coordinación entre las etapas de Primaria y Secundaria prescrita por la normativa administrativa, respeta la autonomía de los centros en cuanto a realizar actividades encaminadas a la atención y el seguimiento socioemocional del alumnado que realiza el tránsito entre dichas etapas. Así se detecta en dos marcos legislativos como son la LOE y las disposiciones que al respecto ha elevado la Consejería de Educación de la Comunidad Autónoma Canaria.

En la LOE (3 mayo de 2006, *BOE* nº 106, de 4 de mayo) se puede observar claramente desde la definición que se hace de los principios de educación, la relevancia que tiene una atención educativa que «resalta el pleno desarrollo de la personalidad y de las capacidades afectivas del alumnado».

Desde el marco de la normativa de la Comunidad Autónoma Canaria la coordinación entre Primaria y Secundaria queda establecida en un primer momento en los siguientes términos:

Artículo 24. Coordinación entre Educación Secundaria Obligatoria y Educación Primaria. El centro de secundaria coordinará, con los colegios pertenecientes a un mismo distrito educativo, la planificación pedagógica del tercer ciclo de Educación Primaria, al objeto de unificar criterios para el desarrollo de las competencias básicas y establecer medidas para su adquisición por el alumnado, de acuerdo con las instrucciones que dicte la Dirección General de Ordenación e Innovación Educativa[29].

Instrucciones que aportan en un punto tercero de su articulado la posibilidad de que

...en virtud de la autonomía de los centros, podrán planificar otras sesiones de coordinación para tratar temas de interés tales como: resultados de las pruebas de diagnóstico, absentismo escolar, relaciones con las familias, proyectos educativos del distrito, proyectos de mejora, relaciones con otras instituciones, etc.[30]

De este modo se pueden planificar actuaciones educativas de acompañamiento socioemocional al alumnado de forma colectiva –como grupo de estudiantes que proceden de un grupo y van hacia otro– y comunitaria, ya que proceden de una institución y llegan a otra nueva.

Es el punto tercero de estas instrucciones el que define la filosofía educativa residente en la coordinación de ambas etapas, pues tras desarrollar lo contemplado en los puntos 1 y 2 –responsabilidad de la Inspección Educativa–, habría que poner en marcha

---

29.   Orden de 28 de julio de 2006, por la que se aprueban las instrucciones de organización y funcionamiento de los IES de Canarias, publicada en el *Boletín Oficial de Canarias* nº 161, viernes 18 de agosto de 2006.

30.   Resolución de 27 de junio de 2007 de la Dirección General de Ordenación e Innovación Educativa de la Comunidad Autónoma de Canarias.

una coordinación que vaya más allá de los aspectos meramente administrativos (trasvase de la información académica del alumnado) y curriculares (contenidos a tener en cuenta porque fueron desarrollados o no en Primaria y, consecuentemente, dentro de una continuidad curricular, habría que aplicarlos en la fase inicial de la ESO).

Esta nueva dimensión socioemocional en la coordinación debe integrar y desplegar, como efecto de la propia autonomía de los centros implicados, toda una serie de medidas de acogida y acompañamiento del alumnado. La temporalidad de este proceso de acogida se iniciaría tres meses antes de terminar sexto curso de Primaria, y duraría hasta mes y medio después de comenzar la ESO. Es obvio que todo esto sólo es posible si se desarrolla dentro de un planteamiento que se integre y coordine en el seno de las autonomías de los centros implicados.

A su vez, esta dimensión socioemocional de la acogida del alumnado de 1º de la ESO permite realizar una experiencia educativa de distrito y, en esa línea, sería importante integrar el Protocolo de Acogida del Alumnado como una fase de la coordinación entre ambas etapas a nivel municipal, pues así se actúa de forma coherente y cualquier alumno se beneficia de este acompañamiento socioemocional sin depender de si procede de este o aquel centro de Primaria.

3. DE LA MEJORA EDUCATIVA DE LOS PROCESOS DE ENSEÑANZA-APRENDIZAJE

En el periodo en el que el Ministerio de Educación y Ciencia (MEC) decidió derogar la Ley Orgánica de Calidad en la Educación (LOCE) y aprobar la LOE se valoró la posibilidad de realizar un cambio en el primer curso de la ESO en cuanto al número de profesores que ejercen docencia en ese nivel dentro de cada grupo. Se argumentaba que el excesivo número de profesores que impartía docencia a ese alumnado –en comparación con la cantidad de maestros que los alumnos habían tenido en sexto curso de Primaria– podría constituir una variable negativa que produjera dispersión y bajada del rendimiento escolar del alumnado.

Con respecto a esta última apreciación del MEC sobre la influencia de la ratio de profesores en el proceso de aprendizaje y de cambio de etapa, es necesario comprobar si no se podría tener mayor control y si no tendría mayor relevancia sobre el rendimiento escolar la activación de un protocolo que genere acciones de acogida emocional y curricular con los estudiantes en tránsito de la etapa de Primaria a la de Secundaria.

De las acciones emocionales que proponemos y que hemos desarrollado sobresalen las de acogida, que realiza el alumnado ayudante[31] del centro de Secundaria, acudiendo a los dos centros de adscripción de Primaria, donde aplicaron unas dinámicas de encuentro grupal y personal con los alumnos del último curso de Primaria. Todo ello a través de una actividad que reflejaba qué sentían y pensaban los de Primaria del IES y cómo esperaban que fuese su vivencia inicial en él. Los alumnos ayudantes del IES comentaban con ellos sus propias experiencias iniciales y otras posteriores a lo largo de la Enseñanza Secundaria.

Con relación a las acciones curriculares se planificó desarrollar un tema de interés desde todas las materias, diversificadas en los dos ámbitos curriculares: científico-técnico y sociolingüístico. Este tema de interés se diseñó a partir del contexto social o natural más próximo al municipio donde esté localizado el centro educativo y resida la mayoría de los estudiantes.

A su vez se generó una coordinación entre el profesorado de primero de la ESO para determinar qué actividades debía realizar el alumnado a principio de curso, pues servirían para realizar una evaluación y diagnóstico iniciales. Con respecto a estas actividades, se determinó dinamizarlas a partir de las que se desarrollaban en el último curso de Primaria con este mismo alumnado. Por otra parte se decidió diseñarlas bajo un modelo de actividades graduadas como las que se han presentado en distintos ejercicios de los Informes PISA de distintos años. Partiendo de las actividades tipo, del nivel de ejercitación educativa de los estudiantes, y teniendo en cuenta las actividades graduadas, pensamos que era necesario tener en cuenta también la diversidad de ritmos de aprendizaje, pues los alumnos no vienen con un único nivel de desarrollo educativo.

Como se puede observar, la finalidad del Protocolo de Acogida del Alumnado no queda en una cuestión puntual, sino que se amplía y dinamiza en varias dimensiones:

1. *Socioemocional.* La experiencia que supone el tránsito de Primaria a Secundaria ha sido considerada hasta ahora como de baja intensidad o relevancia, o bien ha sido asociada a otras cuestiones, porque se suele valorar que sólo es causa de desórdenes socioemocionales en unos pocos alumnos. Sin embargo, es una dimensión imprescindible a la hora de planificar la despedida de Primaria y el inicio de la ESO, ya que, de no ser así, se favorece la aparición de desajustes socioemocionales importantes, como pueden ser el fracaso escolar, la marginación social o las condiciones de riesgo (Hargreaves *et al.*, 1998: 65-70).

---

31. Alumnado que voluntariamente, y tras un breve entrenamiento, se dedica a funciones de acompañamiento, apoyo, ayuda y colaboración en la mejora de las relaciones en el centro.

2. *Curricular*. En este ámbito se afinan y coordinan metodologías, contenidos, objetivos y actividades que proceden de Primaria e intentan aplicarse en Secundaria (coordinación del profesorado de ambas etapas educativas), como actividades iniciales de curso, interdisciplinariedad, etc.

3. *Familiar*. En el protocolo se contempla que la acogida no quede reducida al alumnado, por lo que se estima imprescindible informar y formar a las familias para que «asistan de un modo cercano a sus hijos en ese tránsito de etapas educativas». Los padres desempeñan un papel de gran importancia en cuanto a clarificar las dudas, apoyar en los momentos de adaptación al nuevo centro y a la nueva etapa educativa, y mostrar a su hijo que ellos también comienzan a integrarse en ambos (resulta *alarmante* observar que muchos padres que participaban y acudían al centro de Primaria dejan de hacerlo al de Secundaria). Con todo ello potencian y favorecen una mejor calidad de los procesos socioeducativos que sus hijos experimentan en el centro de Secundaria. En el Protocolo de Acogida que desarrollamos en nuestro centro se estima muy importante esta integración inicial de las familias, pues ellas, con nosotros como profesorado, pueden planificar y desarrollar ciertas acciones que equilibren y asistan al alumnado en este tránsito de etapas. Así, es sugerente que el centro forme a los padres. Las orientadoras de Primaria y de Secundaria de nuestra zona educativa ofrecieron una sesión informativa sobre el momento que como estudiantes y como nuevos adolescentes están viviendo estos alumnos que cierran la Primaria y la última etapa de la niñez. También es preciso ofrecer a los padres, desde el centro educativo, entrenamiento en «formas que favorezcan una buena comunicación» con sus hijos. En nuestro centro, esa formación la impartió una experta en mediación escolar, de forma que el modelo del mediador se ofrecía como una vía resolutiva frente a los posibles conflictos. A su vez hay que formarles –así lo hicimos, con la ayuda de otro experto– en qué importancia tiene y qué formas hay para participar en la comunidad educativa. Por último es importante mantenerles informados acerca de cuestiones básicas para el buen desarrollo socioeducativo de sus hijos: alimentación, horas de sueño, relaciones personales satisfactorias, buenos hábitos en el estudio, normas básicas de la convivencia en el centro educativo, proyectos educativos, etc.

4. *Municipal*. Lo ideal es que este tipo de coordinación se generalice en cuanto a su práctica y desarrollo. Por eso, durante el curso pasado se presentó este Protocolo de Acogida de Alumnado al EOEPs (Equipo de Orientación Educativa y Psicopedagógica) de la zona, con el deseo de generalizar su implantación en todo el municipio. La razón de favorecer y plantear esta globalización como proyecto municipal es que así todo el alumnado de un municipio podría acogerse a una medida que se encuentra en cualquier centro de su zona educativa. Todo alumno

podría solicitar un centro distinto al de su adscripción al iniciar la ESO, lo que ofrece una mayor coherencia socioeducativa a los centros de Secundaria a la hora de acompañar al alumnado que comienza la ESO.

4. DE LAS PRÁCTICAS EDUCATIVAS DE LOS INICIOS DE CADA CURSO ESCOLAR

Uno de los aspectos que más nos motivaron a pensar estas medidas es el hecho de que cada inicio de curso, y cada vez con mayor preocupación de los docentes hacia primero de la ESO, vivíamos situaciones de difícil respuesta en cuanto a la integración inicial de estos alumnos (más los que repiten) al comenzar la Secundaria.

Desde hace unos pocos años este nivel presenta una serie de incidencias educativas, como podrían ser el número de alumnos que manifiestan un total rechazo hacia el estudio, o los que se encuentran sufriendo experiencias que les producen desajustes socioeducativos (familias desestructuradas, bajo nivel cultural, paro). También tenemos a los que al iniciar su adolescencia se creen en el derecho de hacer manifiestos unos contravalores que hacen difícil cualquier proceso en pro de su integración y del respeto a ciertas normas básicas de convivencia (respeto al otro, al profesorado, a las actividades de estudio, participación…).

Estas incidencias generan cierta percepción de un clima de caos y conducen –como efecto o consecuencia directa, al carecer de planificación y de estrategias que ayuden a mejorar esos procesos, con el agravante de que cada curso se inicia con cierta *amnesia institucional* en relación con los cursos precedentes– a la sensación de estar ante una situación de descontrol, en la que el alumnado presenta rasgos de regresión infantil y una inapetencia a la hora de adquirir nuevos contenidos curriculares.

Esto último nos puede conducir a dos vías de acción organizativa: una, alejarnos del pesimismo pedagógico, que no alberga propuestas de mejora, y avanzar más allá de la esperpéntica «capacidad de quejarnos y concluir que en la enseñanza todo va mal o peor que antes»; y otra, la de serenarnos desde procesos de praxis crítico-reflexivas, pues

el profesional, en su conversación reflexiva con una situación única e incierta, funciona como un intermediario/experimentador. A través de su transacción con la situación, él da forma y se hace parte de la misma. Por tanto, el sentido que le da a la situación debe incluir su propia contribución a ella. (Schön, 1998: 150-1).

Estos dos aspectos preocupan al profesorado y, si topa con la actitud díscola y disruptiva y la negación a aprender, debemos reflexionar sobre unas medidas (aunque no estén todas las que precisamos para resolver los dos problemas) que permitan simplificar y mejorar el tránsito de Primaria a Secundaria.

Al conjunto de estas medidas es lo que hemos denominado Protocolo de Acogida del Alumnado de primero de ESO. A continuación ofrecemos un cuadro que constituye una visión general:

PROTOCOLO DE ACOGIDA DEL ALUMNADO DE 1º DE ESO

FASE	ACCIÓN	PARTICIPANTES
PROTOCURSO Toma de contacto	Visita de alumnado ayudante a los dos centros de adscripción de primaria: – Relato alumnado-mediador – Cuestionario de ideas previas	Alumnado-ayudante Dirección Orientación
	Jornadas de puertas abiertas: alumnado Reunión inicial con la familia del alumnado	Alumnado-ayudante Jefatura de Estudios Orientación Departamentos didácticos
	Elaboración de bloque de actividades relativas a los últimos aprendizajes de 6º de Primaria en colaboración/coordinación con colegios	Equipo Directivo Departamentos didácticos Profesorado 6º de Primaria
ATERRIZAJE Tres semanas	Escuela de Padres de 1º de la ESO Jornadas de formación inicial en septiembre: familia de alumnado y profesorado	Familias del alumnado Profesorado
	Periodo de adaptación inicial. PLAN DE ACOGIDA: – Alumnado-ayudante: asistencia en la integración equilibrada de un grupo/subgrupo de clase – Aplicación de actividades que conecten con los aprendizajes de Primaria – Elaboración y desarrollo de unidades didácticas interdisciplinares por parte de los equipos educativos – Última hora del horario diario dedicada a una reunión de clase para propiciar un correcto ambiente escolar – Reunión del equipo educativo a las dos semanas del inicio curso para realizar una evaluación de incidencias y desajustes de aprendizaje y acomodo social – Disponer las bases del trabajo colaborativo/cooperativo – Cohesión de grupo	Alumnado-ayudante Equipos educativos

DESPEGUE Curso escolar	Otras acciones educativas que desarrollan los equipos educativos y que se activan preferentemente en el inicio del curso escolar: – Diseñar y desarrollar adaptaciones curriculares – Desarrollo de un estilo de trabajo colaborativo/cooperativo – Cotutorías – Tutor-familiar	Departamentos didácticos Equipos educativos Padres y madres
	Recurso extremo a agentes externos: -Alumnado ayudante y mediador -Equipo directivo -Orientación -Servicios Sociales	Alumnado-ayudante y mediador Equipo directivo Orientación Servicios Sociales
	Aplicación del Reglamento de Régimen Interior (RRI) Aplicación del Protocolo al alumnado disruptivo	Claustro Comité de Convivencia Jefatura de Estudios Dirección

5. EVALUACIÓN DEL DESARROLLO DEL PROTOCOLO

El Protocolo de Acogida del Alumnado de primer curso de la ESO, en términos generales, ha implicado una «novedosa relevancia» para las comunidades educativas de los tres centros adscritos, pues a modo de despedida, los de Primaria recibieron una acogida emocional por parte de los alumnos ayudantes del IES, que a su vez fueron hace tiempo alumnos de uno de los centros de Primaria. Nunca se había establecido una coordinación entre estos centros en el ámbito del cambio de etapa en esta dimensión socioemocional.

Para el IES supuso, quizás por ser el primer año de desarrollo del Protocolo, un excesivo esfuerzo de coordinación y de trabajo, pues no sólo hubo que diseñar, presentar y aprobar en el claustro el proyecto, sino que en paralelo se desarrolló una acción curricular para ser puesta en práctica a lo largo del primer mes y medio de curso. Esta acción se centró sobre todo en seleccionar un eje de interés de la zona más próxima, diseñándose una «Unidad Didáctica «0» con una doble proyección: desde el ámbito científico-técnico y desde el sociolingüístico, de forma que se abordaron perspectivas medioambientales (el agua como recurso de la vida) y sociourbanas (la interculturalidad y el crecimiento sociourbano).

Todo ello lo desarrollamos siguiendo unos pasos:

1. Distribuimos entre los distintos departamentos didácticos los objetivos generales de 6º de primaria y los de 1º de la ESO adaptados por la LOE, para que establecieran una prioridad desde cada área en relación a la temática que se abordaba.

2. A la vez se iba diseñando el tipo de actividades y prácticas aplicables para dicha unidad. En cuanto a las actividades se promovía la idea de continuidad con las que el alumnado de 6º de primaria estaba familiarizado (actividades tipo). Asimismo se recomendó diseñarlas desde una atención a la diversidad de ritmos de aprendizaje (actividades graduadas).

3. En el mes de noviembre solicitamos una valoración del desarrollo de dicha «Unidad 0», y los distintos departamentos didácticos reflexionaron sobre las dificultades, ventajas y propuestas de mejora para el curso siguiente.

En las consideraciones que presentaron los distintos departamentos se detectaban ciertas dificultades, como la falta de tiempo, la falta de coordinación interna en los departamentos durante el mes de septiembre, la continuidad del profesorado de un curso para otro, o la carencia de concreción del trabajo a desarrollar. Se trataba de saber en cada momento lo que se había conseguido. De todo ello dos asuntos resultaron determinantes:

1. El primero es que, siendo ésta una actividad educativa que supone una mejora en la organización, requiere un alto coste organizativo que conlleva un esfuerzo notable, lo que implica en una primera fase reuniones de información y de sensibilización del profesorado sobre el Protocolo de Acogida. De aquí se pasa a una segunda fase de diseño y desarrollo de todas las actividades que forman parte del Protocolo, para acabar en una tercera y última fase de evaluación y mejora de cara al siguiente curso. Con todo ello, el proceso en sí resulta de mayor calado si se tiene en cuenta que es el primer año en el que se dan todos estos procedimientos.

2. Generar este Protocolo es asumir un cambio en la cultura y en las perspectivas de la incorporación a Secundaria del alumnado de Primaria. Por lo tanto, habría que considerar que el esfuerzo de acogida quizás deba venir acompañado de otro de despedida. Sin olvidar que planteamos un paso más allá de la coordinación administrativa y curricular: la emocional. Debemos estar preparados ambos sectores para colaborar y hacer que ese tránsito suceda dentro de una armonía y un equilibrio lo más socioeducativo posible. En esta línea, aclaramos que nuestro Protocolo está estructurado desde una perspectiva de acogida y no de despedida, cuestión que correspondería aportar y desarrollar a los centros de Primaria si deseamos mejorar la armonía de los procesos socioeducativos de estos alumnos.

Somos conscientes de que hemos de incorporar otros aspectos en el Protocolo de Acogida, como podrían ser: la organización estructural de los grupos-aulas; la integración de un plan específico de actuación educativa para los que repiten primero; la mejora de la atención a la diversidad de cualquier alumno o alumna de primero de ESO; profundizar y hacer más integrador el proceso de atención individualizada al alumnado de necesidad educativa con ACI significativa. También precisamos la participación de los alumnos de otros niveles, para que faciliten una mejor integración de los recién llegados al centro. Y es imprescindible la participación de los padres y las madres de los alumnos que empiezan la ESO, además de la mejora participativa del profesorado de ese nivel en la gestión del clima de convivencia del aula con los recursos que hoy contamos (mediación, alumnado ayudante, tutor afectivo, etc.).

Lo que aquí se presenta es una alternativa organizativa a un proceso y periodo tan significativo en la ciudadanía de los menores como es su cambio de Primaria a Secundaria, para poder culminar más adelante su titulación en esta etapa educativa.

Si preocupa que en este país un 30% del alumnado de Secundaria no logre titular (posiblemente se trata de una mayor cantidad si añadimos los que abandonan el sistema educativo antes de llegar a 4º de la ESO), también, desde dicho porcentaje, debemos valorar y reflexionar sobre cómo inician el proceso de estudio en Secundaria. Este Protocolo es una de las formas que pueden valernos para conseguir esa mejora, aunque con mucha probabilidad es una idea mejorable a partir de su evaluación y de su contextualización en otros contextos socioeducativos.

En cualquier caso, la hospitalidad es un gesto que siempre premia la educación.

6. BIBLIOGRAFÍA

Antúnez, S. *et al*. (2007). *La transición entre etapas*. Barcelona: Graó.

Hargreaves A. *et al*. (1998). *Una educación para el cambio*. Barcelona: Octaedro.

Schön, D. (1998). *El profesional reflexivo*. Barcelona: Paidós.

Trianes, M. y Fernández-Figarés, C. (2001). *Aprender a ser personas y a convivir: un programa para Secundaria*. Bilbao: Descleé de Brouwer.

CAPÍTULO VIII
UNA PROPUESTA PARA LA INSERCIÓN DEL ALUMNADO INMIGRANTE EN LA COMUNIDAD EDUCATIVA

Cristina Barandiarán Piedra

El mensaje que tendremos que repetir, argumentar y experimentar cara a los próximos años en la enseñanza no universitaria tiene como protagonista al alumnado inmigrante; y lo que tendremos que plantearnos es la ayuda, el apoyo específico, el refuerzo individualizado y grupal a esos alumnos –hablen o no nuestro idioma– que estamos recibiendo mayoritariamente en las aulas de la enseñanza pública. Atender al inmigrante es también una manera de trabajar a favor de la convivencia en la escuela.

La llegada masiva de alumnos inmigrantes a las aulas está replanteando o haciendo emerger viejos problemas o cuestiones no bien resueltas en la enseñanza, que se resumen en ese temido fracaso escolar, no sabemos si del sistema o de individualidades, o de todo a la vez, que antes y ahora nos interpela con cifras exageradas.

Un primer obstáculo que nos encontramos ante propuestas novedosas o simplemente diferentes por tener como destinatarios a esa nueva realidad social que conforma la existencia de los inmigrantes en nuestras aulas, sería la respuesta que nos alerta diciendo que lo que pretendemos hacer con el inmigrante también hay que hacerlo con los españoles, y como no hay recursos para todo, o nos quedamos como estamos, es decir, negamos la realidad de la existencia del inmigrante, o tenemos que aceptar que ese trato especial, diferente, discriminado a favor del inmigrante, va a provocar recelos, envidias y rechazo por parte de los que piensan que el que no puede no merece la pena que se le ayude, porque el que no llega o no triunfa es porque no quiere, no se esfuerza lo suficiente, etc. En definitiva, estamos ante la pregunta de si la inserción del alumnado inmigrante en el sistema educativo, que pasa por disminuir o eliminar el fracaso escolar en esa población, es asunto de bondades o voluntades individuales, o es una cuestión social –y por tanto tiene que haber una respuesta como mínimo institucional en los colegios e institutos– que debe ser abordada desde lo individual y grupal que se juega en todo proceso de aprendizaje. Empezar a dar respuestas positivas a la atención especial y especializada que requiere el inmigrante en las aulas puede animarnos a pensar que quizá así estemos dando un primer paso ineludible si queremos que esos jóvenes, cuando les llegue la hora de incluirse en el mundo de los adultos, estén convencidos de que han tenido las mismas oportunidades, en su educación básica, que cualquier español. No hay duda de que eso sería un gran paso.

Cualquier niño o joven hasta los dieciséis años, venga del país que venga, puede y debe ser escolarizado, y ese logro que la sociedad ha alcanzado puede ser vivido personalmente como una generosidad ante la cual basta con que matriculemos e incluyamos al alumno en un curso y en un grupo, lo acojamos hasta con cariño en sus primeros días, y luego esperemos a que con el paso del tiempo, su esfuerzo personal y los apoyos que se le brindan, salga adelante. La lógica de ese funcionamiento la conocemos desde hace muchos años: triunfar es aprobar y conseguir como mínimo el título de graduado en Secundaria, y por tanto ese es el premio; pero si fracasa, además de culpabilizarse individualmente, no sabremos qué ha pasado y por tanto se enfrentará a la vida adulta habiendo «fracasado», sin saber si en lo académico, en la adaptación a la escuela o en el crecimiento personal. Esta problemática es tan conocida y asumida que da pereza y/o provoca impotencia retomar estos temas a propósito de la exultante nueva realidad social que plantean los inmigrantes en el sistema educativo.

Transformando esa sensación de impotencia en palabras, nos encontramos con un segundo obstáculo para defender la necesidad de la atención especial del inmigrante, que consiste en creernos que el funcionamiento actual del sistema educativo, con todos sus logros y su capacidad de administrar recursos, responde a las necesidades específicas del alumnado inmigrante y que no hay que hacer nada especial para ellos. Y, sin embargo, la apariencia nos engaña o nos tiene que remitir a sus latencias. No basta la apariencia de éxito escolar –en el mejor de los casos– medido en calificaciones escolares para pensar que estamos dando la adecuada respuesta a estos alumnos. O bien no esperemos a que las estadísticas nos confirmen el altísimo porcentaje de alumnos inmigrantes que han tenido que utilizar el reducto de la diversificación curricular, o la garantía social, o el simple abandono escolar a los dieciséis años, porque no han podido… ¿Y entonces? Entonces aprovechemos esta nueva situación para replantearnos algunas cuestiones que no han caducado.

Un tercer obstáculo –puesto en relación con los dos anteriormente mencionados– es nuestra mirada, nuestra mentalidad, nuestra actuación como profesionales de la enseñanza. No podemos seguir mirando, pensando y viviendo una nueva realidad con lentes antiguos. Tenemos la obligación de trabajar nuestros prejuicios sobre la realidad educativa que se nos presenta si queremos mantenernos entusiastas ante la tarea que estamos realizando. Incluir al diferente en la convivencia escolar ha sido y sigue siendo el reto educativo. No hay dudas. Lo que está en discusión es lo que entendemos por incluir.

Este trabajo pretende mostrar una manera de ir sorteando estos obstáculos y de qué podemos entender por incluir al diferente en su inserción en el ámbito escolar.

1. DESCRIPCIÓN DEL PROGRAMA

Atender al ausente o al que se duerme en clase es atender a alguien que ha decidido desconectar de la realidad académica-escolar. Y la manera de abordarlo, aunque parezca raro, no es preguntarle por qué lo hace, de la misma manera que cuando queremos acoger al alumno nuevo que habla sólo chino no se nos ocurre ir al diccionario para saludarlo y trasmitirle información: o sabemos chino o no entenderíamos nada.

Alrededor de veinte alumnos de la ESO (entre primero y cuarto) nacidos en China o de padres chinos están siendo atendidos en el Programa «Una propuesta de inserción del alumnado chino a través de la castellanización en contenidos curriculares y el trabajo grupal», que comenzó el curso 2006-2007 y que continúa en el 2007-2008 en el IES Pradolongo (Usera, Madrid). El Programa plantea como objetivo prioritario para la inserción conseguir el título de graduado en Educación Secundaria como requisito mínimo para poder continuar estudios superiores los que así lo deseen, o ser competitivos en igualdad de condiciones, en el aspecto académico, a la hora de trabajar. El Programa ofrece dos herramientas: ayudarles a utilizar el castellano, sobre todo en la comprensión lectora, apoyando el estudio; y desarrollar el trabajo en grupo como la manera de experimentar la aceptación del *otro como prójimo* y acercarles al compromiso social con su entorno.

La realidad de la que partimos es: alumnos que no nos entienden y que nosotros no entendemos. Estaríamos de acuerdo en pensar que la barrera es el idioma, y lo es; pensaríamos entonces que lo que hay que hacer es una inmersión lingüística, y se hace: durante seis meses y a veces durante todo un curso académico los alumnos inmigrantes que no hablan castellano pasan por el aula de enlace. Sin embargo, al siguiente año de abandonar ésta, a la hora de que estos alumnos se incorporen a su aula de referencia, con profesores de distintas asignaturas y en un grupo grande, literalmente se pierden. Y a veces nosotros también. Por ejemplo, sin darnos cuenta ponemos la falta de asistencia de un alumno a otro porque nos confundimos con los apellidos (imaginemos una clase de cuatro o cinco estudiantes con el mismo apellido y que sólo tengan uno) y tampoco su aspecto físico nos permite distinguirlos mucho... A esto añadimos que nos cuesta pronunciar bien los nombres chinos. Esta situación, siendo anecdótica, debe ponernos en alerta. Hay una dificultad real en nosotros, los profesores, para relacionarnos con esa situación «novedosa» que representan los alumnos inmigrantes, hablen o no nuestro idioma, en el ámbito escolar de la ESO.

En el IES Pradolongo, ante la realidad de que, cada vez en un mayor número, alumnos chinos estaban frecuentando cibercafés en horario escolar, el Departamento de Orientación y la directiva del centro decidieron actuar desde el ámbito de la educación compensatoria.

El objetivo prioritario que el Programa plantea es eliminar o disminuir el absentismo escolar entre estos alumnos. Por tanto, éste ha sido el criterio principal desde el cual evaluarlo. No obstante, todos sabemos que el absentismo es el síntoma de una realidad conflictiva, y que si queremos que disminuya o desaparezca hay que actuar en esa realidad conflictiva.

En primer lugar, respondiendo ante las faltas de asistencia con un seguimiento semanal por nuestra parte, hablando con los alumnos y con sus padres (o lo que es lo mismo, estableciendo cauces de comunicación, siempre con la ayuda de la profesora técnica de Servicios a la Comunidad o la trabajadora social y los servicios de mediación SEMSI y de intérpretes, SETI). En segundo lugar, actuando de manera preventiva sobre el absentismo, es decir, interviniendo como lo haría cualquier otro programa de motivación y mejora del rendimiento escolar. Se ha dicho antes que se trataba de atender a personas «ausentes» –en el sentido físico o de ensoñación– en clase. Los alumnos chinos se duermen porque se aburren, porque no entienden ni al profesor ni a sus compañeros. El esfuerzo tan enorme que les supone aprender el castellano para aplicarlo en los estudios hace que, en principio, los malos resultados los desanimen. En tercer lugar, debemos tener en cuenta que se trata de *insertar al alumno inmigrante*. No bastaría un programa de motivación y mejora del rendimiento escolar sin contar a quién va dirigido: a alumnos inmigrantes.

El alumno inmigrante trae una situación conflictiva entre la situación que ha dejado atrás en su país y la que se le presenta en el país de acogida. Esta situación es objetiva en cuanto que el alumno se encuentra en una escuela española muy diferente a la de su país, pero todo esto implica también un conflicto psicológico: cada alumno inmigrante desde su llegada «reciente» a España está inmerso en un proceso psíquico de *duelo* (Freud, 1915) o elaboración de la pérdida. El mecanismo psicológico en juego, básicamente, consiste en que la energía que estaba puesta en lo que se ha perdido tiene que trasladarse a la nueva realidad, sustituyendo lo perdido. Reconocer este proceso psicológico que queda adjetivado como conflictivo no implica hablar en un extremo de patología; bien al contrario, se convierte en un reto personal del que podrá salir algo, que para llegar a ser nuevo habrá tenido que aceptar pérdidas que quedan como huellas y que permiten dar el siguiente paso. Este proceso personal (que como mecanismo psicológico nos pasa a todos y ¡cómo no al adolescente! No hay edad en la que deje de ocurrir) tiene en el alumno recién llegado a España la violencia del instante. Visto y no visto. No más esos olores, esos paisajes, esos amigos, esos familiares... hasta no se sabe cuándo. A partir de ahí, desde el reconocimiento de esa realidad perdida, comenzará un lento proceso de inserción en su nueva vida, en su nueva escuela, que requerirá esa sustitución de energía psíquica. No es el lugar para hablar de la complejidad de este proceso subjetivo, pero aludir a él permite justificar lo siguiente: el alumno inmigrante necesita del apoyo de otros como él para conseguir con éxito y con el menor sufrimiento posible la incorporación al sistema educativo español, porque el alumno inmigrante añade en su historia personal un proceso de duelo ante lo que ha perdido, que debe resolver con éxito. Y esto incluye también el aprendizaje.

La primera decisión se convierte por tanto en apuesta que define el Programa, y consiste en proponer que los alumnos chinos del mismo nivel académico estén juntos en una misma clase (aunque en el caso de tercero de la ESO, cuando aparece la elección de las optativas, se respetarían las elecciones individuales). Juntar a los alumnos es una medida que, en primer lugar, facilita la organización de las salidas de clase al aula de compensatoria, en donde trabajan con su profesora. Pero además va a facilitar el funcionamiento grupal que poco a poco va a ir apareciendo entre ellos. ¿En qué consiste éste?

En el caso del alumnado chino (en el latino sería diferente, y en el caso de nacidos en España pero con familia inmigrante, también) la barrera del lenguaje nos lleva a afirmar que aun llevando años en España necesitan establecer la cooperación con compañeros chinos. Los adolescentes de esta nacionalidad necesitan, para sentirse bien en la escuela, comunicarse en los términos, velocidades y complicidades que son capaces de establecer enseguida con los otros adolescentes chinos. ¡Pero esto les pasa a todos nuestros alumnos de la ESO: les une la adolescencia y sus avatares! Es cierto, pero en el caso de los alumnos adolescentes chinos, si hablan y trabajan juntos podrán afianzarse en lo que pueden compartir por tener el mismo idioma y porque poco a poco podrán *transferirlo* al nuevo lenguaje de palabras y relaciones que le exige la vida en el instituto. Y no nos estamos refiriendo en estos momentos a un aprendizaje significativo, sino a la creación de *vínculos* (Pichon-Rivière, 1956-1957). En el éxito del establecimiento de esos lazos en el contexto de la escuela estará una de las bases del motivo para aprender el castellano, porque si no lo hacen, no aprueban, y no hay proyecto, por lo tanto, de sacar el título de la ESO.

¿Qué es lo que sí pueden y qué se *transfiere*? No lo sabemos; sólo vemos efectos de eso que llegan a compartir. Por ejemplo, han sido llamativos los cambios en el aspecto físico y el cuidado personal. Hemos observado el surgimiento de una estética propia (como la tienen los latinoamericanos y distintos grupos dentro de los españoles), que en el caso de los cortes de pelo de chicos y chicas ha llegado, en algunos casos, a la sofisticación. Casi todos mejoraron su aspecto, y la idea es que ello ocurre desde la mejoría de algo personal, pero compartido entre ellos.

Otro ejemplo. Una vez establecida la norma y la importancia de la misma en lo referente a la asistencia a clase y la puntualidad –sobre todo la llegada puntual a primera hora de la mañana–, y después de comprobar que se hace un seguimiento semanal de las faltas de asistencia, y que los retrasos son castigados por la Jefatura de Estudios con una hora más de permanencia en el instituto, empezaron a producirse llegadas tarde en grupos –sobre todo de chicas–. Estos grupos se esperan y se entretienen hablando en el camino al instituto. Los chicos –en especial los más pequeños, con más dificultades académicas– se quedan a jugar al baloncesto una vez terminado el recreo. La idea es que ese atrevimiento a saltarse las normas también ocurre desde la mejoría de algo personal compartido entre ellos. Aunque en estos casos los efectos tengan que ser corregidos.

En lo académico, en este primer año, alumnos buenos académicamente antes de la aplicación del Programa, pero con una actitud de enfado o de extrema seriedad, relajan su comportamiento –más contentos, más integrados en el grupo de chinos–, mostrándose más indisciplinados y jugando a suspender alguna asignatura, pero sin disminuir al final su rendimiento. O al revés, algún caso de progresiva independencia de ese comportamiento grupal se afianzaba en los buenos resultados académicos.

Otro efecto del *vínculo* que establecen son los mutuos apoyos académicos. El que más entiende el castellano y/o más sabe de una materia, es la referencia para el resto. La cooperación del trabajo en equipo es una de las situaciones que antes surge en el grupo.

Volvamos al Programa y su organización. Los alumnos salen de sus clases al aula de compensatoria agrupados según su nivel académico (como hemos comentado anteriormente), en un número de horas que varía de dos hasta cinco semanales. Este número de horas depende del nivel de autonomía que disfrute el alumno en el idioma, y a veces surge de la dificultad de sacarlos de clase, porque algunos profesores consideran que salir de clase es perder tiempo para luego poder rendir y aprobar. En cualquier caso, hay un mínimo de horas en las que el alumno tiene que ser apoyado: una hora para ayudarle a organizarse y apoyar el estudio, los deberes, la preparación de exámenes, etc., y la otra para hablar en grupo.

En las horas de apoyo al estudio funcionan en equipos –ayudándose entre ellos–, y la referencia con la profesora de compensatoria abarca dos situaciones: realizar una tarea –normalmente actividad de Lengua– todos juntos. O bien trabajan las asignaturas en equipos y la profesora ayuda individualmente a alguno de ellos. En cualquier caso, la consigna es que el apoyo consiste en ayudarles, sea la asignatura que sea, con el castellano.

Hemos dicho que la segunda herramienta del Programa es el *trabajo grupal.* ¿En qué consiste?

La premisa sin la cual no se entendería la metodología grupal practicada en este Programa aparece en un texto de Freud que afirma que la psicología individual es psicología social:

> *En la vida anímica individual aparece integrado siempre, efectivamente, el otro, como modelo, objeto, auxiliar o adversario, y de este modo la psicología individual es al mismo tiempo y desde un principio psicología social, en un sentido amplio, pero plenamente justificado.* (Freud, 1920)

No sólo se trata de que el alumno reconozca que su inserción pasa por aceptar lo que le rodea –los otros– como diferentes, sino que es necesario que practique, que experimente, que sepa que no podrá aprender si no lo hace con los otros y que en esa relación con los otros operan, o se ponen en juego, procesos inconscientes (identificaciones, proyecciones, introyecciones, papeles adjudicados, asumidos, etc.), todo ello desde nuestra historia o, para algunos autores, el grupo interno.

La concepción del grupo operativo-productivo de Pichón Rivière y las aportaciones de Armando Bauleo nos dicen que por el grupo transita la

> *participación social, es decir, la necesidad individual de cada uno de verificar su inserción social, o de sentirse incluido a través de pertenencias varias o de gestionar su presencia en el contexto social, o de su implicación en el poder de decisión en el grupo [...] El grupo ocupa ese lugar social y puede desempeñar el papel de una especie de organizador de espacios de experiencias [...] en el que el sujeto o se siente incluido socialmente o puede llegar a organizar marcos sociales a los desarrollos individuales.* (Bauleo, 1983.)

El trabajo grupal, por tanto, alude al trabajo sobre las relaciones que se van estableciendo en esa hora semanal que llamamos *grupo* y que para ellos, los alumnos, se trata de la hora de practicar el castellano. Esa hora llamada de grupo es el espacio o lugar como la *otra escena,* que toma como modelo el funcionamiento del sueño que, no obedeciendo la lógica ni la cronología del tiempo, trabaja con el objetivo de engañar nuestra conciencia para que no despierte y así poder seguir tejiendo nuestras imaginaciones inconscientes (Freud, 1900). En este terreno se van a ir tejiendo los vínculos que, según el modo en que aparecen (usando mecanismos de condensación y desplazamiento, entre otros) hablan de los obstáculos afectivos efecto de latencias que funcionan en todo proceso de aprendizaje y, por tanto, en el proceso de aceptar al otro como diferente.

Lo que solemos llamar diversidad sería lo aparente. Sin embargo, incluir al otro en mi aprendizaje requiere como condición el trabajo psíquico de aceptación de la diferencia entre un yo y el otro, pero la diferencia exige un paso previo: la relación con el otro igual, como sujeto psíquico. En este terreno se juegan todos los obstáculos posibles, todas las resistencias que tenemos a la hora de comprender lo que ya Freud llamó narcisismo de las pequeñas diferencias, para dar cuenta de eso que pasa entre los vecinos que se desdeñan y combaten como «un medio para satisfacer, cómoda y más o menos inofensivamente, las tendencias agresivas, facilitándose así la cohesión entre los miembros de una comunidad» (Freud, 1929). Es decir, la relación con el «otro igual», en este caso con el grupo de chinos (que no deja de ser un igual aunque sea chino), va a plantear y va a exigir la resolución de todas las dificultades de cualquier relación humana. Las cuales, si se resuelven, nos permiten decir que aceptamos al otro como prójimo, es decir, como diferente. El narcisismo de las pequeñas diferencias habla de que es el que tengo cerca, del que me separa algo (aunque sea pertenecer a ciudades vecinas o seguir a equipos de fútbol diferentes), el más semejante a mí por circunstancias (vecinos), es con quien voy a rivalizar, envidiar, tener celos, camuflar la agresividad que me provoca. Si todo eso soy capaz de aceptarlo, hablarlo y seguir con los otros, aparecerá la cohesión, la complicidad, el trabajo en colaboración y el cariño.

Señalar, comprender y manejar esos obstáculos afectivos en este proceso es la misión de la profesora, coordinadora en la hora del grupo, es decir, en el periodo en el que la consigna es hablar castellano.

Es condición de existencia (y un momento en el proceso) para todo grupo, el que tenga una tarea. La tarea (siguiendo el pensamiento de Pichón Rivière) sería, en un primer nivel, el objetivo que convoca al grupo y en torno al cual se trabaja: la que proponemos es hablar sobre todo aquello que deberán hacer (y sus dificultades) para aprobar y promocionar de curso. En un segundo nivel sabemos que toda tarea desempeña un importantísimo papel en el grupo: el del tercero, y sostener ese pretexto organiza al grupo en cuanto permite –desde la coordinación grupal– establecer hasta qué punto o de qué modo el grupo estará permanentemente jugando (juego como repetición de comportamientos enquistados o de retorno de realidades pasadas) a no realizar la tarea. Un tercer nivel de comprensión se refiere a que en la tarea lo principal es hacer consciente lo inconsciente. Hay que desenmascarar las maneras que tiene el grupo de no entrar en la tarea, es decir, desvelar las que le permiten pasar el tiempo porque no es capaz de afrontar las frustraciones que producen el inicio y la terminación de ciertos trabajos, y eso lo hace, a pesar de que la propia postergación también produce frustración. Sabemos que los miedos ante el aprendizaje son eficaces en cuanto a que mantienen la distancia que hay entre la dificultad real de lo que tengo que aprender y lo fantaseado sobre ella. Entonces, una de las artimañas será el retrasar la comprensión, el elaborar esos miedos que aparecen, en apariencia, ante el aprendizaje con el otro.

La parte más compleja de todo programa o proyecto es que para su éxito necesitan el cambio personal, en este caso de alumnos adolescentes, y exigen actuar desde un modelo teórico que nos oriente. En este trabajo y de una manera mucho más sistematizada se pone en juego la formación psicológica y psicoanalítica de la profesora coordinadora del Programa. En el campo del aprendizaje y la educación no hay dudas de la necesidad de acudir al premio y al castigo como herramientas básicas para conseguir conductas concretas, o de no eludir los conflictos cognitivos-afectivos que aparecen en muchísimas situaciones. Sin embargo, en este Programa es el trabajo de las relaciones grupales desde un modelo psicoanalítico lo que define el plan. La diferencia de esta actuación con respecto a una intervención con técnicas de dinámica de grupos consiste en que desde el modelo teórico psicoanalítico lo que se trabaja es la grupalidad o lo grupal, entre sus integrantes y con el coordinador del grupo. Es esa relación (llamémosla a riesgo de simplificación, «transferencial») el escenario en el que se jugará la posibilidad del cambio personal y el funcionamiento grupal. Intentemos desenredar esta maraña.

Trabajar lo grupal desde el modelo psicoanalítico presenta unas exigencias. En primer lugar, y como condición del modo de trabajar, hay un encuadre de la relación entre el grupo y la coordinadora. Los alumnos asisten a la clase de compensatoria por niveles (1º y 2º por separado, y 3º y 4º juntos). Al margen del número de horas que tengan con la profesora, cada nivel tiene señalado en su horario un día a la semana una hora concreta en la que siempre se trabajará el grupo. Ese día se colocan las sillas en círculo y enfrente se sienta la coordinadora.

Otro aspecto del encuadre consiste en señalar desde el primer día la tarea a trabajar. El día de grupo, por ejemplo, no se puede dedicar a ninguna asignatura aunque haya urgencias por la cercanía de un examen. Hemos dicho que la tarea del grupo tiene como consigna para ellos hablar en castellano de todo lo que se les ocurra en torno a su vida académica y de relación en el instituto. Es decir, todo aquello que, hablándolo, les ayudará a aprobar el curso, que es el objetivo en última instancia para ellos. La indicación por parte de la coordinadora es que hablen en torno a la tarea, tratando de decir lo que se les vaya ocurriendo, dialogando lo más libremente posible. Hasta aquí la exigencia del encuadre para el alumno. El resto es exigencia para la manera de relacionarse la coordinadora con ellos. En esa hora de grupo la profesora no actúa como tal. Por tanto no procede el que, por ejemplo, les mande callar, les indique lo que tienen que decir o lo que puede ayudarles, etc. Como coordinadora la tarea es, en primer lugar, escuchar al grupo. La escucha psicoanalítica no atiende a la literalidad de las palabras, sino que observa y escucha la latencia de lo que está ocurriendo, en muchos casos expresada en errores, actos fallidos, insignificancias. Las intervenciones desde la coordinación del grupo son señales o interpretaciones al funcionamiento grupal, y más en concreto a las dificultades (resistencias) en torno a la *tarea* que está mostrando el grupo. Cómo hacer esas intervenciones o cómo trabajar lo grupal, contando con los procesos inconscientes en las relaciones y en el aprendizaje, es un modelo aprendido a partir de la formación como psicoanalista de la coordinadora.

Otro aspecto que podemos aclarar se refiere a los límites que impone el encuadre en la relación de la coordinadora. No se establece desde la curiosidad o investigación del otro; no se interroga al alumno para conocer nada; no hay ningún tema que interese para ser planteado desde la coordinación del grupo. Además, todo lo que se hable en el grupo queda dicho el primer día, y es secreto profesional, por lo menos para la coordinadora: es otra exigencia del encuadre, para que funcione. Se trata de permitir que el grupo y sus individualidades (en la relación entre ellos y cada uno de ellos con la coordinadora) desplieguen sus especificidades en lo que dicen y cómo lo dicen. Y también en lo que no dicen y cómo se defienden de lo que no dicen. Permitir ese escenario da la posibilidad de que cada integrante del grupo se atreva, cuando pueda y quiera, a expresarse.

Se puede decir de otra manera: la coordinadora tiene que dejar su lugar tan vacío como el grupo lo necesite para que pueda expresarse, pero sin desaparecer. Por otra parte hay que tener en cuenta que la relación no es nunca simétrica o de identificación con ellos. Esta manera de atender y de decirle al otro (actuando de diferente manera a cuando en las otras horas ejerce de profesora) abre la posibilidad de que el grupo vaya conquistando la libertad de mostrarse y de atreverse a vivir un proceso de relación. Esto es lo que les ayudará al cambio personal. No obstante, hasta llegar a ese punto hay que pasar por la experiencia, con frecuencia difícil y angustiosa, de hablar y mostrarse ante los demás.

Como evaluación de esta grupalidad conocemos los efectos, el cambio habido –a veces espectacular– individual y colectivamente en la actitud ante el estudio. Sólo vemos cómo llega ese momento en el que empieza a aparecer un funcionamiento de varios o todos los alumnos chinos. Un instante que podría describirse como de cohesión entre ellos y apoyo en relación al exterior, pero que, por lo menos hasta ahora, en ningún caso ha tenido efectos de distanciamiento respecto a la vida escolar en cualquiera de sus aspectos.

2. VALORACIÓN DEL PROGRAMA

En cuanto a la evaluación objetiva de la disminución del absentismo ocurrió a los pocos meses de comenzar el Programa. En realidad eso era previsible, y para lo que sirvió fundamentalmente fue para que el Programa fuera avalado y apoyado institucionalmente con menos reticencias. Hemos señalado que el objetivo que hizo nacer este Programa era el de disminuir el absentismo. Por lo tanto, el primer criterio de evaluación nos remite al número de expedientes al respecto abiertos durante el primer curso de aplicación del Programa. Pues bien, durante el periodo 2006-2007 no se abrió ningún nuevo expediente de absentismo entre el alumnado chino que siguió el Programa, y de los dos expedientes abiertos en años anteriores, uno de ellos fue en segundo curso uno de los estudiantes más motivados ante el estudio. El otro expediente era el de un alumno que esporádicamente faltaba a clase –incluso habiendo asistido algunos días al cibercafé–, pero que en la actualidad (con compromiso por parte de sus padres con el instituto) asiste regularmente. Además se trata de un joven que presenta una conflictividad extraordinaria en muchos aspectos. Con claridad podemos afirmar que la asistencia en horario escolar de estos alumnos a los cibercafés ha dejado de ser un problema.

En segundo lugar, el Programa tiene que responder a otra evaluación: que esos alumnos tienen que querer el título de graduado en Enseñanza Secundaria, y poder obtenerlo. El Programa indica que, de manera indirecta (porque el rendimiento académico es resultado de múltiples factores y nunca depende sólo de la implicación del alumno en el Programa), cada estudiante será evaluado atendiendo a los resultados académicos. En este sentido, en el primer año de vida del Programa, los resultados son los siguientes:

Comenzamos el curso con 14 alumnos y se incorporaron entre el segundo y tercer trimestre otros 4. En total, 18 estudiantes. De los 14 que hemos tenido a lo largo de todo el curso, los resultados en septiembre son:

Promocionan: 6 alumnos (43%).

Han sido derivados a otros estudios: 3 alumnos (21%).

Repiten o promocionan por imperativo legal: 5 alumnos (36%o).

En tercer lugar se realizó una evaluación subjetiva, a través de una encuesta de satisfacción (Atanet, Barandiarán, 2007) que fue contestada por los alumnos y profesores –aquellos que permitieron que los alumnos no asistieran a sus clases para recibir el apoyo del Programa– así como los padres de los implicados.

Los profesores participantes fueron 13 y contestaron la encuesta 9 (69%). Los alumnos que contestaron fueron 12 (67%) de los 18. Las encuestas constaban de una primera parte que preguntaba sobre las expectativas ante el Programa y una segunda parte sobre la satisfacción de lo conseguido. Veamos lo más destacado de las respuestas.

EXPECTATIVAS DEL PROFESORADO ANTE EL PROGRAMA				
	Muy importante	Algo importante	Poco importante	Nada importante
Comunicación sobre el seguimiento de las faltas de asistencia y sobre el comportamiento en la clase de compensatoria.	78%			
Que el apoyo que reciban les favorezca en su asignatura.	89%			
Que los alumnos asistan a clase.	78%			
Que mejoren el nivel de castellano y su comportamiento en clase de referencia.	45%			
Que aumenten sus relaciones con el resto del alumnado.	34%			66%
SATISFACCION DE LOS PROFESORES POR LO CONSEGUIDO EN EL PROGRAMA				
	Muy satisfecho	Algo satisfecho	Poco satisfecho	Nada satisfecho
Hubo comunicación en los temas sobre el trabajo a realizar en el aula de compensatoria relacionado con su asignatura y sobre el comportamiento en esa aula.	77%			
Hubo comunicación sobre las faltas de asistencia del alumno en el aula de compensatoria.	50%		50%	
Hubo un mayor desarrollo de la asignatura.	67%		33%	
Han mejorado su nivel de castellano			56%	
Aumentaron la asistencia a clase de referencia.	11%	33%	56%	

Han mejorado su comportamiento en la clase de referencia.	66%		22%	El resto no contesta
Han mejorado su relación con el resto de alumno.s		22%	78%	
La valoración global del Programa.	11%	67%	22%	
¿Debería continuar el Programa el siguiente curso?	89% SI		El resto contesta que ni a favor ni en contra	

EXPECTATIVAS DE LOS ALUMNOS ANTE EL PROGRAMA				
	Muy importante	Algo importante	Poco importante	Nada importante
Aprender a escribir en castellano	92%			
Sentirse menos solo/a	50%	33%		
Asistencia a clase y comportamiento	50%			
Estudiar más que el año anterior	41%			

GRADO DE SATISFACCIÓN CON LO CONSEGUIDO EN EL PROGRAMA				
	Totalmente de acuerdo	Algo de acuerdo	Poco de acuerdo	Totalmente en desacuerdo
Estudiar, hablar y escribir en castellano.	75%			
Ha mejorado la asistencia a clase.	75%			
Los compañeros chinos le han ayudado a entender al profesorado.	83%			
Los compañeros españoles le han ayudado a entender al profesorado.	50%		50%	
Los compañeros chinos le han ayudado a hacer los deberes.	66%			
Los compañeros españoles le han ayudado a hacer los deberes.				91%
	Muy satisfecho	Algo satisfecho	Poco satisfecho	Nada satisfecho
Satisfacción en la relación conmigo.	58%			
Satisfacción en la relación con sus compañeros chinos.	42%			
Satisfacción en la relación con los tutores.	33%			
Satisfacción en la relación con los profesores.	8%			25%
Satisfacción en la relación con los compañeros españoles.	17%			25%
Satisfacción global con el Programa y quiere repetir el próximo curso.	67%			

Tomando las respuestas de las encuestas como punto de partida para continuar la reflexión, destacaríamos en primer lugar cómo los intereses de profesores y alumnos parecen ir por senderos diferentes. El equipo docente busca acciones pragmáticas: asistencia a clase y buen comportamiento. Mientras que los alumnos buscan prioritariamente herramientas –sobre todo de lenguaje– para poder estudiar, y desean sentirse menos solos para conseguirlo.

Hemos señalado como prioridad del Programa atender esta petición de los alumnos chinos, pero para favorecer su unión ha habido que rechazar la idea de que uniendo a los que comparten algo –cultura, idioma y adolescencia, en este caso– formamos guetos o favorecemos la segregación. En el caso del alumnado chino que sigue el Programa no está siendo así, porque los comportamientos grupales observados han apuntado a mejorar su motivación ante el estudio y a asistir a clase para lograrlo. Sin embargo, la preocupación que puede subyacer ante este planteamiento que favorece la unión de los alumnos inmigrantes es la no integración con los compañeros españoles, puesto que hablan chino todo el tiempo. La respuesta a estas preocupaciones es mostrar con hechos que, en primer lugar, la acción de separar a los alumnos no tiene por que tener como efecto la segregación: son dos momentos distintos. Y en segundo lugar, que lo importante es el qué se hace, cómo se trabaja con los estudiantes a los que se junta en una misma clase y se separa de su grupo de referencia, durante algunas horas, para asistir al aula de compensatoria.

El alumnado inmigrante que estamos recibiendo en las aulas de la ESO presenta una situación social y/o económica desventajosa respecto a los españoles (aunque entre éstos también haya desfavorecidos social y/o económicamente). Por lo tanto, debemos *discriminar*, pero en su acepción de distinguir o diferenciar esta realidad en el ámbito escolar y, al hacerlo, apoyar actuaciones de *compensación educativa*, es decir, de *discriminación positiva* ante colectivos como el alumnado inmigrante. El objetivo es precisamente evitar la segunda acepción de la palabra discriminar, la de dar trato de inferioridad. Algo que, sin ser muy sutiles, sería, en el caso que nos ocupa, no trabajar para que tengan igualdad de oportunidades en el acceso al conocimiento y a las experiencias educativas que les ayuden a su inserción a través del buen rendimiento académico y de la obtención del título. Un título que, en definitiva, les permitirá continuar su formación académica o competir en mejores condiciones en el mercado de trabajo.

Ahora bien, para que sea verdad que no haya guetos, sobre todo en el futuro de estos alumnos, tiene que haber una segunda fase –o un segundo aspecto a trabajar– en la inserción de estos alumnos. Es el momento en el cual, saliendo de sus intereses individuales (aunque estén agrupados para realizarlos), adquieran conciencia de la necesidad de participar en la sociedad y que esta idea se plasme en una acción comprometida. Este es el reto que se plantea el Programa de cara al futuro.

Por último, no pasa desapercibido el «suspenso» que le han dado los alumnos chinos a sus profesores y un poco menos a sus compañeros españoles. Quizá es cierto que hay una distancia (no sólo entre los alumnos chinos y los profesores, y no sólo entre alumnos chinos y españoles) que irá disminuyendo en la medida en que ellos, los alumnos chinos, se afiancen en su buen rendimiento escolar. Sin embargo, para llegar a ese punto hay que poder hablar, tener las complicidades y ritmos de comunicación que presentan los adolescentes españoles entre ellos y, sobre todo, dedicarse a las tareas escolares y dejar de dormirse en los laureles.

En su segundo año el Programa ha querido dar un paso más en la inserción de estos estudiantes con su implicación en lo social. Para ello ofrece a los alumnos mayores (3º y 4º de ESO), que ya muestran más autonomía en lo académico, y después de mostrar sus buenos resultados durante el primer año del Programa, un periodo de formación-sensibilización en temas relacionados con el compromiso de participar como ciudadanos en la realidad que nos rodea. En concreto se les ofrece (en la hora que tienen establecida para el trabajo grupal) charlas-coloquio impartidas por agentes externos que tienen relación con el trabajo comunitario:

1. Trabajadores de calle (en coordinación con la PTSC –trabajadora social– del instituto) que mediante dinámicas de grupo plantean de forma vivencial cómo construir entre todos una ciudad.
2. La Asociación de Vecinos Zofío, del barrio al que pertenece el instituto, se refirió a la experiencia de cómo construyeron aspectos del barrio entre todos y de las actividades que realizan.
3. Una persona enviada por una asociación china de Madrid hizo referencia, desde los valores de la cultura china, a cómo es la ayuda a los demás.
4. También se les habla de qué es el voluntariado.
5. Este periodo de formación se cierra con una nueva intervención de los trabajadores de calle, con quienes se evalúa el proceso.
6. Por último se presenta a los alumnos una propuesta abierta (voluntaria) de participación en alguna experiencia comunitaria que se realizaría el curso 2008-2009.

Este es el plan hasta ahora, porque seguramente –tal y como va ocurriendo– la puesta en práctica sugiera, en su cuestionamiento, nuevas posibilidades de actuación. En cualquier caso habrá que generar nuevas ideas si queremos que nuestra labor transforme a todos los implicados.

En cuanto a los resultados obtenidos en el segundo año de aplicación del Programa, tenemos los siguientes datos:

> De 21 alumnos, uno de ellos se ha ausentado durante todo el curso y otro de manera intermitente.
>
> En cuanto a los resultados académicos, podemos decir que 14 alumnos (66,6%) promocionaron de curso entre junio y septiembre. Otros 2 repiten curso (9,5%). Y 3 más pasan de curso por imperativo legal (14,2%). Los 2 alumnos absentistas abandonan el instituto (9,5%). Llegaron a 4º de la ESO 3 alumnos, y 2 de ellos consiguieron el título. El otro repite curso.

En el tercer curso de aplicación del Programa y a la vista de los resultados obtenidos podemos decir que, aunque mantenemos el objetivo de reducir el absentismo, en realidad la mirada está puesta en acompañar (a cada alumno según lo requiera) en su proceso de aprendizaje y sobre todo en mejorar, aún más, el porcentaje de alumnos chinos que promocionen y lleguen a obtener el título.

En ningún momento podemos pensar que los resultados que estamos obteniendo se deben exclusivamente a la actuación del Programa, pero sí afirmamos que sin el cuidado y acompañamiento que recibe todo alumno chino que pase por nuestro Instituto, la situación y los resultados serían otros. Y ese pensamiento nos anima a seguir.

3. BIBLIOGRAFÍA

Atanet, D. y Barandiarán, C. (2008). «Elaboración y análisis de la Encuesta de Satisfacción del Programa de Inserción del alumnado chino».

Barandiarán, C. «Una propuesta de inserción del alumnado chino a través de la castellanización en contenidos curriculares y el trabajo grupal». Programa presentado en «La Educación Pública Prioritaria en la Comunidad de Madrid. Jornadas de buenas prácticas», dentro del Eje Temático 1: «Organización, gestión y dirección escolar», Consejería de Educación de la Comunidad de Madrid, 9 y 10 de febrero de 2007.

Bauleo, A. (1983). «Problemas de la psicología grupal (el grupo operativo-productivo)». En *Lo grupal*, Búsqueda, 1983, pp. 11-19.

Freud, S. (1900). *La interpretación de los sueños* en *Obras Completas*, tomo IV. Buenos Aires: Amorrortu.

Freud, S. (1915). «Lo perecedero». En *Obras Completas*, tomo VI. Buenos Aires: Biblioteca Nueva, pp. 2.118-2.120.

Freud, S. (1920). «Psicología de las masas y análisis del yo». En *Obras Completas*, tomo VII. Buenos Aires: Biblioteca Nueva, pp. 2.563-2.610.

Freud, S. (1929). «El malestar en la cultura». En *Obras Completas*, tomo VIII. Buenos Aires: Biblioteca Nueva, pp. 3.017-3.067.

Green, A. (2005). *Ideas directrices para un psicoanálisis contemporáneo. Desconocimiento y reconocimiento del inconsciente.* Buenos Aires: Amorrortu.

Pichon-Rivière, E. (1952). *Teoría del vínculo.* Buenos Aires: Nueva visión.

CAPÍTULO IX
PREVENCIÓN E INTERVENCIÓN ANTE EL MALTRATO ENTRE IGUALES

Juan de Vicente Abad

El IES Miguel Catalán de Coslada cuenta con una dilatada y exitosa experiencia en la gestión democrática de la convivencia. La participación permanente de los miembros de la comunidad educativa en las distintas fases de la gestión de la convivencia ha conseguido multiplicar los recursos para afrontar los conflictos y mantener en un nivel elevado la calidad de la convivencia del centro.

Un objetivo prioritario del Plan de Convivencia consiste en promover, en todo el alumnado, unas relaciones sanas que permitan a los jóvenes socializarse de forma adecuada. Para conseguir esto se han creado diversas estructuras y se han desplegado numerosos recursos. La posibilidad de alcanzar este fin se encuentra estrechamente relacionada con factores ambientales y personales. De este modo, un ambiente estructurado, predecible, sentido como propio, participado por los alumnos y sostenido por el profesorado, facilita unas relaciones saludables entre iguales. Asimismo debemos contar con las variables personales de cada alumno, que les van a predisponer a situarse ante los demás de forma más o menos simétrica y, por tanto, a establecer con ellos relaciones más o menos saludables.

En este capítulo vamos a centrarnos en un fenómeno de asimetría en las relaciones entre alumnos denominado «maltrato entre iguales». En un primer momento exploraremos este concepto y ofreceremos algunas claves para su comprensión. Posteriormente expondremos las actuaciones concretas que se realizan en el IES Miguel Catalán, tanto en el trabajo más preventivo sobre el contexto, como respecto a las medidas reeducativas pautadas y destinadas a los actores del maltrato.

1. COMPRENDER EL MALTRATO ENTRE IGUALES

Las relaciones sociales que establecen los niños y los adolescentes con sus iguales les permiten desarrollar todas las facetas de su personalidad. Ayudan a impulsar el lenguaje, controlar la conducta, promover el desarrollo moral, reconocer las emociones, desarrollar la capacidad de expresarlas, potenciar el pensamiento, desplegar estrategias de resolución de conflictos, etc. Estas relaciones, imprescindibles para el crecimiento personal de cualquier individuo, se mueven en muchos casos dentro de unos parámetros saludables y aportan al niño y al adolescente el alimento social necesario. Sin embargo, en ocasiones, este contexto pierde sus cualidades socializadoras y daña seriamente a los actores de la interacción.

1.1. Definición y características

La victimización o maltrato por abuso entre iguales fue definida por Olweus como

> *una conducta de persecución física y/o psicológica que realiza el alumno o alumna contra otro, al que elige como víctima de repetidos ataques. Esta acción, negativa e intencionada, sitúa a las víctimas en posiciones de las que difícilmente pueden salir por sus propios medios. La continuidad de estas relaciones provoca en las víctimas efectos claramente negativos: descenso en su autoestima, estados de ansiedad e incluso cuadros depresivos, lo que dificulta su integración en el medio escolar y el desarrollo normal de los aprendizajes.* (Olweus, 83, citado en Defensor del Pueblo, 2000).

Las características esenciales que permiten delimitar este fenómeno son las siguientes:

1. Se produce maltrato cuando existe una reiteración en los ataques del agresor. Sin embargo, no todas las agresiones que se producen entre iguales se consideran maltrato. Un primer criterio que nos ayuda a diferenciar las agresiones del maltrato es la reiteración. Algunos autores hablan de una frecuencia mínima de una vez por semana y una duración mínima de seis meses (Benítez y Justicia, 2006).
2. Estos ataques pueden tener un carácter físico o psicológico. Las agresiones físicas directas apenas representan entre un 4 y un 6%, mientras que las agresiones verbales suman entre un 27 y un 32%.
3. Se realizan con la intención de hacer daño a otra persona, que es la víctima. Existe un deseo explícito de hacer daño, humillando, excluyendo, hiriendo…

No como una respuesta reactiva ante una conducta agresiva previa, sino como comportamiento iniciado por el agresor.

4. Existe una asimetría de poder entre quién ejerce el maltrato y quién lo recibe. Los papeles nunca se intercambian en esa relación, la víctima siempre se comporta como tal y el agresor hace lo propio. Esta asimetría estable hace que la víctima no pueda defenderse de igual a igual.

5. Las víctimas se ven afectadas en su integración social y en sus aprendizajes. Los efectos del maltrato son muy negativos para las víctimas, que ven comprometida su adecuada socialización y su proceso de aprendizaje.

El maltrato entre iguales aparece en diferentes manifestaciones y resulta muy interesante conocer sus expresiones para identificar adecuadamente las que se puedan producir en el entorno escolar. Los estudios realizados por la oficina del Defensor del Pueblo (2000 y 2007) establecen seis categorías principales y trece subcategorías.

En la tabla 1 aparecen estas categorías organizadas por frecuencia de aparición. Se produce un mayor número de abusos por agresiones verbales (27 a 32%) y exclusión social (8 a 11%), seguido de agresiones físicas indirectas (6 a 16%), amenazas (6,4%) y agresiones físicas directas (3,9%). En último lugar, y con una incidencia mucho menor, figuran obligar a hacer cosas, abusos sexuales y amenazas con armas (0,5 a 0,9%).

Asimismo podríamos distinguir entre el maltrato de *baja intensidad*: agresión verbal, agresiones físicas indirectas, exclusión social y agresión física directa (en sus formas más suaves); y maltrato de *alta intensidad*: agresiones físicas directas (en sus versiones más duras), amenazas y obligar a hacer cosas. La incidencia es mayor en las versiones de baja intensidad y viceversa.

Tabla 1

Categorías	Conductas	Comentarios
Agresión verbal	Insultar	Los insultos y los motes son frecuentes en las relaciones entre adolescentes, debemos recordar que hablamos de ellos en el contexto de la definición de maltrato anteriormente expuesta. Son formas de desprestigiar a las víctimas socialmente. Por otro lado, difamar a alguien, decir que es o hace tal o cual cosa, suele buscar el efecto de aislarle de otras personas. Los adultos no suelen percibir estas conductas de maltrato, y cuando lo hacen se suele identificar como falta de educación, o como algo habitual.
	Poner motes	
	Hablar mal	

Exclusión	Ignorar	Tratar a la víctima como si no existiera también busca el aislamiento social y suele ser simultáneo a la difamación. El aislamiento se produce en todos los espacios y contextos del centro. En ocasiones el profesorado atribuye el aislamiento a características de la personalidad de la víctima y utiliza metodologías en el aula que mantienen esta exclusión. A veces las víctimas son encerradas en un baño o en un aula.
	No dejar participar	
Agresión física indirecta	Esconder cosas	Esconder, deteriorar o hacer desaparecer el material de una víctima suele ser identificado por los agresores como bromas. Las víctimas sufren la impotencia y la vergüenza de perder su material escolar constantemente.
	Robar cosas	
	Romper cosas	
Amenaza	Amenazar para intimidar	Las amenazas buscan perpetuar el miedo en el que se basa el acoso. Se producen de forma directa, mediante notas, mensajes de móviles o a través del Messenger. Los agresores las suelen utilizar para que la víctima no cuente a nadie su situación.
Agresión física directa	Pegar	Toma forma de collejas, golpes, empujones, «pasillos» e incluso agresiones colectivas mucho más violentas.
Obligar a hacer cosas	Obligar a hacer algo	Las amenazas pueden ir acompañadas de obligar a las víctimas a hacer cosas, como entregar sus pertenencias, su dinero o infringir algún daño a una tercera persona. El maltrato también puede tomar forma también de tocamientos, obscenidades e incluso violaciones. Finalmente, y aunque no es algo muy frecuente, cabe destacar que otra modalidad de maltrato es la utilización de palos o cuchillos u otros objetos para amenazar y agredir a las víctimas de maltrato.

1.2. Los actores del maltrato

1.2.1. Los espectadores

Los espectadores del maltrato entre iguales son, de forma mayoritaria, los compañeros de las víctimas y de los agresores, aunque en ocasiones se producen delante de los profesores. Entre los espectadores suele producirse una inhibición a intervenir. La psicología social ha estudiado la inhibición social que se produce cuando se presencia en un entorno público algún tipo de agresión hacia una persona. Está motivada por el miedo a ser incluido en la agresión o en el círculo de la victimización. Los agresores necesitan del silencio y la complicidad de los espectadores para continuar con su conducta. La violencia que ejercen sobre las víctimas tiene en los espectadores un efecto disuasorio que les impide denunciar, pero en numerosas ocasiones llega incluso a producirse un *contagio social* que hace que los espectadores se impliquen directa o indirectamente en la agresión. Es frecuente ver peleas entre dos o tres personas que son rodeadas de forma sistemática por un grupo muy numeroso de alumnos que animan y jalean a los contendientes y disfrutan del espectáculo. También es frecuente ver a espectadores convertidos en colaboradores necesarios de situaciones de exclusión.

Pese a que el silencio iguala a todos los espectadores, encontramos en éstos diferentes perfiles. Por un lado se encuentran los *colaboradores pasivos*, que apoyan a los agresores. Cuando presencian una situación de acoso se sitúan cerca de los agresores y actúan a modo de comparsa, animándoles a realizar sus actos violentos. Con esta actuación evitan ser acosados e incluso pueden ser protegidos por los agresores. Sin embargo, se convierten en cómplices de la agresión. En segundo lugar se encuentran los *espectadores pasivos*, que simplemente observan y no intervienen. Ni se suman ofreciendo su aprobación a los agresores ni se enfrentan a éstos para evitar estas situaciones. En general suelen ser alumnos que se sienten incómodos con las agresiones que presencian, pero que no actúan denunciándolas ni impidiéndolas porque sienten miedo. Los espectadores pasivos también pueden ser profesores que entienden que estas conductas son cosas normales entre chicos; de hecho tienden a mostrarse especialmente pasivos cuando el acoso toma forma de insulto o exclusión.

El tercer grupo está compuesto por los *espectadores activos*, alumnos que superan su conflicto cognitivo-emocional (por un lado sienten miedo y por otro quieren ayudar a la víctima) a favor de esta última opción e intervienen para parar la agresión. Esto ocurre cuando la víctima es alguien más cercano para ellos. En estos casos pueden protegerla o contárselo a algún adulto, especialmente cuando se trata de robo o deterioro de material escolar, chantaje o acoso sexual (Defensor del Pueblo, 2007). También aparece esta conducta cuando los espectadores se sienten amparados por el centro educativo, que lleva a cabo una política activa de intervención ante el acoso. Los profesores son más activos cuando a las víctimas les han robado algo, cuando están siendo agredidas físicamente o cuando hay amenazas con propósito intimidatorio (Defensor del Pueblo, 2007). También cuando el centro educativo despliega una actuación coherente y compartida por todos.

1.2.2. Las víctimas

Los alumnos victimizados suelen ser inseguros, débiles, cautos, tranquilos, sensibles, con una percepción social negativa de sí mismos y con una autoestima baja. Es habitual que sean físicamente más pequeños y más débiles que sus agresores. También es frecuente que tengan alguna característica física diferencial que actúe como reclamo para los agresores: el corte o color del pelo, el incipiente bigote, los dientes, el aparato ortopédico, las gafas, problemas de dicción, el sobrepeso o la delgadez, el color de la piel... Sin embargo, ésta no es la causa directa de la agresión. Las víctimas suelen sentirse avergonzadas de estas características físicas diferentes que les hacen ser ridiculizados por algunos compañeros. En ocasiones lo que les hace diferentes es una característica psicológica, como las aficiones o gustos poco usuales, la forma de relacionarse, de hablar, sus gustos e intereses, su pertenencia a una etnia o su déficit intelectual. De nuevo en estos casos la diferencia psicológica incita a la agresión, aunque no es la causa de la misma. Afortunadamente muchos alumnos con características físicas y psicológicas diferenciales no son victimizados y mantienen relaciones sanas con sus iguales, por los que son respetados y aceptados.

Las víctimas tienen dificultades para establecer relaciones sociales y para mantenerlas cuando las inician, con lo que suelen ser personas solitarias o escasamente relacionadas con sus iguales. Es fácil observarles solitarios en la clase y en los recreos. Cuando en algunas materias se trabaja en parejas o en grupo no suelen ser elegidos, y es el profesor el que tiene que colocarles en algún grupo. Cuando se realiza un sociograma en el aula aparecen como alumnos no elegidos, no son populares. Este aislamiento les hace especialmente vulnerables a los agresores. Sin embargo, con los adultos pueden desarrollar relaciones más positivas.

Muchos autores encuentran en el seno familiar una clave explicativa de su dificultad para establecer y mantener relaciones sanas con los iguales (Olweus, 98). Las víctimas suelen estar muy apegadas a sus familias, de forma especial a sus madres. Pasan mucho tiempo en casa y suelen estar sobreprotegidos. Cuando se producen situaciones de rechazo no cuentan con la autonomía necesaria para afrontarlas y se refugian en el núcleo familiar, que refuerza su conducta protegiendo al hijo. Cuando las familias exageran la defensa y la protección impiden el desarrollo de habilidades de autonomía personal y limitan las posibilidades de una socialización exitosa en sus hijos. De modo que la sobreprotección se convierte en la causa y consecuencia reforzada del acoso. Sin embargo, las variables personales, en este caso las pautas educativas familiares, no son suficientes para explicar el comportamiento de las víctimas. Los contextos grupales y escolares también facilitan o impiden la victimización de mayor o menor número de alumnos.

Cuando comienzan a recibir agresiones aumenta su ansiedad y perciben el centro educativo como un lugar inseguro y hostil. Esta experiencia de las víctimas les afecta en todas las facetas de su vida, y en el caso escolar dificulta los aprendizajes y su adecuada socialización. En algunas ocasiones esta situación desemboca en absentismo. Ante las agresiones suelen mostrar una respuesta pasiva y piensan que los agresores dejarán de agredirles si no les responden. Suelen sentirse avergonzados de estas situaciones y sienten miedo a contárselo a otras personas, y cuando lo hacen, los depositarios de esta información suelen ser los iguales (60%), después los familiares (36%) y finalmente el profesorado (10%). El 16% no se lo comunica a nadie (Defensor del Pueblo, 2007).

Las víctimas necesitan mejorar sus competencias cognitivas y emocionales: identificar los sentimientos que experimentan cuando sufren acoso y los pensamientos asociados a esas situaciones. Tomar conciencia de ambos aspectos es el inicio del cambio. Necesitan trabajar sobre conductas de autoprotección, aprender estrategias para anticipar y protegerse de posibles agresiones. Por otro lado necesitan mejorar sus habilidades sociales: aprender a iniciar relaciones con sus iguales y mantenerlas en el tiempo.

Existen dos tipos de víctimas: las víctimas *pasivas*, son las más frecuentes, se corresponden con el estereotipo más extendido. Son alumnos que se muestran inseguros, que no se defienden y que no comunican las agresiones. Los agresores se crecen ante su pasividad e inseguridad. Las víctimas *provocadoras*, por otra parte, mantienen un comportamiento mixto, por una parte angustiado y por otra agresivo. Son alumnos con grandes dificultades para mantener relaciones sociales, y utilizan estrategias poco adecuadas, ya sea por impulsividad, hiperactividad o por falta de oportunidad. Los compañeros suelen quejarse de que son ellos los que inician las situaciones conflictivas. Son percibidos por los demás como provocadores, lo que es utilizado por los agresores para justificar su conducta. Este tipo de víctimas dejan de ser alumnos impopulares para verse rechazados por una gran mayoría de la clase.

1.2.3. Los agresores

Tras esta etiqueta nos encontramos a alumnos que establecen relaciones con sus iguales buscando su propio dominio y la sumisión ajena. Para ser más poderosos que los demás utilizan la violencia verbal y física, combinada con otras estrategias para infundir miedo. En el caso de los chicos la corpulencia física es un elemento clave a la hora de amedrentar a las víctimas. Las chicas agresoras recurren con más frecuencia a la amenaza, la difamación y la exclusión.

Socialmente los agresores son alumnos con un nivel de integración escolar bajo. En muchas ocasiones son repetidores con una trayectoria de fracaso escolar previa. En su relación con los profesores retan al adulto y se comportan de forma disruptiva, tienen problemas para asumir y cumplir con las normas del centro y en el aula son más populares que las víctimas, aunque menos que los alumnos bien adaptados. Su popularidad y su fortaleza hace que muchas veces los agresores estén acompañados en sus acciones por otros alumnos que, o bien comparten su estilo agresivo, o bien encuentran protección y poder a su sombra y de esta forma evitan ser blanco de sus agresiones.

Los agresores han realizado un aprendizaje social que aparentemente les aporta beneficios, pero que ya a corto plazo les impide establecer relaciones ventajosas con su entorno. Este aprendizaje muestra disfunciones en cuatro aspectos claves que interactúan entre si. Nos referimos a sus habilidades cognitivas, de razonamiento moral y emocionales, y al control de su conducta.

En cuanto a sus *habilidades cognitivas* los agresores tienen dificultad para interpretar adecuadamente las claves de las interacciones sociales y suelen percibir ciertas conductas de sus compañeros, y en algunos casos de sus profesores, como una agresión hacia su persona: «Me ha mirado mal», «Me tiene manía», «Lo hace para fastidiarme». Valoradas las interacciones con esa distorsión cognitiva, les cuesta seleccionar conductas alternativas a la agresión en cualquiera de sus modalidades: física directa o indirecta, verbal, exclusión, amenaza o coacción. Su experiencia les muestra que utilizar la agresión les permite «ganar» a sus víctimas y obtener la satisfacción de quedar por encima de ellas y dominarlas.

El nivel de *razonamiento moral* de los agresores suele situarse en el estadio de la moral heterónoma. Para ellos la agresión a una víctima es negativa en la medida en que conlleve unas sanciones, por lo tanto es importante que no sea detectada por las personas que podrían sancionar esa acción. Deben amedrentar suficientemente a los espectadores para que piensen que ellos pueden ser los siguientes y que por tanto no denuncien lo que han visto.

En cuanto a su *inteligencia emocional*, muestran carencias en el conocimiento y en el control de sus emociones, especialmente las que experimentan asociadas a la percepción de ser agredidos. Las diferentes situaciones sociales les ponen en contacto con su rabia y su ira, que frecuentemente se ve desbordada y se traduce de forma automática en una conducta agresiva. Las diferentes experiencias vitales hacen que estos alumnos caminen por la vida con un cúmulo de rabia que es fácilmente estimulado en numerosas interacciones sociales. Los ambientes familiares con estilos educativos de abandono o de violencia arbitraria, en los que la comunicación y la afectividad son escasas, son un buen caldo de cultivo para generar sentimientos de rabia y aprender conductas agresivas para afrontar las relaciones sociales. La segunda limitación en las habilidades emocionales de los agresores consiste en la dificultad para comprender las emociones de los demás. Muestran poca empatía por el sufrimiento que provocan en sus víctimas. No pueden atender a los sentimientos de los compañeros porque están muy centrados en sus propias emociones y carecen de la habilidad de ver las interacciones sociales desde diferentes perspectivas. Esto hace que no se sientan culpables.

Finalmente, en cuanto a su *conducta*, los agresores necesitan poco para iniciar una agresión. Muestran un comportamiento de violencia proactiva, en el que no existe necesidad de un acontecimiento desencadenante. Basta con que alguien les caiga mal para darle una colleja o mofarse de él o de ella en público. Estas manifestaciones violentas son un patrón de conducta aprendido que forma parte de una rígida cadena de pensamiento, emoción y acción: «Me cae mal, me da rabia y le insulto». No cabe un pensamiento alternativo para interpretar la misma situación, tampoco una emoción diferente o una rabia aceptada y controlada. Finalmente, tampoco es posible un comportamiento distinto que haga compatible sus pensamientos y emociones con el respeto a los demás.

Olweus (1998) distingue dos tipos de agresores: el *activo*, que establece relaciones directas con sus víctimas y ejerce su violencia contra ellas de forma personal; y el *social indirecto*, que manipula a sus seguidores para que sean ellos los que ejerzan esta violencia sin que ellos tengan necesidad de *mancharse* las manos. Este segundo tipo de agresores son alumnos más manipuladores e inteligentes que los primeros. Sin embargo, el maltrato suele tener una dimensión colectiva, y algunos autores como Salmivalli suman a los agresores activos el papel de los *asistentes*, que son aquellos que ayudan físicamente a los agresores; y los *reforzadores*, también llamados *agresores pasivos* (Avilés, 2002), que incitan, jalean y fomentan la violencia y apoyan a los agresores sin actuar directamente sobre las víctimas (Cowie y Fernández, 2006).

En definitiva, los agresores necesitan ejercer su poder e influencia social en el grupo y utilizan víctimas para establecer relaciones de dominio-sumisión que les permitan satisfacer estas necesidades. Los agresores carecen de las habilidades cognitivas y emocionales necesarias para establecer relaciones sanas entre iguales, y emplean medios ilegítimos para satisfacer necesidades legítimas. Todos los alumnos necesitan pertenecer al grupo y ser tenidos en cuenta por ciertas cualidades. Sin embargo, los comportamientos deben mantenerse en el terreno del respeto al resto de personas con las que conviven.

2. ACTUAR ANTE EL MALTRATO ENTRE IGUALES

Cualquier plan que aborde el maltrato entre iguales en un contexto educativo debe plantearse actuaciones destinadas a los tres actores del abuso: las víctimas, los agresores y los espectadores. El maltrato es sufrido por las víctimas, ejercido por los agresores, y se produce en un contexto social que habitualmente consiente y silencia este tipo de sucesos.

Cuando un centro educativo decide actuar con decisión sobre el maltrato debe trabajar:

1. Con los espectadores, para conseguir que su actitud pasiva se convierta en una acción decidida y comprometida contra el maltrato.
2. Con las víctimas, para que puedan desplegar recursos personales que les permitan superar su falta de poder en las relaciones con iguales.
3. Con los agresores, para que conozcan los límites de las conductas saludables entre iguales y desarrollen habilidades cognitivas y emocionales necesarias para mantener buenas relaciones con sus compañeros.

El IES Miguel Catalán afronta el maltrato entre iguales contando con la participación de los miembros de la comunidad educativa y desde una perspectiva ecológica, es decir, incidiendo tanto sobre el contexto como sobre cada uno de sus protagonistas (De Vicente, 2007 y 2008). Para ello hemos creado una estructura formada por profesores que denominamos Equipo de Mediación y Tratamiento de Conflictos (EMTC) que colabora con la Jefatura de Estudios y con los equipos de tutores en el desarrollo del Plan de Convivencia y de forma específica en el Plan de Prevención e Intervención ante el Maltrato entre Iguales. Evidentemente esta es la manera en que se incardinó en nuestro instituto, pero en cada centro, según sus posibilidades, deberá apoyarse en las figuras y recursos con los que cuente, sean coordinadores o tutores de convivencia, orientadores o la persona que disponga de la mayor cualificación en este sentido, ya que lo importante no es el cargo, sino la capacidad, el saber hacer.

Gran parte de las medidas que incluye el Plan de Convivencia del centro tienen un carácter preventivo y ejercen una influencia positiva sobre la calidad de la convivencia en el instituto. De este modo el plan específico destinado al maltrato se encuadra en un conjunto de medidas que mejoran la convivencia y comparte con ellas una misma filosofía de participación e inclusión de todos los miembros de la comunidad educativa. Las actuaciones que desarrolla el Plan de Prevención e Intervención ante el Maltrato están destinadas a todos los actores y cubren los siguientes objetivos:

Para los espectadores:

1. Sensibilizar al alumnado, al profesorado y a las familias sobre los límites de unas relaciones sanas entre iguales.
2. Sensibilizar a la comunidad educativa para que se muestre atenta a situaciones que van contra la buena convivencia en el centro.

3. Crear una estructura de alumnos que ejerza un papel activo en la observación e intervención ante cualquier situación de maltrato: los Círculos de Convivencia.
4. Acompañar a los Círculos de Convivencia en el desarrollo de sus funciones.
5. Formar a este grupo de alumnos para que puedan promover en el alumnado estrategias para establecer relaciones positivas entre iguales.

Para las víctimas y sus familias:

1. Proteger a las potenciales y reales víctimas de maltrato entre iguales.
2. Ayudar a las víctimas de maltrato a mejorar sus competencias socioemocionales.
3. Encontrar la colaboración de sus familias y asesorarlas sobre pautas educativas facilitadoras de la interacción social de sus hijos.

Para los agresores y sus familias.

1. Mantener una política de tolerancia cero ante conductas de acoso entre iguales.
2. Promover en los agresores y sus familias la toma de conciencia de las consecuencias de sus actos en sus compañeros.
3. Ayudar a los agresores a mejorar sus habilidades cognitivas y emocionales y mejorar su desarrollo moral.
4. Encontrar la colaboración con sus familias y asesorarlas sobre pautas educativas que faciliten conductas sanas de interacción de sus hijos.

En el resto del capítulo vamos a ir exponiendo el protocolo de actuación del centro, que recoge las diferentes medidas desarrolladas con cada uno de los actores del maltrato.

2.1. Fase inicial: creación y puesta en funcionamiento de la red de apoyo

En el instituto contamos, en cada aula de la ESO, con varias estructuras de participación del alumnado. Una de ellas son los mencionados Círculos de Convivencia, cuya labor es la de realizar tareas de prevención, observación e intervención ante posibles conflictos entre iguales. Los objetivos de esta estructura son los siguientes:

a) Acoger a los alumnos que se incorporan por primera vez al aula.
b) Acompañar a los alumnos solitarios.
c) Observar e intervenir ante las posibles situaciones de maltrato.
d) Promover en sus compañeros la reflexión sobre diferentes aspectos relacionados con la convivencia.

Los Círculos de Convivencia se constituyen como una red de apoyo social tejida en torno a los alumnos que más dificultades muestran para crear de forma autónoma un grupo de amigos o simplemente para contar con un ambiente protector.

Nuestra experiencia con la participación del alumnado nos muestra que es necesario coordinarla periódicamente a través del profesorado. Los profesores que realizan este papel son los miembros del EMTC, que se reparten en grupos de tres o cuatro y se encargan de coordinar los diferentes niveles de la ESO. Este trabajo se realiza en horas de tutoría, concretamente la primera tutoría de cada mes. Previamente colocamos en el horario semanal las tutorías del mismo nivel educativo a la misma hora. Por su parte, el grupo de tres o cuatro profesores que van a coordinar ese nivel tienen contemplado en su horario personal una hora de coordinación de los Círculos en esa misma hora. Así, los profesores del EMTC que coordinan un nivel pueden sacar de la tutoría a los alumnos de los Círculos de ese nivel y mantener una reunión periódica con ellos.

¿Qué alumnos forman los Círculos de Convivencia y cómo se seleccionan? El Plan de Acción Tutorial que desarrolla el Departamento de Orientación con los tutores va abordando diferentes contenidos a lo largo del curso. Uno de los que se realizan a principio de curso es el que denominamos «organización de la participación en el aula». Los alumnos se apuntan de forma voluntaria para participar en alguna estructura.

En el caso de los Círculos de Convivencia, el Departamento de Orientación plantea una actividad en la que se parte de una situación conflictiva relacionada con el acoso y maltrato entre iguales. Se presenta un vídeo o documento escrito y se ayuda al alumnado a reflexionar sobre esa situación con preguntas dirigidas que pretenden aumentar su capacidad de análisis y comprensión sobre el fenómeno. Posteriormente se les invita a pensar si en el centro se producen este tipo de situaciones y si desean asumir un papel más activo para evitarlas. Informamos a los alumnos sobre las funciones de los Círculos de Convivencia, especialmente a los de primero de la ESO. Se les explica que se trata de contar con estudiantes que deseen desempeñar un papel activo para romper el Círculo de la victimización, y se hace especial hincapié en la diferencia entre ser corresponsable con la convivencia y ser un *chivato*.

El deseo de participar siempre ha sido elevado, pero en los últimos años ronda el 50 por ciento de cada clase. Cuando contamos con todo el grupo de voluntarios realizamos una selección, ya que no resulta operativo trabajar con un número demasiado elevado. Hemos fijado una cuota de cinco alumnos por grupo, porque pensamos que es un número suficiente como para mostrarse firme frente a posibles injusticias y que puede contar con la suficiente diversidad de personas como para tender puentes de ayuda a cualquier estudiante de la clase. Combinamos dos sistemas para esta selección: la votación de la clase y la elección del profesorado. En el primer caso salen los más populares y cuentan con mayor legitimación; en el segundo caso permite establecer un grupo más variado, de forma que cualquiera pueda ayudar a los demás sin necesidad de ser popular.

A los alumnos seleccionados les ofrecemos una formación básica de una o dos mañanas, durante el horario escolar. Se profundiza en el conocimiento del maltrato y se les ofrecen diferentes estrategias de ayuda entre iguales. Asimismo abordamos las funciones, los valores, las actitudes y los compromisos que han de asumir los alumnos para pertenecer a los Círculos de Convivencia, así como los límites de sus actuaciones.

Una vez realizada la formación se inicia el trabajo de los Círculos. Las reuniones mensuales presentan una estructura similar. En la primera parte se analizan casos de alumnos que necesitan alguna intervención en relación con la convivencia, se establecen planes de actuación y, si corresponde, se evalúa la marcha de los planes puestos en funcionamiento previamente. Los miembros de los Círculos de Convivencia son muy conscientes de que trabajan sobre casos de compañeros con un compromiso previo de confidencialidad. En la segunda parte de la reunión plantemos y experimentamos una actividad relacionada con la convivencia que los alumnos tienen que dinamizar en la siguiente tutoría con sus compañeros. Las actividades giran en torno a los conflictos y a las habilidades emocionales y cognitivas necesarias para afrontarlos.

En la reunión semanal de tutores de cada nivel comentamos el trabajo realizado en los Círculos de Convivencia para que los tutores cuenten con toda la información de lo que ocurre en su grupo y colaboren más eficazmente con ellos.

En esta fase inicial los Círculos realizan una *labor preventiva* al centrar parte de sus esfuerzos en la acogida y acompañamiento de alumnos que podrían y de hecho presentan dificultades para contar con un entorno cercano o para desarrollar las habilidades emocionales y sociales necesarias. Estas labores, supervisadas y apoyadas por los profesores (EMTC y Tutores) y por la Jefatura de Estudios, constituyen un verdadero marco protector que disminuye de forma drástica la probabilidad de encontrar situaciones de acoso entre iguales.

2.2. Fase de detección

Las actuaciones que hemos realizado en los últimos años en referencia a la convivencia en el instituto nos permiten contar con una comunidad educativa sensibilizada para detectar situaciones contrarias a la convivencia.

Todos los miembros de la comunidad educativa colaboran en la detección de situaciones de maltrato. El personal no docente informa permanentemente a la Jefatura de Estudios de cualquier situación contraria a la convivencia entre iguales. Las familias del centro son invitadas, en las reuniones de principio de curso, a ponerse en contacto con los tutores o la Jefatura de Estudios si detectan cualquier situación contraria a la convivencia, para de esta manera poder intervenir de forma inmediata. En las reuniones semanales de tutores la detección de casos es un punto fijo en el orden del día, de forma que lo que observa el profesorado también se pone sobre la mesa. Y finalmente, los alumnos.

Una de las funciones de los Círculos de Convivencia consiste en la observación constante de situaciones de acoso que pudiera sufrir cualquier miembro de la clase. El maltrato es un fenómeno visible que se produce de forma prioritaria en el aula (posteriormente en los pasillos, en los baños y en el patio), es decir, allí donde siempre se encuentran los alumnos. Los Círculos de Convivencia permiten una detección inmediata de cualquier situación de asimetría en las relaciones entre iguales. Y están legitimados por su clase y respaldados por el centro para comunicar cualquier situación de acoso. Como estructura de espectadores activos que detectan e intervienen ante cualquier situación potencial de maltrato constituyen un verdadero éxito.

En el maltrato la detección inmediata es el mejor medio para el éxito de las intervenciones posteriores. Esta detección inmediata pone en marcha los mecanismos resolutivos de forma automática para evitar que estas situaciones se repitan y se vuelvan crónicas.

2.3. Fase de recogida de información y análisis

Detectada en la fase anterior alguna situación que podría desembocar en un maltrato, iniciamos las actuaciones destinadas a confirmar los hechos y a detener su avance. Para ello, la Jefatura de Estudios y los profesores del EMTC que coordinan el nivel en el que se encuentran los alumnos implicados, realizamos entrevistas con cada uno de los implicados. Es muy importante que esta fase la realicemos en un tiempo relativamente breve para evitar que se vuelvan a producir nuevos acosos. Si los profesores se reparten las entrevistas y comparten posteriormente la información obtenida, es más fácil avanzar rápidamente para detener el problema.

El proceso se divide en las siguientes fases:

1. **Entrevista con los espectadores.** En el caso de que la información no se haya recibido a través de las reuniones mensuales de los Círculos, mantenemos un encuentro con las personas que han detectado la situación de maltrato. Si la

información procede de los Círculos, se hace una entrevista con los de la clase o clases implicadas. El objetivo principal es obtener toda la información posible sobre los hechos ocurridos. Los espectadores ofrecen información detallada de los hechos que han presenciado, les pedimos que no actúen por su cuenta y que confíen en las actuaciones que se han iniciado para resolver el asunto. Les informamos de los pasos que se van a dar y del papel que les solicitamos como observadores permanentes de cualquier situación que se vaya produciendo en torno a la víctima. Si más tarde se cuenta con la aprobación de la víctima, y ellos quieren colaborar, las tareas de observación se ampliarán al apoyo y acompañamiento en el aula y fuera de ella, interviniendo de forma no violenta para contener cualquier agresión o exclusión. Despedimos a los alumnos agradeciéndoles y valorando su compromiso con la mejora de la convivencia en el centro y citándoles para informarles de la voluntad de la víctima para ser apoyada y acompañada. En el caso de que los espectadores hayan sido profesores, personal no docente o padres, se obtiene igualmente toda la información para completar la que puedan ofrecer los Círculos o cualquier otro alumno que haya presenciado los hechos, buscando igualmente su compromiso de observación. En el Anexo 1 recogemos toda la información que aportan los espectadores.

2. **Entrevista con la víctima**. Permite conocer de primera mano tanto los hechos ocurridos como la vivencia que se tiene de los mismos. El objetivo inicial es reconocer el sufrimiento del alumno y empatizar con su malestar y su miedo. En la medida en que ese alumno se sienta aceptado y comprendido depositará más confianza en las posteriores intervenciones que realice el centro. Los profesores entrevistadores hacen explícito que el contenido de todo lo que se hable es confidencial, de modo que la víctima pueda sentirse segura de que la información que aporte no va a aumentar su indefensión. La experiencia de los entrevistadores en la escucha activa facilitará la implicación de la víctima. Escuchar las emociones, junto con el relato de los hechos, permitirá que los profesores del EMTC o en su caso la Jefatura de Estudios complete la información obtenida previamente de los espectadores, con el fin de contar con un dibujo inicial que ayude a valorar la magnitud del caso. Este esquema básico describirá unos hechos, su frecuencia de repetición, el contexto y los nombres de las personas implicadas, así como el papel que desempeñan (espectadores activos, pasivos, agresores activos, indirectos, reforzadores y asistentes, o incluso otras víctimas). En conjunto se obtendrá una primera estimación de las posibilidades de cambio de cada uno de los protagonistas y finalmente recogerá las estrategias desplegadas por la víctima para afrontar las agresiones, además de la valoración que la propia víctima hace de la eficacia de esas medidas. La práctica de los entrevistadores evitará tanto la sobredimensión como la minusvaloración del acoso. En un segundo momento transmitimos a la víctima la determinación del

centro para terminar con la situación de acoso. Es muy importante que el alumno se sienta protegido, que confíe y colabore con el centro. Para conseguirlo, contamos los pasos que se van a ir dando (las entrevistas con los diferentes actores, incluidos los padres de agresores y víctima, así como las medidas de observación y protección sobre su persona), y buscamos la complicidad del entrevistado. Informamos a la víctima de que el centro va a trabajar para encontrar una solución pacífica, justa y firme que termine con cualquier acoso. El alumno declara entonces si quiere colaborar y ser ayudado por el centro en los términos planteados. En ocasiones surgen dudas sobre el procedimiento, que pueden ser resueltas en este momento. La inmensa mayoría de los alumnos y sus familiares aceptan la ayuda del centro y colaboran activamente en la solución del conflicto. Sin embargo, a veces los padres del alumno o la propia victima han rechazado el control, protección y ayuda ofrecidos, e incluso el acompañamiento personal de los profesores. En estas situaciones hemos reducido nuestras actuaciones sobre la víctima y nos hemos limitado al control de la conducta de los agresores para garantizar que no se produjeran acosos. En el Anexo 2 recogemos toda la información que aportan las víctimas.

3. **Entrevista con los padres de la víctima**. En ocasiones la propia víctima cuenta a sus padres lo que está ocurriendo, y éstos se ponen en contacto con el centro, tras lo cual se concierta una entrevista. Si los padres no están informados, hablamos previamente con la víctima para establecer el momento y forma de comunicarles la situación. La entrevista con los padres de la víctima tiene como objetivos compartir la información de que disponen las partes y comunicar tanto la determinación del centro para detener el problema, como las actuaciones puestas en marcha para encontrar una solución justa para todas las partes. Informamos a los padres de que irán conociendo las fases de la intervención y al final buscamos su aceptación explícita para colaborar e informar de cualquier aspecto relevante del que tengan conocimiento. También se les pide que no realicen acciones paralelas por su cuenta, especialmente en lo que hace referencia a los agresores. La colaboración de los padres de la víctima facilita mucho el trabajo del centro y afianza la confianza que el alumno deposita en las intervenciones a realizar. Como hemos señalado anteriormente, cuando no se puede contar con la colaboración de las familias, el centro valora los límites de su intervención y se limita al trabajo con los agresores.

4. **Entrevistas con los agresores**. El acoso presenta una clara dimensión grupal y es frecuente encontrar que son varios los alumnos que acosan a una misma víctima. Los papeles que cada uno desempeña pueden ser diferentes. La información que hemos recibido por parte de los espectadores y la víctima permite aclarar las conductas y la responsabilidad de cada cual. Las entrevistas a los

agresores son individuales para evitar que haya un reforzamiento del grupo y para procurar que cada uno realice su propio proceso de reflexión personal. El orden de los encuentros con los agresores viene dado por la estimación de las posibilidades de cambio que haya realizado la víctima ayudada por los entrevistadores. De este modo, la primera entrevista la realizamos con los más proclives al cambio, terminando con los más recalcitrantes. Buscamos en esta fase dos tipos de objetivos. Los primeros hacen referencia a la recogida de información: conocer los hechos en boca del agresor (en la medida en que coincidan con los relatados por los espectadores y la víctima se puede detectar una actitud de partida favorable) y averiguar la responsabilidad que asumen, así como su arrepentimiento, su actitud de cambio y la disposición a reparar el daño causado. En esta primera parte no se cuestiona el papel del agresor. Toda la información previa confirma que ése es su papel, y de lo que se habla es de su asunción y de la voluntad de cambiar. Los segundos objetivos tienen que ver con la información que les aporta el centro: les advertimos del conocimiento que tenemos de los hechos y de que no vamos a tolerar conductas de este tipo. También les avisamos de los pasos que vamos a seguir (incluidas las entrevistas con las familias) y les expresamos el deseo del centro de que la situación pueda resolverse de forma pacífica y justa para todos. En las entrevistas con los agresores evitamos generar una actitud culpabilizadora. Implicamos al agresor en la resolución del conflicto, desde una actitud responsabilizadora. Tratamos de romper el Círculo de la violencia y no ejercerla, ni permitir que nadie la ejerza sobre el agresor. Finalmente tratamos de contrarrestar los efectos de una posible manipulación en la que el agresor se presente como víctima (Collell y Escudé, 2004). En el Anexo 3 recogemos toda la información que aportan los agresores.

5. **Entrevista con los padres de los agresores**. Cuando lo consideramos pertinente, realizamos una entrevista con los padres de los agresores. Los objetivos que perseguimos son, por un lado, informarles de la situación y de las acciones emprendidas. Escuchamos sus temores e inquietudes y su visión del problema. Tratamos de detectar la necesidad de ayuda que puedan plantear al centro. El clima de la entrevista viene marcado por la no culpabilización de la familia y la combinación de la empatía con la expresión de una firme determinación de acabar con el acoso. Cuando la familia muestra una actitud colaboradora y necesita asesoramiento sobre pautas educativas, le ofrecemos indicaciones que en la medida de lo posible se concretan en acuerdos y compromisos para el agresor. Si el centro y las familias comparten objetivos y muestran confianza hacia el proceso de resolución, entonces aumenta la posibilidad de éxito. La entrevista finaliza con una derivación a los servicios externos, donde les pueden asesorar con más profundidad. O si no, se les propone una cita en el centro para continuar con el asesoramiento y para informar de los resultados que se van obteniendo.

2.4. Fase de toma de decisiones

Una vez terminadas las entrevistas contamos con una información muy valiosa para analizar:

1. *Los hechos*: ¿existe una versión única y compatible con las diferentes versiones de los hechos o hay aspectos incongruentes y contradictorios? ¿Existe riesgo inminente de agresión? ¿La gravedad de los hechos requiere acudir a la vía penal para proteger a la víctima?
2. *Los espectadores*: ¿manifiestan una actitud favorable de ayuda y apoyo a la víctima?
3. *La víctima*: ¿tiene una actitud favorable hacia las intervenciones del centro? ¿Se encuentra protegida? ¿Se encuentra en una situación de riesgo de ser acosada? ¿Sus padres muestran una actitud favorable a la intervención del centro? ¿Necesita aprender estrategias proactivas para afrontar conflictos?
4. *Los agresores*: ¿reconocen su responsabilidad en los hechos? ¿Muestran arrepentimiento? ¿Están dispuestos a reparar el daño causado? ¿Están en riesgo de relacionarse desde el abuso con otros compañeros? ¿Hay que establecer un alejamiento de la víctima? ¿El comportamiento del agresor requiere una entrevista con sus padres? ¿Muestran voluntad para realizar un trabajo reeducativo?

Terminado el análisis tomamos las decisiones pertinentes sabiendo que los objetivos de la intervención se priorizan de la siguiente manera:

1. Detener las agresiones e impedir que se produzcan otras. Este objetivo se cubre de manera más eficaz si se cuenta con la colaboración de los agresores. De hecho, gran parte de las intervenciones están destinadas a conseguir este objetivo. En caso de que no quieran colaborar, hay que garantizar igualmente la detección de las agresiones, en este caso utilizando otros métodos (alejamiento, denuncia…).
2. Promover la observación, el acompañamiento y la protección no violenta de la víctima en el entorno escolar. Para cubrir este objetivo el centro debe contar con la aceptación de la víctima, de sus padres y de los miembros de los Círculos de Convivencia. Si no es posible, nos limitamos a la observación de la víctima y a la denuncia de cualquier agresión.
3. Conseguir que los agresores tomen conciencia de las consecuencias que su conducta ha ejercido en la víctima, buscar su arrepentimiento, promover su deseo de reparar el daño moral causado a la víctima y reeducarles en un estilo de relación respetuoso con sus iguales. En el centro ponemos en marcha diferentes recursos para conseguir estos puntos, y en algunos casos solicitamos la colaboración de los recursos del entorno.

4. Promover en la víctima estrategias de autoprotección y un estilo más proactivo de afrontamiento no violento de las agresiones. Parte de las intervenciones se pueden realizar en el centro con la colaboración de sus padres, en los casos que buscamos colaboración externa.

En el Anexo 4 recogemos las respuestas a las preguntas anteriores y anotamos las decisiones pertinentes.

2.5. Fase de intervención reeducativa

En esta etapa comprobamos si las agresiones se han detenido y profundizamos en la toma de conciencia de agresores y víctimas sobre la situación de acoso vivida y sus estilos a la hora de afrontar las agresiones.

1. **Entrevistas con los espectadores**. Estas entrevistas sirven para hacer un seguimiento del trabajo de observación, protección y acompañamiento. Es muy importante saber cómo se van sintiendo desempeñando esta labor y realizando los ajustes necesarios si fuera pertinente. En ocasiones las víctimas desgastan la buena voluntad de los acompañantes, bien por su pasividad... o por lo contrario, porque acompañan a víctimas agresoras, lo cual les exige repartir su trabajo entre la contención de algún agresor y la contención de las provocaciones de la propia víctima. Por otro lado, en la medida en que la víctima no valore o incluso desprecie la ayuda que está recibiendo de sus compañeros, el ánimo de éstos puede ir decayendo. Los profesores del EMTC realizan una labor de apoyo de los acompañantes, escuchando cómo se van sintiendo, y ofreciendo estímulo y ánimo si fuera necesario. El segundo objetivo de estas reuniones consiste en supervisar la interrupción total de las agresiones. Los miembros de los Círculos de Convivencia informan de cualquier incidente que en este sentido se vaya produciendo, así como de cualquier avance positivo en las relaciones entre el entorno y la víctima. La frecuencia de estas reuniones de seguimiento es mayor al principio, y si no hay novedad, se van espaciando. Solemos realizarlas en la hora de tutoría o en cualquier recreo, y su duración es variable según va avanzando el proceso. Felicitar y valorar a los alumnos por su labor altruista es un buen cierre para estas reuniones, ya que necesitan el apoyo de los profesores para realizar esta tarea de forma permanente a lo largo del tiempo.

2. **Intervención con los agresores**. En función de las reflexiones, las actitudes y el comportamiento de los agresores en la fase de recogida y análisis de la información, nos planteamos diferentes medidas complementarias:

a. *Alejamiento*. El peor de los escenarios posibles consiste en que los agresores no reconozcan los hechos cometidos y, por tanto, no muestren arrepentimiento ni estén dispuestos a detener su conducta agresora. Los esfuerzos que realizamos en la fase de análisis van destinados a superar esa situación y a buscar la responsabilización no culpabilizadora de los agresores para que pueda producirse una reflexión y cambio. En muchas ocasiones este esfuerzo da sus frutos. Pero si en último caso no es posible, el centro debe establecer la prioridad de proteger a la víctima, y para ello es necesario separar a los agresores durante el tiempo que estimemos oportuno. Esta separación puede limitarse al cambio de grupo, o llegar hasta la expulsión temporal o al cambio de centro. Si finalmente el riesgo se mantiene también fuera del ámbito escolar, se podría interponer una denuncia penal.

b. *Control*. Tras la entrevista con los agresores es habitual que éstos tomen conciencia de la gravedad de los hechos y se comprometan a no repetir su conducta. En este caso los agresores saben que deberán demostrar con sus actos el compromiso que han establecido y que el centro está verificando su actitud. Hasta que no se haya valorado que el riesgo de agresión ha disminuido, se mantiene la observación permanente y la protección no violenta de la víctima. Sin embargo, el compromiso de cambio no es suficiente, especialmente en alumnos que establecen las relaciones con sus iguales desde el abuso. Es por esto que planteamos dedicar parte de nuestro esfuerzo a que los agresores incorporen a su repertorio de conductas respuestas respetuosas con los demás compañeros.

c. *Medidas punitivas*. La más habitual es la expulsión. No tanto como medida de alejamiento, sino como castigo por haber incumplido una norma básica de las relaciones humanas. Si un centro opta por esta medida debería ser después de haber realizado un proceso de reflexión con los agresores, buscando su colaboración en la detención del acoso y finalmente explicando el sentido de dicha expulsión. El problema de las expulsiones no explicadas ni entendidas por los agresores es el sentimiento que les genera de rechazo y odio hacia el centro y, lo que es peor, hacia la víctima. Por este motivo las expulsiones se encuentran al final de un proceso en el que se da la oportunidad de reconocer los hechos y mostrar arrepentimiento. La expulsión se debe explicar como el pago que el alumno efectúa por su conducta. Si este proceso no tiene lugar, el centro debe saber que la mera sanción no cambia el comportamiento, no produce transformación y, por tanto, el riesgo de reincidencia se mantiene intacto. En nuestro centro recurrimos a la expulsión cuando por la razón que sea han fallado las medidas previas.

d. *Reeducación*. El reconocimiento de los hechos por parte de los agresores, y su voluntad de cambio, son dos pasos muy importantes en el proceso de solución del acoso. Sin embargo, muchos agresores carecen de los recursos necesarios para establecer y mantener relaciones sanas con sus iguales. Las medidas reeducativas están destinadas a profundizar en la reflexión para que los agresores mejoren su competencia emocional, desplieguen las habilidades cognitivas necesarias para mantener una relaciones justas, mejoren su nivel de desarrollo moral y, finalmente, puedan tomar conciencia de las efectos de su conducta en los demás. De esta manera podrán reparar sinceramente el daño causado, así como evitar esas conductas en el futuro. Los miembros del EMTC y el Departamento de Orientación realizan una labor de tutorización personal de los alumnos agresores. Para llevar a cabo esta tarea hemos desarrollado un cuaderno de reflexión que vamos trabajando con los agresores a lo largo de varias tutorías personales.

3. **Contenidos de la reeducación con los agresores**. El cuaderno de trabajo para alumnos agresores consta de dos partes. La primera se denomina «análisis y experimentación». En ella ayudamos a los estudiantes a reflexionar y tomar conciencia de sus emociones, pensamientos y conductas cuando acosan a otros compañeros, al tiempo que se buscan formas alternativas de relacionarse. La segunda parte propone trabajos destinados a la reparación del daño causado. Los contenidos que desarrollamos para reeducar a los agresores son los siguientes:

En primer lugar tenemos la denominada *«educación emocional»*, que a su vez se divide en las partes siguientes:

a. *Conocimiento de las propias emociones*. Para trabajar este aspecto de la inteligencia emocional el alumno elige una situación de conflicto reciente, vivida con la persona acosada, y va reflejando en una gráfica que denominamos «emociograma» la interacción entre las conductas de la víctima y las conductas, pensamientos y emociones experimentadas por el agresor. Los objetivos de esta reflexión son ayudar a este último a tomar conciencia de lo que hace y a concretar las variables contextuales que desencadenan su conducta. Identificadas las emociones, le ayudamos a que profundice en cada una de ellas poniéndoles nombre, identificándolas con un color, ubicándolas en algún lugar de su cuerpo en el que las siente, y pensando en las situaciones de su vida en las que las suele experimentar.

b. *Reconocimiento de las emociones del otro*. Las conductas del agresor tienen una repercusión en la víctima. En muchas ocasiones el primero no es consciente de las consecuencias de su conducta en el otro, por lo que puede mejorar su empatía si recibe ayuda para vincular su acción con las emociones del otro. En este apartado elegimos ciertas emociones y ayudamos al alumno a detectar las claves comunicacionales que ayudan a inferir el sentimiento ajeno: movimientos, postura corporal, gestos, mirada, expresiones. En un segundo momento le ayudamos a vincular las emociones de una persona con sus necesidades. De este modo los alumnos que acosan aprenden a anticipar los sentimientos y las necesidades de sus víctimas. Esta empatía funcionará como un elemento de aproximación al otro y disminuirá la probabilidad de desplegar una conducta violenta.

c. *Autocontrol de las emociones.* Las experiencias personales van reforzando los vínculos entre las emociones que experimentamos y las conductas que desplegamos. Los anclajes entre emociones y conductas son los responsables de que se automaticen las respuestas y no exista mediación del pensamiento entre unas y otras. Los agresores necesitan controlar las emociones que se transforman de forma automática en conducta destructiva. La rabia, el odio, el resentimiento son emociones tan legítimas como las demás, pero corren el riesgo de transformarse en conductas ilegítimas. Aceptar esas emociones y expresarlas respetando a los demás es un reto para estos alumnos.

En segundo lugar nos ocupamos de las *habilidades cognitivas*, teniendo en cuenta las siguientes fases:

a. *Evaluación realista.* La valoración que las personas realizamos de una interacción social en general o de una conflictiva en particular influye en nuestras emociones y conductas. Es frecuente encontrar en los alumnos que inician un conflicto una interpretación exagerada de la conducta de los demás, atribuyéndole una intencionalidad y negatividad dirigida explícitamente hacia ellos. El estilo egocéntrico del pensamiento adolescente, unido a la exposición repetida a situaciones destructivas, crea una experiencia negativa en estos jóvenes, que responden a muchas situaciones tras una sesgada valoración del contexto. Aprender a evaluar de forma realista una interacción evita los enganches innecesarios y disminuye las probabilidades de conflicto.

b. *Pensamiento alternativo.* Muy estrechamente relacionado con el control de las emociones se encuentra la habilidad para contar con un repertorio variado de respuestas ante una misma situación. Los alumnos que más dificultades presentan en esta habilidad suelen ofrecer dos tipos de respuestas ante los conflictos: la agresión o la huida. Evalúan la situación y si consideran que tienen más poder que la persona que tienen enfrente se *meten* con ella, y si se sienten inferiores, o piden refuerzos o huyen. Son las dos reacciones más primitivas, las que compartimos con los animales. Desarrollar un pensamiento alternativo supone encontrar caminos para defender sus intereses sin lesionar los de los compañeros. Necesitarán valorar las ventajas y los inconvenientes de las diferentes opciones y buscar las respuestas compatibles con el respeto a los demás.

c. *Pensamiento consecuencial.* Vinculado al pensamiento alternativo se encuentra esta forma de pensar. Pensar antes de actuar disminuye las probabilidades de verse desbordado por la emoción y facilita valorar las consecuencias de las conductas que despleguemos. En el desarrollo de esta habilidad trabajamos la valoración de las diferentes opciones, encontrando las ventajas y desventajas de cada una de ellas. El objetivo final es poder automatizar el proceso de evaluación para anticipar las consecuencias de las conductas antes de realizarlas.

En un tercer paso debemos afrontar el *razonamiento moral*, que se basa en un proceso de *reflexión moral*. El núcleo de este tipo de reflexión, a la hora de plantearla con alumnos que han acosado a otros, consiste en encontrar motivos para respetar a los demás. Las respuestas son variadas y, como es sobradamente conocido, presentan diferente calidad. No tiene la misma calidad moral el razonamiento «No debo acosar, porque si no luego me castigan», que «Respeto a los demás si los demás me respetan a mí» o «Respeto a los demás porque es una norma básica». La confrontación de diferentes argumentos contribuye al desarrollo moral de los alumnos y facilita su madurez.

4. *Contenidos de la reeducación con las víctimas.* El trabajo con las víctimas de maltrato va a ser menos urgente en la medida en que hayamos conseguido detener las agresiones, contemos con el apoyo de los Círculos de Convivencia y hayamos iniciado el trabajo con los agresores. El objetivo general del trabajo reeducativo con las víctimas es promover su apoderamiento, es decir, aumentar su poder en las interacciones sociales para mantener relaciones simétricas con sus iguales. Este aumento del poder va a depender de factores contextuales, de la existencia de un entorno protector (que no proteccionista) y de factores personales. Necesitan desarrollar habilidades emocionales y cognitivas para obtener respuestas sociales ajustadas y potenciar sus habilidades sociales. En cuanto al trabajo personal con la víctima, en cada caso nos planteamos si necesita la colaboración de los recursos del entorno (servicios sociales, salud mental o atención psicológica) o si podemos abordarlo sin esta ayuda. En los centros no siempre se dispone de personal y tiempo para realizar este tipo de tarea con las víctimas. En cualquier caso, si establecemos una colaboración con el entorno, es muy importante que exista una buena coordinación, ya que será en el centro educativo donde el alumno ponga en práctica las nuevas estrategias que va a ir desarrollando. Cuando colaboramos con un servicio de atención externo al centro, suelen llevar la atención más individual de la víctima y sus familias, mientras que nosotros colaboramos con el proceso mediante la observación y seguimiento del alumno y facilitando con espectadores sensibilizados su participación social en todas las actividades del centro. A lo largo de esta colaboración nos mantenemos mutuamente informados.

El trabajo individual con las víctimas suele incluir tres tipos de objetivos: El primero es la *toma de conciencia de las interacciones entre emociones y pensamientos.* Que a su vez se divide en:

1. Conocimiento de las propias emociones. Se parte de las situaciones de acoso y se ayuda al alumno a detectar el efecto sobre las emociones. Se pone nombre a esas emociones y se trabaja sobre sus características.

2. Conocimiento de los automensajes. Se exploran los pensamientos asociados, especialmente los denominados «automensajes» (Matamala y Huerta, 2005). Se trata de identificarlos tomando conciencia de su potencial destructivo (suelen ser pensamientos exagerados, generalizaciones, excesivamente dramáticos, injustos con uno mismo). Hay que aprender a detenerlos o desactivar su potencial destructivo y sustituirlos por otros más ajustados, concretos, ecuánimes y, en definitiva, menos destructores de la autoestima.

3. Interacciones emoción-pensamiento. Se va profundizando en la interacción recíproca entre emociones y automensajes. A partir de este triple trabajo de toma de conciencia se trata de facilitar que el alumno se sienta más confiado sobre sus posibilidades para superar el problema que padece y así afrontar las situaciones de maltrato.

En segundo lugar se dispone un *entrenamiento en técnicas de autodefensa*. Realizada la primera fase previa, se enseña al alumno a diseñar estrategias para afrontar situaciones de maltrato o modificar en su beneficio las condiciones del entorno en el que se producen los ataques. Incluye el entrenamiento en técnicas de relajación y el uso de diferentes estrategias ante las agresiones: ignorar, escapar, preguntar, buscar la complicidad de los espectadores, denunciar, utilizar el humor (no la ironía ni el sarcasmo), responder con asertividad, etc. En tercer y último lugar tenemos el *desarrollo de estrategias para hacer y consolidar amistades*. Consiste en dotar a la víctima de estrategias y habilidades sociales que les permitan iniciar relaciones con sus iguales y consolidar estas relaciones a lo largo del tiempo.

2.6. Fase de cierre

A medida que se va interviniendo con cada una de las partes vamos evaluando los resultados. La observación de alumnos, familias, personal no docente y profesores nos permite conocer la evolución del caso de acoso y de cada uno de los implicados.

En caso de que el proceso haya seguido un camino favorable decidimos si es conveniente establecer un encuentro entre acosado y acosadores con presencia de los profesores y/o alumnos ayudantes. Para tomar esta decisión analizamos el poder que ha adquirido la víctima, para mantener una comunicación en términos de simetría. El objetivo de este encuentro sería compartir el aprendizaje de cada uno y escenificar el arrepentimiento y la petición de disculpas por el acoso. Cuando se dan las condiciones, este encuentro suele constituir un cierre idóneo. Las familias de las víctimas y los agresores reciben con mucho agrado el reconocimiento de los esfuerzos realizados por sus hijos, así como por los demás alumnos, y el fin de las conductas de acoso impulsadas o recibidas por sus hijos.

Nuestra experiencia nos muestra que la actuación decidida y participativa sobre el contexto escolar en el que se produce el acoso, así como sobre sus protagonistas, disminuye de forma drástica la aparición de estas situaciones y transmite a la comunidad educativa un mensaje de confianza en la gestión de la convivencia que se realiza desde el centro educativo.

3. BIBLIOGRAFÍA

Avilés J. M. «La intimidación y el maltrato en los centros escolares», obtenida de http://www.el-refugioesjo.net/, 2002.

Benítez y Justicia (2006). «El maltrato entre iguales: descripción y análisis del fenómeno». *Revista Electrónica de Investigación Socioeducativa*, nº 9, vol. 4 (2), pp. 151-170.

Collell, J. y Escudé, C. (2004). «Maltrato entre alumnos: necesidad de una aproximación no culpabilizadora». *Ambits de Psicopedagogia*, 14, 12-15 (original en catalán).

Cowie, H. y Fernández F. J. (2006). «Ayuda entre iguales en las escuelas. Desarrollo y retos». *Revista Electrónica de Investigación Socioeducativa*, nº 9, vol. 4 (2), pp. 291-310.

De Vicente, J. (2007). «Gestión participativa de la convivencia en el IES Miguel Catalán». En Torrego J. C. (coord.), *La convivencia en los centros*. Madrid: Wolters Kluwer.

De Vicente, J. «Cooperación en convivencia y aprendizaje: mediación y ayuda». En Torrego, J. C. (coord.), *El Plan de Convivencia*. Madrid: Alianza Editorial.

Defensor del Pueblo (2000). *Informe del Defensor del Pueblo sobre violencia escolar*. Madrid: Oficina del Defensor del Pueblo.

Defensor del Pueblo (2007). *Violencia escolar: el maltrato entre iguales en la Educación Secundaria Obligatoria 1999-2006*. Madrid: Oficina del Defensor del Pueblo.

Matamala, A. y Huerta, E.(2005). *El maltrato entre escolares. Técnicas de autoprotección y defensa emocional*. Madrid: Antonio Machado Libros.

Olweus (1998). *Conductas de acoso y amenaza entre escolares*. Madrid: Morata.

4. ANEXOS

Anexo 1 Fecha:	Entrevista con los espectadores			
Hechos	Descripción de los hechos ocurridos (incluye fechas, lugares, conductas).			
Espectadores	Espectadores pasivos de las agresiones (no actúan).	Espectadores activos de las agresiones (paran la agresión).		
	Sentimientos (con respecto a víctima y agresores).			
	Necesidades (con respecto a víctima y agresores).			
	Actitud favorable para observar, acompañar y proteger a la víctima.		Sí	No
	Estrategias para observar, acompañar y proteger a la víctima.			
	Quién.	Cuándo.	Cómo.	
	Aceptación de las intervenciones del centro (aspectos favorables y recelos).			
Víctima	Sentimientos (en relación con los espectadores y los agresores).			
	Necesidades (en relación a los espectadores y los agresores).			
Agresores	Agresores activos (acosan directamente).	Agresores indirectos (promueven el acoso).		
	Agresores reforzadores (animan).	Agresores asistentes (ayudan a los activos).		
	Necesidades (en relación a la víctima).			
Anexo 2 Fecha:	Entrevista con la víctima			
Hechos	Descripción de los hechos ocurridos (incluye fechas, lugares, conductas).			

Víctima	Sentimientos (en relación con hechos y personas).	
	Estrategias desplegadas para afrontar la agresión.	Valoración de las estrategias.
	Necesidades.	
	Aceptación de las intervenciones del centro (aspectos favorables y recelos).	
Espectadores	Espectadores pasivos de las agresiones (no actúan).	Espectadores activos de las agresiones (paran la agresión).
Agresores	Agresores activos (acosan directamente) y posibilidades estimadas de cambio.	Agresores indirectos (promueven el acoso) y posibilidades estimadas de cambio.
	Agresores reforzadores (animan) y posibilidades estimadas de cambio.	Agresores asistentes (ayudan a los activos) y posibilidades estimadas de cambio.

Anexo 3 Fecha:	Entrevista con el agresor			
Hechos	Descripción de los hechos ocurridos (incluye fechas, lugares, conductas).			
Agresores	Agresores activos (acosan directamente).	Agresores indirectos (promueven el acoso).		
	Agresores reforzadores (animan).	Agresores asistentes (ayudan a los activos).		
	Sentimientos (en relación con la víctima).			
	Necesidades (en relación a la víctima).			
	Voluntad de inicial de reparar el daño causado.		Sí	No
	Aceptación de las intervenciones del centro (aspectos favorables y recelos).			
Espectadores	Espectadores pasivos de las agresiones (no actúan).	Espectadores activos de las agresiones (paran la agresión).		

Víctima	Sentimientos (en relación con hechos y personas).
	Necesidades (en relación a los espectadores y los agresores).
Anexo 4 **Fecha:**	**Resumen de la información**
Hechos	Versión única o al menos compatible de los hechos.
	Riesgo de agresión.
Espectadores	Actitud favorable para observar, acompañar y proteger a la víctima.
Víctima	Actitud favorable para ser acompañado y protegido.
	Actitud favorable de la familia para que su hijo sea acompañado y protegido.
	Necesita aprender estrategias para afrontar los conflictos.
Agresores	Reconocen la responsabilidad de los hechos.
	Muestran arrepentimiento.
	Actitud favorable para reparar el daño causado.
	Necesita aprender a relacionarse.
	Tiene una actitud favorable ante las intervenciones del centro.
	Los padres muestran una actitud favorable ante las intervenciones del centro.

CAPÍTULO X
EL TUTOR DE CONVIVENCIA EN UN PLAN GLOBAL Y COMUNITARIO DE GESTIÓN DEL CLIMA ESCOLAR

Pino Mazorra Manrique de Lara
Jesús María Simón Fernández
Lourdes Arvelo Gil

1. INTRODUCCIÓN

El IES Eusebio Barreto Lorenzo (Los Llanos de Aridane) vive desde el curso escolar 2000-2001 un proceso de mejora en el campo de la convivencia escolar. Nuestra experiencia es larga, ya que empezó en el año 2000 y se fundamenta en la reflexión de nuestra comunidad, el trabajo cooperativo, el aprendizaje continuo y la evaluación de nuestras actuaciones. Por ello la definimos como una experiencia abierta e inconclusa sujeta a revisión y análisis. Nuestro plan de convivencia, consecuencia y respuesta a un clima escolar deteriorado y a la ineficacia del sistema punitivo empleado para la resolución de los conflictos, evoluciona en dos fases o momentos bien diferenciados: una fase reactiva, consistente en una auto-auditoría de la convivencia en nuestro centro, y una fase proactiva, en la que nuestro objetivo ha sido diseñar acciones y protocolos que hemos mejorado con el tiempo y la experiencia para dar una respuesta ajustada a las necesidades y los cambios del contexto escolar.

Según nuestra opinión, la intervención del tutor de convivencia es eficaz si está inmersa en un plan global, comunitario, escalonado y sistémico de gestión del clima escolar. El tutor de convivencia tiene unas funciones y competencias muy definidas en un momento concreto de la escalada del conflicto, dentro de un modelo de disciplina positiva que se fundamenta en la cooperación y participación de todos los agentes de nuestra comunidad y el entorno.

En nuestro plan de gestión de la convivencia escolar, basado en la implicación, investigación e innovación colectiva, no sirven las decisiones monolíticas y los protagonismos individuales, sino las decisiones colegiadas y el protagonismo de todos. Así, los tutores de convivencia son protagonistas esenciales pero no únicos en nuestro plan de gestión. La eficacia en su trabajo y la credibilidad del plan dependen de las actuaciones del resto de los agentes que intervenimos en la convivencia escolar.

Se trata de un plan que surge desde abajo, consensuado y aceptado por nuestra comunidad, dirigido por el coordinador de convivencia, con funciones y competencias que, en nuestro caso, son diferentes a las del tutor de convivencia.

En nuestro instituto, tras abandonar el concepto punitivo de la disciplina, hemos diseñado un modelo ecléctico o integral (Torrego, 2000) en el que se incluyen actividades, protocolos de actuación y documentos propios. Todas estas herramientas son elementales e imprescindibles en nuestra práctica educativa diaria y todas aportan su granito de arena en la prevención y resolución del conflicto. Además, son complementarias entre sí y cada una tiene su protagonismo dentro del modelo sin restarse importancia. Por ello, aunque el Aula de Convivencia y los Tutores de Convivencia son los protagonistas principales, sólo son partes de un todo y sus éxitos dependen de las actuaciones realizadas por el resto de las personas implicadas y de la inclusión en un plan de centro planificado, protocolizado, sistematizado y evaluado.

El Aula de Convivencia es un eslabón en la cadena de recursos con los que cuenta el centro para abordar el conflicto y las funciones que desempeñan los Tutores de Convivencia están orientadas a prevenir el conflicto y favorecer su resolución en un espacio físico y temporal destinado a la habilitación personal y social de nuestros alumnos. El carácter educativo y didáctico que tiene la figura del tutor de convivencia en el modelo global del centro hace que tenga una dedicación casi exclusiva en el Aula de Convivencia. Esta dedicación es así porque los tutores de convivencia son profesores que comparten sus funciones docentes con competencias en temas convivenciales. A diferencia del modelo implantado en Castilla y León, las funciones de coordinación y organización quedan asumidas por el jefe de estudios y coordinador del plan. En nuestro caso, el director de orquesta[32] es el jefe de estudios, no al tutor de convivencia, denominado así en nuestro centro por el trato personalizado, afectivo y cercano que realiza con el alumno, padre o profesor que tiene un conflicto o problema[33].

Fruto de nuestro esfuerzo compartido en la mejora del clima escolar, hemos convertido el instituto en un centro ordenado, seguro y acogedor construido por todos, en el que la máxima atención recae en la persona y en su formación global. En este sentido, compartimos con Caballo (2008) el concepto de educación integral y plural fundamentado en la reflexión e intervención colegiada. Para nosotros educar no ha

---

32. Modelo y figura al que hace referencia Funes en el capítulo I: Qué es y cómo llevar a cabo la gestión eficaz de la convivencia.
33. La figura del tutor de convivencia surge de la experiencia del IES Lila (antiguo Jinámar III), de Telde, municipio de Gran Canaria. Se trata de un instituto situado en una zona deprimida y puntero en el campo convivencial.

sido eliminar los conflictos del centro para simular un instituto ideal sino entender que el conflicto es algo inherente a la convivencia y las relaciones humanas. Educar, desde nuestro punto de vista, requiere el esfuerzo de enfrentarnos a las dificultades y aprovecharlas con fines educativos.

2. NUESTRO INSTITUTO Y SU PROYECTO EDUCATIVO

El Plan de Gestión de la convivencia que vamos a explicar es un plan propio y genuino del IES Eusebio Barreto Lorenzo, un instituto de Secundaria situado en las Islas Canarias, concretamente en la isla de La Palma. El centro comenzó su actividad académica en el curso 1970-1971 como instituto de Bachillerato, contando con más de 1.000 alumnos matriculados procedentes de los siete municipios de la comarca oeste de la isla. El año académico 1996-1997 se convierte en instituto de Enseñanza Secundaria, aunque durante tres cursos, por problemas de espacio, se imparte sólo el segundo ciclo de esta etapa, incorporándose el primer ciclo de ESO en el curso 2000-2001. Actualmente es un Centro Ordinario de Atención Educativa Preferente (COAEP) de Discapacidad Auditiva y desde el curso escolar 2010-2011 forma parte del Plan PROA con el objeto de garantizar la continuidad en el sistema educativo de nuestro alumnado y de mejorar las tasas de idoneidad, promoción y abandono escolar.

Nuestro centro se encuentra en el Valle de Aridane, una comarca cuyas actividades económicas más importantes son la agricultura y el sector servicios. El instituto, por su ubicación dentro del municipio, recibe entre sus alumnos a una proporción significativa de jóvenes de entornos culturales y sociales con una clara desventaja socioeducativa. En estos alumnos confluye un conjunto de factores, tales como el bajo nivel de formación de las familias, el desconocimiento del sistema educativo o la falta de expectativas económicas y laborales. Con frecuencia se añaden a éstos otras circunstancias que igualmente generan dificultades, como la acogida de población inmigrante, el desconocimiento de la lengua por parte del alumnado extranjero y los problemas de integración social o escolar de muchos de nuestros estudiantes, especialmente en los primeros niveles de la ESO, donde nos encontramos con algunas situaciones de riesgo y rechazo escolar. Las dificultades que todo ello genera en el centro requiere un cambio del perfil del docente y respuestas educativas flexibles que nos permitan enfrentarnos a una situación compleja, heterogénea y diversa y que, en todo caso, facilite la integración de nuestro alumnado, la compensación de las desigualdades y carencias, la promoción y permanencia dentro del sistema educativo y la satisfacción de las expectativas y necesidades de todos, en especial de aquellos que se encuentran en riesgo de abandono o que tienen más dificultades. En este aspecto, compartimos con Parcerisa (2008) que la complejidad de la realidad escolar nos ha llevado a un cambio en el concepto de la escuela y la educación.

El Proyecto Educativo del instituto, donde se define el Plan de Convivencia y el estilo educativo, también está abierto a la reflexión, evaluación continua y participación de todos los sectores de nuestra comunidad y está enmarcado en un contexto determinado y cambiante que lo justifica. A partir del análisis de nuestra realidad escolar, de las necesidades educativas y de las expectativas de nuestros alumnos, defendemos una visión integral y comprensiva de la educación que busca el desarrollo académico, personal y social de nuestro alumnado y presta especial importancia a la atención y respeto a la diversidad, la inclusión socio-escolar de todos sin distinción, la educación en valores y la implicación de nuestra comunidad y del entorno. Los objetivos generales del Proyecto Educativo son:

- **La mejora y respeto del centro escolar y de nuestro entorno más cercano**. Pretendemos, a partir de la restauración y embellecimiento de los espacios del centro por nuestra comunidad escolar[34], inculcar la afectividad y respeto al entorno escolar y el cuidado y conservación de nuestro patrimonio natural y cultural.

- **La mejora de la convivencia y el clima escolar**, donde se defiende un modelo de convivencia basado en la regulación de la disciplina desde un punto de vista constructivo, y el conflicto se entiende como una oportunidad de aprendizaje.

- **La mejora del rendimiento escolar**. Consideramos que, tras tener y afianzar el plan de mejora de la convivencia escolar, debemos abordar el tema del rendimiento y el éxito escolar, desde una óptica global (Adell, 2002) y humanista, e ir más allá de las calificaciones como únicos indicadores del mismo.

Según Torrego (2006: 56-59) nuestra forma de trabajar, desde que hemos iniciado este proceso de mejora continua, se ha caracterizado por analizar la realidad del centro; detectar necesidades; investigar y formarnos; ser receptivos y escuchar distintas opiniones y visiones sobre el tema de interés; personalizar y contextualizar la formación recibida; generar protocolos y documentos "propios" y diseñar y planificar acciones para ponerlas en práctica, evaluarlas, modificarlas, fundamentarlas teóricamente e institucionalizarlas en los documentos programáticos (NOF, PEC, PGA[35]...). Las fases de nuestro trabajo para elaborar el Plan de Convivencia quedan

---

34. Este objetivo del PEC surge a raíz del proyecto de mejora "Por un Centro Guapo", proyecto de innovación educativa, reconocido por el Consejo Escolar de Canarias.

35. Siguiendo a Torrego, confirmamos que esta forma de trabajo se corresponde con una planificación adecuada del proceso de mejora convivencial y sus fases: el diagnóstico y la selección de las áreas de mejora, la formulación de objetivos y planificación de las acciones, la puesta en práctica, la

resumidas así: «Del contexto y el diseño de nuestras actuaciones a la práctica» y «De la práctica y la experiencia a la teoría y la institucionalización».

El Plan de Convivencia de nuestro Proyecto Educativo de centro, los proyectos de mejora y las iniciativas de calidad que anualmente y con continuidad diseña el instituto en su Programación General Anual (PGA) contribuyen, a través de las Programaciones Didácticas, el Plan de Acción Tutorial y el Plan de Actividades Extraescolares y Complementarias, a la consecución de los tres grandes objetivos del PEC: Rendimiento y Bienestar Escolar, con una visión integral y una explicación multifactorial del éxito-fracaso escolar (Adell, 2002); Centro Guapo, mediante el respeto y la mejora de nuestro centro escolar y el entorno más cercano, y Convivencia Escolar Positiva.

Hemos diseñado un proyecto educativo realista, contextualizado a nuestra realidad escolar y elaborado a partir de nuestra experiencia y práctica educativa (Chozas, 2003) y llegamos al convencimiento de que:

EXISTE UNA ESTRECHA RELACIÓN ENTRE:

conservación y mejora del centro educativo => mejora de la convivencia y el clima escolar => mejora del bienestar y el rendimiento

---

Por último, para lograr una formación integral de la persona y un aprendizaje en competencias básicas (CCBB), consideramos que el trabajo en las áreas o materias del currículo no es el único modo de contribuir al desarrollo de las mismas. Las competencias, particularmente las que tienen un carácter más genérico y transversal, relacionadas con la participación, la convivencia, la ciudadanía, las relaciones sociales e interpersonales, la comunicación … necesitan de otras actuaciones del centro escolar, diseñadas en el Proyecto Educativo (PEC) y en la Programación General Anual (PGA). Un ejemplo de lo anteriormente expuesto es este cuadro resumen realizado en la memoria del curso escolar 2007-2008 para valorar la contribución del PEC y la PGA a la adquisición de las competencias básicas.

---

evaluación e institucionalización de los procesos de mejora.

Programaciones Didácticas (áreas o materias)	Plan de Atención a la Diversidad
Plan de Acción Tutorial	Plan de Actividades Extraescolares y Complementarias
Jornadas de Acogida	Proyectos de Mejora de centro
Modelo de Convivencia del instituto y Plan de actuación ante el conflicto	Normas de organización y funcionamiento
Otras iniciativas de calidad	Semana Cultural y Día de Centro Guapo
Días Conmemorativos	Otros recursos educativos: Biblioteca, Radio, Talleres, Huerto, Aula Lúdica…
Sistemas de participación e implicación de la Comunidad Escolar	Relaciones y coordinación con otras instancias/profesionales
Plan de prevención del conflicto	Plan de Formación

3. ANTECEDENTES Y PUESTA EN MARCHA DEL PLAN DE CONVIVENCIA

3.1. El punto de partida de nuestra experiencia

El punto de partida e inicio del cambio en nuestra forma de trabajar, de entender la educación y abordar las relaciones humanas en el centro educativo, se sitúa cronológicamente en el curso académico 2000-2001, cuando se produce la incorporación del profesorado del primer ciclo de la ESO a nuestro centro, un antiguo instituto comarcal de Bachillerato. Esta incorporación ha sido considerada como muy positiva por nuestra comunidad porque, entre los "maestros" y el profesorado de Secundaria más joven y dinámico, provocó un nuevo estilo docente fundamentado en la interdisciplinariedad, el trabajo colaborativo y el papel de educador.

En este clima de contrastes de modelos educativos e intercambio de experiencias entre el antiguo profesorado de Bachillerato de este centro, impotente para afrontar la tarea educativa del nuevo perfil de alumnos al que no estaba habituado (12-14 años), y el recién incorporado profesorado del primer ciclo, acostumbrado a trabajar en una etapa educativa en la que la obligatoriedad implicaba, muchas veces, dificultades y limitaciones en su práctica docente, aflora una preocupación compartida por el aumento de la conflictividad y el desgaste progresivo de la convivencia escolar. Otros factores preocupantes eran la complejidad de la realidad socio-escolar, el deterioro físico del centro y de sus instalaciones, no sólo por su antigüedad sino sobre todo por la apatía y la falta de sensibilidad de toda la comunidad educativa ante el mismo, y, por último, la negativa percepción externa que había del instituto.

Este clima de preocupación unió a nuestra comunidad y provocó una reacción conjunta que nos llevó a un proceso de autocrítica, análisis de la situación, indagación de sus causas y búsqueda de soluciones propias y consensuadas dentro de los muros de nuestro propio instituto. En este contexto, constituimos un equipo de trabajo que presenta dos proyectos de Innovación e Investigación a la Consejería de Educación ("Educar para la Convivencia" y "Por un Centro Guapo"). Esto tuvo lugar en el curso 2001-2002 y significó el inicio de un largo proceso de cambio y mejora ilusionado con tres pilares fundamentales[36]:

— la convivencia y el clima escolar,
— la mejora y respeto del centro escolar y de nuestro entorno,
— la mejora del rendimiento escolar desde una perspectiva integral y humanista.

3.2. El proceso de investigación e indagación: fase reactiva ante los problemas de convivencia

El curso 2001-2002 arrancó con la preocupación manifestada por profesores y familias, en claustros y reuniones, acerca del deterioro de la convivencia en nuestro centro. Fue la señal para iniciar este proyecto de mejora. Consideramos imprescindible diagnosticar e indagar sobre la conflictividad y sus causas, haciendo partícipes en esta reflexión a todos los componentes de la comunidad escolar a través de encuestas y cuestionarios. El proceso de investigación cooperativa se realizó en tres ámbitos: el análisis de los problemas convivenciales, la evaluación del sistema punitivo y del modelo de gestión de la disciplina y las propuestas de mejora de nuestra comunidad y la definición de los objetivos del nuevo plan de convivencia.

---

36. Hemos de puntualizar que la experiencia inicial de ambos proyectos nos llevó a aunar esfuerzos y objetivos en un nuevo proyecto durante el curso escolar 2002-2003: "Por un Centro Guapo-Convivir para vivir", que fue reconocido por el Ministerio de Educación con el premio a las "Mejores Prácticas Educativas" y se ha convertido en el elemento identificador de nuestro ideario de centro.

En este aspecto, siguiendo a Parcerisa (2008), hemos sido un instituto que se repiensa, se autoevalúa y ha sido capaz, mediante una intervención colegiada, de reaccionar ante las dificultades de convivencia y de integración y replantearse un nuevo modelo de escuela y convivencia escolar.

3.2.1. Análisis de los problemas de convivencia

Primero, analizamos los problemas convivenciales de nuestro centro. Por grupos de afectados, las principales quejas de nuestra comunidad eran:

PROFESORADO
✓ Falta de eficacia e inmediatez al abordar los conflictos.
✓ Las faltas leves se agravan y cronifican.
✓ Contagio de las conductas disruptivas.
✓ Disparidad de criterios a la hora de actuar.
✓ Desconocimiento de las normas.
✓ Inseguridad y desamparo del profesorado ante la necesidad de resolver cualquier acto conflictivo durante el desarrollo de su trabajo.
✓ Existencia de "grupos bomba" que dificultan la labor docente del profesorado y el aprendizaje del alumnado.
✓ Insensibilidad y desidia ante el deterioro físico del centro.
✓ Existencia de conductas negativas del alumnado hacia el centro escolar y falta de medidas para abordar este problema.
✓ Aumento de faltas de asistencia y fugas.
✓ Falta de autoridad del profesorado ante la comisión de estas faltas.

ALUMNADO
✓ No se toman medidas con los alumnos que molestan.
✓ No se atreven a denunciar o quejarse ante situaciones de acoso o agresión.
✓ Desinformación sobre normas de organización y funcionamiento del centro.
✓ Desorientación y descontento por el empleo de criterios dispares ante la comisión de faltas y la resolución de conflictos.
✓ Falta de limpieza.
✓ Deterioro de mobiliario y espacios.

PERSONAL NO DOCENTE
✓ Equipo de limpieza y mantenimiento desbordado.
✓ Alumnado tiene actitudes negativas hacia el entorno educativo.
✓ Falta de actuación ante estas actitudes.
✓ Profesorado no transmite actitudes de respeto hacia el centro.

FAMILIAS
✓ No se toman medidas con el alumnado disruptivo que molesta en clase.
✓ Desinformación y desconocimiento de las normas de funcionamiento y organización del centro.
✓ Falta de comunicación a las familias de las incidencias relacionadas con sus hijos.
✓ Descontento con la forma de abordar los conflictos en el centro (expedientes disciplinarios).
✓ Descontento por la desinformación que los padres tienen de las faltas de asistencia de sus hijos.
✓ Ineficacia y lentitud del sistema ordinario de control del absentismo.

3.2.2. Reflexión sobre el modelo de gestión punitivo

En segundo lugar, realizamos un análisis del procedimiento existente para la resolución del conflicto, el expediente disciplinario ordinario a partir del estudio de los partes de incidencia del curso académico anterior (2000-2001). Las conclusiones más llamativas de este trabajo sobre la gestión punitiva de la disciplina fueron:

a) Los conflictos más frecuentes eran de rendimiento por actitud pasiva o disruptiva en el aula, de relación entre iguales o asimétrica (alumno- profesor), de acoso escolar, de absentismo y de identidad con el centro escolar (destrozos, deterioro de las instalaciones del centro, robos, etc.).

b) Las edades y niveles de mayor conflictividad eran de 14 a 16 años, en 2º y 3º de ESO. Sin embargo, actualmente, este nivel se sitúa en 1º de ESO y en las edades comprendidas entre 12-14 años, donde los problemas educativos y de rendimiento escolar encubren verdaderos problemas sociales y de integración.

c) Los períodos lectivos considerados más conflictivos eran los recreos, cambios de hora, banda horaria después del recreo y horas de clase con ausencia del profesorado. Las jornadas de mayor conflictividad eran los viernes, la semana anterior y posterior a períodos vacacionales y el tercer trimestre, cuando el alumnado que ha perdido la esperanza de superar el curso escolar acentúa su actitud pasiva y disruptiva en el aula y en el centro.

d) La reincidencia de faltas por un número reducido de alumnos y el uso reiterado de los partes de incidencias por parte de unos pocos profesores. Esto se debía a que buena parte del profesorado evitaba los partes por su ineficacia y por no tener herramientas adecuadas para resolver conflictos en el aula , lo que conllevaba la pérdida de autoridad ante esos alumnos reincidentes. Además, la disrupción reiterada y la presencia de objetores escolares en el aula empeoraba el clima de la misma, el bienestar de nuestro alumnado y su rendimiento académico.

e) La nula participación de la familia en la resolución del conflicto. No constaba comunicación alguna a los padres sobre la comisión de faltas de sus hijos y la familia sólo quedaba enterada de la situación cuando el expediente del alumno llegaba al Consejo Escolar para ser resuelto.

f) La mayoría de los conflictos se producían por la dificultad para dar respuesta a muchos alumnos desmotivados con el sistema, por el desconocimiento de estrategias para la resolución, por la ausencia de una comunicación asertiva y por el carácter sancionador del propio procedimiento, en el que la prevención, la transversalidad y la educación en valores se encontraban lejanos de la práctica docente.

g) La lentitud del sistema punitivo (excesiva burocratización, sujeción a la normativa y cumplimiento de plazos) favorecía el contagio, la impunidad y la cronificación de las faltas de disciplina, con el consecuente sentimiento de inseguridad e impotencia ante la violencia escolar.

h) El uso indiscriminado de partes de incidencias, por ser el único documento para constatar por escrito la comisión de faltas, independientemente del tipo que fueran. De esta forma, todas las faltas tenían el mismo tratamiento. En este modelo de disciplina se daba una percepción negativa del conflicto y una ausencia de prevención.

i) El jefe de estudios, al ser el único agente responsable de la resolución de los conflictos antes del Consejo Escolar, se veía desbordado en su trabajo y no podía ser eficaz en sus actuaciones.

3.2.3. Propuestas de la comunidad escolar y definición de objetivos

En tercer lugar, realizamos un resumen de las propuestas de toda la comunidad educativa para comenzar el proceso de innovación y mejora, definiendo unos objetivos claros y diseñando acciones que favorecieran la consecución de tales objetivos. Las aportaciones más significativas de todos los sectores de nuestra comunidad escolar para iniciarlo fueron:

a) Diseñar un plan de gestión de la disciplina consensuado y aceptado por nuestra comunidad. Había que sustituir el modelo descendente, vertical, monolítico e individualista por otro modelo positivo, comunitario, ascendente y horizontal en el que es preciso consensuar normas y procedimientos, escalonar el protocolo de actuación según la tipología de la falta e incluir nuevos agentes en el tratamiento del conflicto.

b) Crear un plan de gestión de la convivencia global que aborde la gestión de la disciplina y la norma, la prevención y la resolución constructiva de los conflictos.

c) Introducir nuevos agentes en el tratamiento y la resolución de los conflictos para descongestionar la Jefatura de Estudios. Crear el Aula de Convivencia y la figura del Tutor de Convivencia como eslabón esencial en el plan de gestión escalonada de la disciplina del centro e implicar al resto del profesorado para no restarle autoridad y poder.

d) Modificar una jefatura burocratizada y judicializada, que utilizaba medidas sancionadoras y punitivas, y sustituirla por una jefatura que diera un enfoque didáctico y pedagógico al conflicto.

e) Informar y divulgar entre la comunidad las normas y protocolos surgidos del consenso.

f) Habilitar a toda la comunidad inmersa e implicada en este plan de gestión de la convivencia en estrategias conciliadoras y asertivas para hacer a todos partícipes de la gestión de la convivencia.

g) Idear medidas de prevención del conflicto, mejorar los agrupamientos y atender a la diversidad y a las necesidades de nuestro alumnado.

h) Abrir el centro escolar a las familias y el entorno, abandonar las posiciones de alejamiento y desencuentro y buscar fórmulas de participación y acercamiento.

i) Crear un ambiente educativo favorable al aprendizaje y la convivencia a través de la mejora de las condiciones físicas (centro-aula), de la disciplina, el orden, la comunicación, la participación y las relaciones interpersonales.

A partir de las propuestas de nuestra comunidad, los objetivos iniciales diseñados en este proceso fueron:

— Establecer canales de comunicación y fomentar diversas formas de participación e implicación de todos los sectores de la comunidad educativa para optimizar resultados.

— Cambiar la imagen del instituto y buscar fórmulas de acercamiento con las familias y el entorno. Es decir, acabar con el aislamiento de nuestro centro educativo y abrirnos a la participación de las familias, la comunidad, el entorno y otros profesionales e instituciones que puedan contribuir a la concepción integral de la educación.

— Sensibilizar a la comunidad en la necesidad de normas y de su cumplimiento para una buena convivencia. Para ello fue primordial el diseño de normativas y protocolos propios que facilitaran su aceptación e interiorización. Era necesario que nuestra comunidad percibiera que las normas resultantes de este proceso surgieran de abajo y no fueran impuestas desde arriba. Es decir, había que generar un modelo de gestión de la disciplina ascendente y consensuado, basado en la implicación global y la participación democrática y horizontal de todos los sectores en la elaboración de normas y protocolos para regular la convivencia del centro.

- Abordar prioritariamente el problema de la gestión de la disciplina para crear un clima ordenado y organizado que facilite la convivencia y las relaciones.
- Escalonar el protocolo de actuación ante la comisión de faltas e introducir nuevos agentes para descongestionar la Jefatura de Estudios.
- Sistematizar un plan de actuación general para el tratamiento de los conflictos que aúne criterios y mejore, en calidad e inmediatez, la respuesta a las situaciones conflictivas.
- Interiorizar una nueva forma de tratar y entender los conflictos, buscar estrategias que permitan sustituir los métodos punitivos por otros más constructivos y aplicar no sólo mecanismos positivos de resolución sino también medidas de prevención.
- Mantener un contacto fluido con las familias informándoles sobre cualquier incidencia que afecte a sus hijos y establecer un plan de colaboración eficaz entre centro-familia. En este sentido, era preciso crear lazos de unión con las familias y potenciar la relación escuela-familia como recurso para mejorar la convivencia.
- Planificar actividades que favorezcan la adquisición de actitudes y valores, que fomenten el desarrollo de vínculos interpersonales y que creen lazos de afectividad entre los distintos sectores de la comunidad y entre éstos y el centro.
- Cooperar con el otro proyecto de mejora de nuestro instituto: "Por un Centro Guapo"[37], pues partíamos de una hipótesis: al implicar al alumnado y profesorado en las actividades de recuperación y mejora de la imagen del centro conseguiríamos mejorar la convivencia y los lazos socio-afectivos entre éstos. Es decir, *«haciendo el espacio donde convivimos más agradable propiciamos actitudes de respeto no sólo hacia el entorno escolar, sino hacia las personas que lo comparten, y facilitamos la identificación de la comunidad escolar con el instituto».*

3.3 La fase proactiva: el proceso de innovación inicial

Tras la reflexión e indagación de los principales problemas convivenciales del instituto, iniciamos en el mismo curso 2001-2002 la fase proactiva del plan de mejora, diferenciando dos partes: la teórica, con la definición de objetivos, la formación del profesorado y la elaboración de los primeros documentos y protocolos necesarios para tratar el conflicto y gestionar positivamente la disciplina, y la práctica, con la

---

37. Proyecto de innovación educativa reconocido por el Consejo Escolar de Canarias.

puesta en marcha de las primeras iniciativas y actuaciones para posteriormente evaluarlas. Omitimos las acciones de los primeros momentos para explicar con mayor profundidad el modelo actual.

4. DESCRIPCIÓN DEL PLAN Y ESTADO ACTUAL

4.1. Nuestro modelo de convivencia

El modelo de convivencia del instituto se basa en la regulación de la disciplina desde un punto de vista constructivo, donde el conflicto, se concibe como una oportunidad de aprendizaje y se aborda desde la cultura del diálogo, la reflexión, la búsqueda de soluciones (negociación/mediación), el compromiso y su seguimiento. Los principales objetivos de este proyecto son:

— Educar para la paz, la resolución constructiva del conflicto, la justicia, la tolerancia, el respeto a las diferencias y la solidaridad como valores fundamentales.
— Tratar el conflicto como una oportunidad educativa (Torrego, 2000), empleando estrategias asertivas y constructivas para positivarlo y favorecer el crecimiento personal y social del alumno a partir del desarrollo de las principales habilidades sociales y cognitivas: autoconciencia, pensamiento causal, reconocimiento y canalización positiva de las emociones propias, empatía o pensamiento de perspectiva, pensamiento consecuencial, pensamiento alternativo y automotivación. (Segura, 1998). En este sentido, es importante la aceptación de la visión positiva del conflicto por nuestra comunidad, en la que no hay perdedores o ganadores, sino corresponsables, y donde las faltas se entienden como errores o equivocaciones de las que se aprende para actuar de forma más eficaz y asertiva en el futuro. En este modelo, el conflicto se trata desde la pedagogía del diálogo y la mediación porque estamos convencidos de que mejora las relaciones humanas, favorece la convivencia y la integración y minimiza la exclusión social y la incomunicación (Caballo, 2008).
— Interiorizar un modelo integrado y global de convivencia que combina la gestión de la disciplina participativa y democrática con el tratamiento positivo del conflicto (Torrego, 2000).
— Sistematizar y protocolizar el plan de mejora de la convivencia, adaptado al contexto escolar, donde la gestión de la convivencia escolar se trabaja desde:

la prevención de la conflictividad y la violencia, la gestión de la disciplina y el tratamiento positivo del conflicto.

- Consolidar la formación de todos lo sectores (alumnado, profesorado, familias) en estrategias asertivas, además de propiciar la participación de la comunidad escolar y la coordinación horizontal de todos los agentes activos que intervienen en la resolución del conflicto.
- Mantener todas las actividades diseñadas por el centro escolar en nuestra Programación General Anual (Jornadas de Acogida, días conmemorativos, Centro Guapo, talleres de mediación, salidas convivenciales...) para desde la transversalidad favorecer la mejora del clima escolar, fortalecer los lazos de afectividad entre los sectores de nuestra comunidad y de éstos con el centro y educar en valores de forma natural, espontánea y sistémica.
- Dar continuidad a los proyectos de mejora y las iniciativas de calidad del centro por su contribución a la educación social (Pérez Serrano, 2003) y a la consecución de los tres grandes objetivos del PEC: «Rendimiento - Bienestar Escolar», «Centro Guapo - Mejora del entorno» y «Convivencia Positiva».

Este modelo de convivencia, fruto de nuestro trabajo (2000-2009), lo definimos como **integrado** (Torrego, 2000-2012), **propio y genuino** de nuestro centro, pues consideramos que la eficacia del plan de convivencia depende de la adaptación y adecuación a las necesidades del instituto, las familias, alumnado y profesorado que lo componen, y **ascendente**[38] porque estamos convencidos de que el plan de convivencia que surge y crece desde abajo es fácilmente asumido e interiorizado.

Además, llegamos a esta idea después de haber abordado intuitivamente el coflicto y haber puesto en práctica y evaluado las diferentes actuaciones que luego explicaremos. Y concluimos que es ahora, cuando somos capaces de fundamentar teóricamente lo que hemos hecho; de confirmar que el modelo integrado de Torrego no es una utopía, sino una realidad, y de defender un modelo de convivencia escolar que combine la gestión positiva de la disciplina con el desarrollo personal y social de los miembros de la comunidad de forma sistémica y organizada.

---

38. *Ascendente*: término aportado por Funes en el capítulo I: Qué es y cómo llevar a cabo la gestión eficaz de la convivencia.

4.2. Plan de la convivencia del IES Eusebio Barreto Lorenzo

En nuestro plan de convivencia, la coordinación del mismo, a diferencia del modelo castellano leonés[39], le corresponde al jefe de estudios, que es el responsable de la gestión de la disciplina, la coordinación de todos los agentes que participan directa o indirectamente en el plan (formadores externos, coordinadores de proyectos, orientador escolar, tutores, tutores de convivencia, alumnos, familias, director, vicedirector y jefe del Departamento de Actividades Extraescolares y Complementarias, agentes sociales, agentes externos, etc.), la coordinación del Departamento de Convivencia, la formación y la implicación de la comunidad, la organización y planificación del Plan de Prevención (Jornadas de Acogida, celebración de días temáticos, Centro Guapo, Plan de Acción Tutorial, etc.), la coordinación interinstitucional y la evaluación del plan y de todas nuestras actuaciones desde una perspectiva de cooperación, participación y consenso. En resumen, las competencias del coordinador del plan en nuestro centro quedan reflejadas en la siguiente tabla:

La gestión de la disciplina en el centro y el protocolo de tratamiento del conflicto
El plan de prevención
La implicación y coordinación de todos los agentes internos y externos que gestionan la convivencia en el centro
La formación de la comunidad escolar en estrategias asertivas
La relación con los Servicios Sociales y otras instituciones en materia de absentismo, convivencia e intervenciones en el centro escolar
La coordinación del Departamento de Convivencia
La evaluación y actualización del plan

En nuestro plan de convivencia, el rol de liderazgo y las competencias a nivel de centro[40] no corresponden a los tutores de convivencia, sino al jefe de estudios, responsable de gestionar y organizar el plan de convivencia en su conjunto con la colaboración, apoyo y corresponsabilidad de todos los agentes, especialmente de los tutores de convivencia. Para nosotros, los tutores de convivencia tienen un protagonismo esencial en el tratamiento del conflicto, especialmente en la reiteración de fal-

---

39. Orden de 3 de julio de 2006, donde se explicitan las funciones y competencias del coordinador de convivencia en los centros educativos de la Comunidad de Castilla y León.

40. Competencias a nivel de centro a las que hace referencia Funes en el capítulo I: Qué es y cómo llevar a cabo la gestión eficaz de la convivencia.

tas leves y en la comisión de faltas graves, y sus intervenciones dentro de la escalada del conflicto tienen una finalidad esencialmente educativa y formativa.

Nuestras actuaciones en este plan global se vertebran en tres ejes: gestión de la disciplina, prevención y tratamiento del conflicto. Hemos de recordar que este conjunto de acciones, procedimientos y recursos, fundamentado teóricamente y con una intencionalidad clara, surgió como respuesta y reacción espontánea de nuestra comunidad al deterioro del clima educativo, ha sufrido adaptaciones y ha evolucionado con el tiempo y las nuevas necesidades detectadas. A continuación desarrollamos las actuaciones que nos parecen más interesantes.

4.2.1. Plan de gestión de la disciplina y tratamiento del conflicto

Nuestro modelo de gestión se basa en una relación de normas y reglas que se han de cumplir por parte de todos, no desde el autoritarismo sino desde la participación, la reflexión, el diálogo y la empatía. Estamos convencidos de que la convivencia en el centro escolar es labor de todos; de que las normas consensuadas crean un clima organizado que facilita la convivencia y evita el conflicto; de que las pautas comunes de actuación y la coherencia en la labor docente ayudan a crecer a nuestros alumnos, y de que es necesario tener un plan de gestión de la disciplina en el que el conflicto es entendido como una oportunidad de aprendizaje y en el que el diálogo, el respeto y el afecto hacia el alumnado nos proporciona autoridad y consideración.

A partir de la investigación colectiva de nuestros problemas de convivencia y de las propuestas de nuestra comunidad, consideramos necesario aunar criterios, establecer un plan global con pautas claras y diseñar protocolos y documentos propios que con posterioridad se difundieran. Este plan incluye: un protocolo de control, seguimiento y comunicación del absentismo; las normas e organización y funcionamiento del centro y las Normas de Aula (adecuación y personalización de las normas genéricas a las características y especifidades de cada grupo); la tipificación consensuada y evaluada por nuestra comunidad de las faltas (leves, graves y muy graves), medidas formativas y agentes responsables de actuar en cada caso[41]; un protocolo de actuación de todos los agentes ante el incumplimiento de normas y el tratamiento del conflicto; el Aula de Convivencia y la guía de actuación del tutor de convivencia; la Comisión de Convivencia del Consejo Escolar y el Procedimiento Conciliado como alternativa al expediente disciplinario ordinario; un plan de intervención con el alumnado en riesgo o de alumnado con problemática conductual; un

---

41. Esta tipificación es un resumen manejable, accesible y conocido por todos de las NOF (antiguo RRI).

protocolo de actuación ante situaciones de acoso escolar y un plan de intervención interinstitucional.

1. Protocolo de control, seguimiento y comunicación del absentismo.

Desde los inicios del proyecto, se diseña la Tutoría de Faltas, se establecen las funciones del profesorado (como principal agente de control de la asistencia a clase) y del Tutor de Faltas (como profesor responsable de la comunicación inmediata a las familias) y se elaboran los documentos a utilizar.

Tutor de faltas puede ser cualquier profesor del centro cuyo horario se lo permita. Los resultados óptimos y el grado de satisfacción y agradecimiento de las familias creemos que viene determinado por el hecho de que quien comunica la falta es el profesorado, pudiendo facilitar a los padres una comunicación más amplia y personalizada. El éxito de esta medida nos ha llevado actualmente a extenderla al Bachillerato y CFM. No obstante, para el curso escolar 2008-2009, con el propósito de economizar los recursos humanos del centro y mejorar en calidad y rapidez la comunicación con las familias, se adquirieron los recursos informáticos necesarios.

Para el alumnado en riesgo (alumnado en situación de abandono o rechazo escolar) o prerriesgo (alumnado con un contexto familiar desfavorable o alumnado que se inicia en el absentismo) se ha nombrado un tutor afectivo que realiza un seguimiento y comunica semanalmente al jefe de estudios las faltas e incidencias. A su vez, el jefe de estudios informa quincenal o mensualmente[42] por escrito al Servicio de Atención al Menor y la Familia de nuestro ayuntamiento de las faltas, incidencias y acciones realizadas por el centro. Para estos casos, se celebra una reunión mensual, dirigida por el jefe de estudios, con el objeto de coordinar y consensuar estrategias centro educativo-servicios sociales. A este control y seguimiento del absentismo se añade el conjunto de acciones y estrategias diseñadas en el plan de intervención interinstitucional para el alumnado en riesgo y absentista.

2. Tipificación de faltas, medidas y agentes

Nuestro antiguo Reglamento de Régimen Interno era complejo, poco operativo y mal difundido entre la comunidad educativa. Por ello era necesario elaborar una tipificación de faltas sencilla, manejable y abierta a las opiniones, propuestas y sugerencias de toda la comunidad escolar. Teniendo las aportaciones de los distintos sectores y el Decreto de Derechos y Deberes del Alumnado[43] se configuró la actual tipificación de

---

42. Esta periodicidad depende de los acuerdos tomados entre la institución escolar y municipal.
43. Decreto 292/1995, de 3 de octubre, por el que se regulan los derechos y deberes del alumnado, Decreto 81/2001, de 19 de marzo, y el actual Decreto 114/2011, de 11 de mayo, por el que se regula la convivencia en el ámbito educativo de la Comunidad Autónoma de Canarias.

faltas, en la que las incidencias se clasifican y concretan por tipología (leve, grave y conductas que perjudican gravemente la convivencia), se establecen las medidas a tomar y se determinan los agentes responsables de actuar en cada caso. Se trata de un instrumento útil, revisable anualmente, cercano y propio que se interioriza de forma fácil y natural.

3. *Protocolo de actuación para el tratamiento del conflicto*

Consideramos de vital importancia tratar el conflicto cuando se produce porque, de esta forma, se frena la escalada del mismo. Para su abordaje se diseñó un modelo y se estableció un protocolo de actuación que se ha ido enriqueciendo con el tiempo y nuestra experiencia. Se caracteriza por *una intervención escalonada, la disciplina positiva con un tratamiento asertivo y constructivo del conflicto y la retroalimentación de los agentes que participan.*

a) En la **actuación escalonada de todos los agentes** que pueden participar en el proceso de resolución de un conflicto, cada agente actúa y tiene competencias según el momento, contexto y la tipología de la falta, estableciéndose así la intervención escalonada que refleja la siguiente tabla:

AGENTE 1°	ALUMNO/A AYUDANTE - ALUMNO/A ACOMPAÑANTE
AGENTE 2°	PROFESORADO DE ÁREA O GUARDIA
AGENTE 3°	TUTOR/A DE GRUPO
AGENTE 4°	COMISIÓN DE CONVIVENCIA DE AULA (ESO)
AGENTE 5°	TUTORES DE CONVIVENCIA: Aula de Convivencia
AGENTE 6°	CLUB DE ALUMNADO MEDIADOR
AGENTE 7°	ORIENTADOR/A ESCOLAR
AGENTE 8°	DEPARTAMENTO DE CONVIVENCIA: JEFATURA DE ESTUDIOS
AGENTE 9°	OTRAS INSTANCIAS/OTROS PROFESIONALES
AGENTE 10°	DIRECCIÓN
AGENTE 11°	COMISIÓN DE CONVIVENCIA DEL CONSEJO ESCOLAR* (carácter consultivo)
AGENTE 12°	CONSEJO ESCOLAR* (carácter consultivo)

Entre los nuevos agentes incorporados en el curso escolar 2007-2008, destacamos dos de carácter colegiado:

- La *Comisión de Convivencia de Aula* (situada en el primer escalón de la escalada del conflicto y constituida por el tutor, el delegado, el responsable de llave y un alumno ayudante). Su objetivo es facilitar la autonomía del alumnado en la autorregulación y reflexión de los problemas convivenciales de aula y destacar el protagonismo que debe adquirir el tutor de grupo en la resolución de conflictos del grupo-clase del que es responsable.
- El Departamento de Convivencia (situado en el tercer escalón de la escalada del conflicto). Su objetivo es que el centro pueda actuar de forma más inmediata y rápida ante la reiteración de faltas graves o la comisión de una falta muy grave que no precise de expediente disciplinario. Este órgano, constituido principalmente por los tutores de convivencia, el jefe de estudios, el director del centro y el orientador escolar, pretende evitar la judicialización del protocolo de actuación del centro, la lentitud que produce la tramitación de un expediente disciplinario y la lejanía del alumnado y sus familias. En nuestro protocolo de actuación ante el conflicto, el Departamento de Convivencia, dirigido por el Jefe de Estudios y coordinador del Plan de Convivencia, se convierte en el escalón previo a un expediente disciplinario y en sus reuniones para tomar decisiones consensuadas, especialmente acuerdos de escolarización, se invita al alumno, a sus padres y a un miembro del Servicio de Atención al Menor y la Familia del Ayuntamiento, cuando el caso así lo precisa.

b) Siguiendo a Kreidler (1990), los principios para entender y **tratar el conflicto desde una perspectiva positiva** son: la *colaboración y cooperación,* la *comunicación eficaz* (saber escuchar y comprender al otro), la *expresión positiva de las emociones* propias y ajenas, el *respeto a la diversidad* favoreciendo la inclusión, la *educación en valores* (tolerancia, respeto y solidaridad) y la *resolución constructiva* del conflicto. El tratamiento común para todos los agentes activos en la resolución del conflicto es también escalonado y se refleja en la siguiente tabla:

PASO 1º	REFLEXIÓN PERSONAL
PASO 2º	DIÁLOGO REFLEXIVO (Escucha activa/empatía)
PASO 3º	INFORMACIÓN (alumno/a y familia)

	NEGOCIACIÓN (Por incumplimiento de normas o no aceptación de la mediación)	MEDIACIÓN (En conflictos interpersonales)
PASO 4º		
PASO 5º	COMPROMISO PERSONAL	
PASO 6º	SEGUIMIENTO DEL COMPROMISO	

c) La **retroalimentación** se basa en la coordinación y coherencia en las actuaciones de todos los agentes activos en la resolución de un conflicto, para lo que es necesario compartir información, estrategias de intervención y ser corresponsables en el abordaje del mismo. Todo ello da solidez al modelo y consolida la formación del alumnado a partir de pautas comunes. De esta forma, el sistema de relaciones que se establece entre los agentes que intervienen en la resolución de un problema es *horizontal* (relación de simetría e igualdad) y *circular* (intervenciones colegiadas, coordinadas y consensuadas).

4. El Aula de Convivencia y el protocolo de actuación del Tutor de Convivencia

Después de dos años trabajando en la diagnosis de la convivencia del centro y en la gestión de la disciplina, consideramos que era el momento propicio para crear el Aula de Convivencia y definir el perfil del tutor de convivencia a partir de la experiencia del IES Lila[44] en la tutoría de convivencia. Hemos de decir que: *"la experiencia de otros se convertía en el punto de partida de nuestra largo camino para mejorar la convivencia escolar considerando prioritario personalizar, adecuar y adaptar a partir de la identificación de nuestras necesidades"*.

Al Aula de Convivencia llegan múltiples y diversos casos, la mayor parte de ellos se podrían englobar en dos categorías: los casos relacionados con el incumplimiento de normas recogidas en nuestra tipificación de faltas y los conflictos interpersonales. En los primeros, el tutor de convivencia actúa regulando el proceso y propone una negociación, y en los segundos, opta por ofrecer una mediación.

Cuando el alumno comete una falta catalogada como grave o reitera en faltas leves y no responde a las medidas adoptadas por otro u otros agentes (profesor de área, tutor, etc.), se procede a la apertura de un parte de incidencias. El tutor de convivencia, después de escuchar al agente que abre el parte, cita al alumno y mantiene

---

44. IES Lila, antiguamente IES Jinámar III, un centro de atención preferente en la isla de Gran Canaria e innovador en el campo convivencial.

con él un diálogo reflexivo para buscar una solución negociada del conflicto. En una ficha de reflexión el alumno cuenta su versión de los hechos, expresa sus sentimientos, se pone en el lugar del otro, analiza las ventajas e inconvenientes de lo ocurrido, piensa en otras formas de actuar más asertivas y propone soluciones. A partir de esta ficha, el tutor de convivencia establece un *diálogo reflexivo*, empleando la *escucha activa*, para esclarecer datos, tomar conciencia de lo ocurrido, positivar el conflicto, aplicar medidas educativas formativas y buscar soluciones negociadas eligiendo la más ventajosa, con el objetivo de que el alumno adquiera un compromiso final que luego ha de ser seguido por el tutor de convivencia en encuentros posteriores. Las familias son informadas telefónicamente y por escrito de todo el proceso (incidencia, medidas, propuestas y acuerdos) y se solicita su colaboración en el seguimiento del compromiso adquirido por el alumno.

En otras ocasiones, son los alumnos los que solicitan la intervención de tutor de convivencia presentando por escrito una queja sobre un compañero. En estos casos se establece un diálogo con el estudiante que ha presentado la queja para determinar la gravedad y urgencia de la intervención, si es factible resolver el caso por mediación y quien es conveniente que actúe como mediador (tutor de convivencia o alumnado mediador), un agente neutral cuya función es favorecer el diálogo entre las partes que, tras dar su versión de lo ocurrido y expresar sus sentimientos, son las que deben encontrar la solución que más les satisfaga. El acuerdo final debe quedar por escrito en un compromiso y se realiza un seguimiento del mismo en encuentros periódicos.

Por último, no podemos olvidar que hay problemas[45] que se escapan de nuestras posibilidades de resolución en el Aula de Convivencia y tenemos que recurrir a agentes y profesionales externos que colaboren con nosotros (Servicios Sociales, Servicios de Salud Mental, Unidad de Atención a Drogodependientes, etc.).

Por la importancia y papel que juegan en nuestro plan, al Aula de Convivencia y el Tutor de Convivencia les dedicaremos un capítulo aparte.

5. *Comisión de Convivencia del Consejo Escolar y Procedimiento Conciliado*

Una de las primeras actuaciones en nuestro plan fue la constitución de la Comisión de Convivencia del Consejo Escolar y la redacción del Reglamento de funcionamiento de la misma y del Procedimiento Conciliado como alternativa al procedi-

---

45. Problemas que en la actualidad, con los complejos cambios de nuestra realidad escolar, son más numerosos que los propiamente educativos.

miento ordinario ante la comisión de faltas muy graves[46]. En este procedimiento se establece la negociación como el primer recurso para la resolución de conflictos, y se concibe al instructor como un intermediario entre centro y familia que acuerda con el alumno y sus padres las medidas educativas - formativas. Actualmente, con el Decreto 114/2011, la Comisión de Convivencia del Consejo Escolar no resuelve en estos expedientes.

6. Protocolo de actuación ante la comisión de faltas

Hemos diseñado un protocolo de actuación que integra la tipificación de faltas, la actuación escalonada de todos los agentes según la falta cometida, la comunicación y coordinación entre todos los que participamos en el tratamiento del conflicto y las herramientas propias del modelo punitivo o relacional según la tipología de la falta. Debemos recordar que en este plan de gestión, el modelo de disciplina empleado de forma natural y habitual por todos los agentes, incluido el director del centro, que se encuentra en el último escalón del protocolo, es el positivo y conciliador[47]. En el siguiente cuadro aparecen los agentes responsables de actuar y resolver escalonadamente ante la comisión de faltas:

¿CUÁNDO Y QUIÉNES INTERVIENEN PARA RESOLVER UN CONFLICTO POR INCUMPLIMIENTO DE NORMAS?	
PROFESORADO DE ÁREA O GUARDIA	Conductas de carácter leve
TUTOR/A DE GRUPO	Conductas de carácter leve
COMISIÓN DE CONVIVENCIA DE AULA	Conductas de carácter leve
TUTORES DE CONVIVENCIA (AULA DE CONVIVENCIA)	Conductas de carácter leve (reiteración) y Conductas de carácter grave

46. Para la redacción de este procedimiento y de todos los documentos necesarios se contó con:
– La experiencia del CEIP Aragón de Las Palmas de Gran Canaria (premiado por el Ministerio de Educación por sus actuaciones de Calidad en Educación en el curso 2000/01).
– El Decreto 81/2001, de 19 de marzo, por el que se modifica el Decreto 292/1995 de 3 de octubre, donde se regulan los derechos y deberes del alumnado de los centros docentes no universitarios de la Comunidad Autónoma de Canarias.
– La Orden 923, de 11 de junio de 2001, por la que se regula el procedimiento conciliado para la resolución de conflictos de convivencia previsto en el Decreto 292/1995 (BOC nº 78 de 25/06/2001)
47. En los últimos años en nuestro centro no se han resuelto los expedientes disciplinarios por la vía ordinaria. Sólo en un caso de acoso escolar, donde acosador y acosado eran miembros de nuestra comunidad, se optó como medida ejemplarizante por utilizar la vía ordinaria, pero con medidas reparadoras y formativas para ambas partes.

JEFATURA DE ESTUDIOS DEPARTAMENTO DE CONVIVENCIA	Conductas de carácter grave (reiteración) Conducta que perjudica gravemente la convivencia siempre que no sea acoso escolar, vejaciones o humillaciones muy graves y la agresión física.
DIRECCIÓN	Conductas que perjudican gravemente la convivencia
COMISIÓN DE CONVIVENCIA DEL CONSEJO ESCOLAR Y/O CONSEJO ESCOLAR Asesoran al Director/a en los expedientes disciplinarios y son informados por éste/a de las decisiones que tome.	

7. Club de Alumnado Mediador y Ayudante

Se trata de un servicio de mediación escolar que resuelve, en el «Rincón de la Mediación», espacio asignado y acondicionado por los propios mediadores, conflictos de relaciones interpersonales entre iguales previamente filtrados por los tutores de convivencia, que derivan los casos que consideran apropiados a su condición y formación. Colabora en la formación de nuevos alumnos mediadores y dinamiza y lidera muchas de las acciones dirigidas al alumnado del centro. En este sentido, hemos de decir que los mediadores se han convertido no sólo en agentes activos en el tratamiento del conflicto por la realización de mediaciones formales, sino también en referentes para el resto de los estudiantes del centro y en pilares básicos de prevención del conflicto y la violencia escolar por sus mediaciones espontáneas, por su participación en proyectos y talleres y por su implicación en la vida escolar y extraescolar.

8. Plan de intervención con alumnado en riesgo de abandono escolar.

En los casos de alumnado absentista, en riesgo de absentismo o de rechazo escolar (problemática de integración escolar y social) intervienen además del tutor de faltas, la Policía Local, el tutor afectivo, el jefe de estudios (representante del Departamento de Convivencia y coordinador del Plan de Convivencia) y un miembro de los Servicios Sociales. Estos dos últimos se reúnen para coordinarse, realizar el seguimiento de los alumnos que se consideren necesarios y tomar decisiones conjuntamente. Muchos de estos casos son tratados de forma colegiada en el Departamento de Convivencia, donde se deciden pautas de intervención para cada sector y estrategias educativas a desarrollar en el centro.

9. Protocolo de actuación para alumnado con problemática conductual

Para el tratamiento y la contención de la conflictividad en la convivencia del centro, el Departamento de Convivencia ha elaborado una batería de estrategias específicas: horarios personalizados, tutoría afectiva de alumnado en riesgo o prerriesgo, tutorías personalizadas (atención individual para alumnado con dificultades de integración socio-escolar o problemas académicos), talleres específicos (de iniciación profesional, de formación en habilidades cognitivas y sociales), programa de acompañamiento escolar para alumnado con dificultades de aprendizaje, seguimientos personalizados, etc. Todo ello con el objeto de dar respuestas a sus expectativas y necesidades y garantizar, en la medida de lo posible, la permanencia y éxito de este alumnado dentro del sistema educativo.

10. Plan de intervención en situaciones de acoso escolar

Hemos diseñado un plan que combina la prevención con la intervención de los casos detectados especialmente en el Aula de Convivencia a partir de las quejas manifestadas por el alumnado[48]. En la intervención se actúa con el alumno acosador, el acosado, las familias de ambos y con el grupo de espectadores o grupo/clase según sea el caso. Tanto para pautar y protocolizar la intervención del centro como para diseñar las actividades preventivas o reparadoras hemos seguido las directrices de la Comisión de Acoso Escolar de la Consejería de Educación de Canarias, que entre sus servicios tiene un teléfono de Ayuda Inmediata.

4.2.2. Plan de prevención del conflicto

En una educación proactiva, son muchos los recursos generados para prevenir el conflicto y facilitar, en el caso que se produzca, una resolución pacífica y constructiva. Para ello, ponemos en marcha múltiples actuaciones y herramientas que impregnan nuestra práctica educativa diaria. Se encuentran legitimadas en nuestro proyecto educativo y constituyen un componente básico de nuestro Plan de Convivencia, pues favorecen la educación en valores, la transversalidad, la participación, la implicación, la comunicación, la información, la formación y el aprendizaje en competencias. No obstante, como muchas de estas acciones son conocidas y vividas en los centros educativos, sólo vamos a explicar las actuaciones más interesantes y eficaces en nuestro instituto para la prevención del conflicto:

a) Es muy importante comenzar el curso de forma diferente mediante unas **Jornadas de Acogida** de carácter lúdico-formativas que faciliten la integración del alumnado y profesorado en el centro y la vida académica, que favorezcan la convivencia, el trabajo colaborativo y la interrelación entre alumnado y pro-

---

48. Durante el curso 2008-2009 el alumnado mediador realizó un trabajo de investigación sobre la violencia y el acoso escolar en los niveles de 1º y 2º de ESO (niveles con mayores problemas de relación entre iguales). A partir de las quejas presentadas en el Aula de Convivencia, un 3% de los alumnos sufre acoso escolar.

fesorado y que constituyan el punto de partida para un buen clima escolar. También, durante el desarrollo de estas jornadas es esencial realizar las actividades de acogida a las familias.

b) Un elemento de prevención básico es atender a la diversidad de alumnos desde la inclusión. Para ello, consideramos muy importante **la mejora de los agrupamientos** desde el diseño de los grupos para evitar la creación de grupos con riesgo de alta conflictividad o con riesgo de un alto nivel de dificultades o carencias.

c) Para la constitución de los grupos de 1º de ESO (nivel de mayor conflictividad, con mayor número de alumnos repetidores con dificultades de adaptación social y escolar y en riesgo de abandono escolar) hemos protocolizado la **Transición de Primaria a Secundaria**, que incluye:

– Jornadas de puertas abiertas para el alumnado.
– Jornadas de Acogida a los nuevos alumnos y sus familias para facilitar toda la información necesaria sobre el proyecto educativo, cuestiones organizativas de nuestro centro, plan de convivencia, modelo de evaluación, características generales de la ESO, etc. Todo ello con el fin de reducir el grado de ansiedad y confusión que genera un cambio de centro y de etapa educativa.
– Reuniones de coordinación con los colegios del distrito y las familias[49].
– Planillas de transición de Primaria a Secundaria para obtener la información imprescindible para formar los agrupamientos de 1º de ESO y tomar las decisiones de Equipo Docente más oportunas.

d) Las **Agendas** escolar y docente, de elaboración propia, como vehículo de información y comunicación de nuestra comunidad.

e) La **Programación General Anual** (PGA), donde se interrelacionan todos los proyectos e iniciativas de calidad del centro.

f) El **Plan de Actividades Extraescolares y Complementarias**, diseñado por el vicedirector y apoyado por los coordinadores de los proyectos. En él se planifican y organizan actividades lúdico-formativas (Semana Cultural, Día del Centro Guapo, talleres de recreos, la radio, salidas convivenciales, representaciones teatrales, etc.) que consolidan los objetivos del PEC y la PGA.

g) La celebración del **Día del Centro Guapo.** Las actividades de Centro Guapo se iniciaron en el curso 2001-2002 con el proyecto de mejora "Por un Centro Guapo", cuyo objetivo general era la mejora de la imagen del centro. Para conseguirlo era necesario implicar a toda la comunidad educativa en tareas de restau-

---

49. En el curso escolar 2008-2009 estamos profundizando en estos dos aspectos (la coordinación con los colegios adscritos y la participación familiar) con un Proyecto de Mejora a nivel de distrito escolar (Modalidad de Implicación y Participación de las Familias).

ración, rehabilitación y revitalización de espacios infrautilizados y deshumanizados y favorecer el trabajo en equipo y la cooperación de los distintos sectores para generar vínculos afectivos entre todos y con el centro y mejorar así el clima escolar. Actualmente, este día emblemático se constituye en una oportunidad de convivir, educar en valores y afianzar la cultura e ideario del centro.

h) El **Plan de Acción Tutorial** como una herramienta educativa clave para el desarrollo integral de nuestros alumnos. Los campos temáticos que se abordan permiten consolidar los objetivos de nuestro proyecto educativo: mejora de la convivencia, respeto y mejora del entorno y mejora del rendimiento escolar desde una perspectiva global. A través de las acciones tutoriales se pretende favorecer algunos de los factores que, según Adell (2002), son esenciales para la mejora del bienestar escolar, la relación tutorial, el autoconocimiento, el desarrollo personal y social del alumnado y la mejora del clima social-escolar del aula y centro. Por último, hemos de decir que se trata de un plan abierto, inconcluso y revisable, pues debe adecuarse a los cambios que se producen en nuestro contexto, a las nuevas necesidades del alumnado y a las innovaciones planteadas en los proyectos de mejora y las iniciativas del centro (PGA).

i) Los **Planes de acogida a alumnado y profesorado de nueva incorporación** y de **Acogida a alumnado extranjero**. Para una actuación coherente y coordinada es de vital importancia la acogida y la información que se le presta al nuevo alumnado y profesorado una vez comenzado el curso. Se sigue un protocolo que persigue una acogida afectiva y cercana, a la vez que útil. En el caso de incorporarse un nuevo estudiante, interviene el alumno ayudante o acompañante como agente activo en este proceso de integración en la vida del centro. Todo ello con el seguimiento de Jefatura de Estudios y el Aula de Convivencia, además de con la colaboración del tutor y de la Comisión de Convivencia de Aula. También se han diseñado actividades concretas para trabajar tanto con el alumno recién incorporado como con el grupo en el se va a incorporar. En muchas ocasiones también se hace necesaria la intervención del Departamento de Orientación para detectar el nivel competencial y proporcionar los apoyos académicos necesarios.

j) El **Plan de Formación** del centro (familias, profesorado, alumnado). Un factor determinante en la mejora del clima social escolar es la habilitación de toda la comunidad educativa en estrategias comunicativas y asertivas que facilitan las habilidades sociales y el desarrollo personal y afectivo de todos los integrantes de nuestra comunidad. Destacamos:

– El entrenamiento del alumnado en mediación y ayuda entre iguales como una experiencia vivencial y convivencial que permite crecer emocionalmente y capacita en habilidades de comunicación y estrategias asertivas de resolución de conflictos interpersonales, convirtiéndose de este modo en colaboradores y corresponsables de la prevención de la violencia en el centro y difusores de nuevos sistemas de tratamiento del conflicto donde el diálogo se impone al castigo, la imposición, la falta de respeto, los insultos y las agresiones. Se fomenta así un clima socioafectivo entre las personas que convivimos en el centro.

- La formación en mediación de profesorado y familias interesadas como un proceso abierto y voluntario con el que se pretende capacitar a personas en la transformación positiva de los problemas habituales con los adolescentes.
- La «capacitación emocional y social de alumnado disruptivo o con problemas de integración socio-escolar» mediante talleres específicos.

k) La **optimización de espacios en recreos** (diseño y planificación de talleres) teniendo en cuenta los intereses y necesidades del alumnado y como recurso para la prevención de conflictos durante este periodo de tiempo.

l) **El protocolo de actuación con alumnado en riesgo o problemática conductual.** Un elemento de prevención de la violencia y el rechazo escolar es el entrenamiento de alumnado disruptivo y reincidente en habilidades sociales y estrategias pacíficas de resolución de conflictos. El Departamento de Convivencia diseña una batería de estrategias (tutoría afectiva, talleres, horarios personalizados, programa de puntos, talleres de desarrollo personal y social, etc.) para dar respuesta a las expectativas de estos alumnos y facilitar no sólo la labor docente del profesorado sino el aprendizaje del resto del alumnado. En muchos de estos casos, se precisa la intervención de otros agentes y profesionales[50].

m) El **plan de actuación conjunta centro-Ayuntamiento** (interinstitucional) en materia de absentismo, situaciones de abandono escolar o de problemas de integración socio-escolar.

n) El **programa de participación e intervención de otras instituciones** en la vida escolar (talleres, actividades formativas, colaboración en actividades extraescolares y complementarias, aportación de monitores, etc.)

o) El **Plan de Atención a la Diversidad**. Siendo uno de los principales fines educativos la atención y el respeto a la diversidad desde la inclusión e integración de todo el alumnado, la compensación socio-educativa de todas las necesidades y carencias que presentan nuestros alumnos y su permanencia y promoción dentro del sistema educativo, el centro, anualmente y en función de las necesidades detectadas, ofrece un Plan de Atención a la Diversidad en el que se incluyen no sólo las medidas de atención propuestas y aprobadas

---

50. En el curso escolar 2008-2009 se incluye en este plan un taller de habilidades personales y sociales diseñado por los Servicios Sociales del Ayuntamiento, talleres en competencias profesionales y artísticas, taller de lectura «Leer para sentir», taller de Mandalas, etc.

por la Consejería de Educación de nuestra comunidad, sino también todas las actividades y talleres que den respuesta educativa a las diferentes necesidades y expectativas de nuestros alumnos. En nuestro interés por atender a la diversidad y respetar el ritmo de aprendizaje, capacidades, cualidades, circunstancias personales/familiares y expectativas de todo el alumnado, hemos diseñado una batería de medidas de centro (talleres de Iniciación Profesional, talleres de Habilidades Sociales para alumnado con problemática conductual, tutorías personalizadas para alumnado con problemas de integración socio-escolar, programa de acompañamiento, etc.) para compensar sus desventajas.

p) El **protocolo de prevención y actuación en acoso escolar.** En este plan hay que diferenciar entre las actividades para prevenir el acoso y la violencia escolar desarrolladas en el PAT, las Jornadas de Acogida, los talleres formativos, días temáticos, la Semana Cultural... y las acciones para abordar situaciones de acoso entre iguales[51]. Los principales agentes responsables de tratar el acoso y los problemas de relación interpersonales son los tutores de convivencia. La herramienta más importante de detección del acoso en su fase inicial es el documento de presentación de quejas, mientras que la principal estrategia de intervención en el centro es la Mediación.

5. EL AULA DE CONVIVENCIA Y EL TUTOR DE CONVIVENCIA

5.1. Definición del Aula de Convivencia y funciones del tutor de convivencia

La razón de que este modelo sea eficaz se debe a las variadas herramientas que hemos generado tanto para prevenir como para abordar el conflicto en la convivencia escolar. Todas son elementales e imprescindibles en nuestra práctica educativa diaria y todas aportan su granito de arena en el tratamiento y prevención del conflicto, además son complementarias entre sí y cada una tiene su protagonismo dentro del modelo sin restar importancia una a otra. Por ello, aunque el Aula de Convivencia y los Tutores de Convivencia son los protagonistas principales, sus éxitos dependen mucho de la aportación y colaboración del resto de los agentes que participan. Es decir, la eficacia de la intervención del tutor de convivencia es por su inclusión dentro de un plan global y comunitario.

---

51. Muchas de las actividades y acciones del plan se han diseñado a partir Beane, A. (2006). *Bullying. Aulas libres de Acoso*. Barcelona: Graó.

El Aula de Convivencia es el principal recurso de nuestro instituto para el tratamiento del conflicto. Su eficacia depende de la visión que se tiene del mismo, de la batería de herramientas generadas para la prevención de situaciones conflictivas, de la actuación coherente y coordinada de todos los agentes (coordinación y comunicación horizontal y circular) cuando es necesario y del perfil del Tutor de Convivencia. En resumen, es un recurso útil si está inmerso en un plan organizado a nivel de centro y no tiene la misma eficacia si se trata de una herramienta aislada y puntual.

El Aula está ubicada en un espacio físico agradable y acogedor, acondicionado por los tutores de convivencia y el alumnado, que invita a la reflexión, al diálogo constructivo y a la asunción de compromisos en un ambiente de confianza, confidencialidad y respeto.

El tutor de convivencia, profesor del centro aceptado y valorado por todos, debe tener un perfil asertivo, mediador, negociador y sobre todo debe saber escuchar y favorecer el diálogo. Su actuación debe ser neutral, justa y firme, sin dejar por ello de ser cariñosa, cercana y acogedora. Además, ha de estar inserta en un procedimiento escalonado que lo convierte en un agente más en la resolución del conflicto. El tutor de convivencia debe ser un profesor del centro con horario lectivo, ya que es importante su contacto con la realidad del aula y que la comunidad educativa lo identifique como un miembro activo del centro y no como un profesional ajeno a éste.

El tutor de Convivencia en nuestro protocolo de actuación *escucha y atiende quejas* de forma inmediata, *trata los conflictos de forma asertiva* y favorece su solución, habilita en estrategias para tratar los conflictos de forma pacífica, *capacita en habilidades cognitivas, comunicativas y sociales, informa e implica a la familia en la resolución del conflicto* y en el seguimiento de los compromisos adquiridos e *informa a los agentes implicados y se coordina en las actuaciones.*

Siguiendo a Segura (1998), Torrego (2006) y Trianes (2001), su intervención se circunscribe principalmente a la reiteración de faltas leves, la comisión de faltas graves, la resolución de conflictos interpersonales (mediaciones) y la intervención en grupos con problemas de disrupción o rendimiento. Empleando métodos asertivos y practicando la escucha activa debe favorecer la *reflexión personal,* el *diálogo constructivo, la revalorización y crecimiento de la persona, el respeto y la compresión del otro* (empatía), *la integración y el fortalecimiento de los lazos interpersonales.*

En el aula de convivencia se concibe el conflicto como una oportunidad de crecimiento y desde allí se transmite a toda la comunidad educativa esta concepción positiva del conflicto, en la que no hay perdedores o ganadores, sino corresponsables, y donde las faltas se entienden como errores o equivocaciones de las que se aprende para actuar de forma más eficaz y positiva en el futuro. En definitiva, en el «Aula de

Convivencia además de favorecer la resolución pacífica del conflicto, se ejerce una labor educadora y formativa que favorece su prevención y fomenta el desarrollo personal y social del alumnado[52].

5.2. Objetivos del aula de convivencia

- **Escuchar y atender de forma inmediata las quejas** presentadas por cualquier miembro de la comunidad educativa.

- **Ayudar a resolver las situaciones conflictivas** mediante el diálogo, la reflexión y la negociación o la mediación para la asunción de compromisos.

- **Habilitar en estrategias y desarrollar conductas asertivas para afrontar situaciones conflictivas** de forma pacífica y constructiva.

- **Capacitar en habilidades cognitivas, comunicativas y sociales** que favorezcan la prevención de conflictos.

- **Colaborar en los procesos de formación** en mediación, habilidades sociales y estrategias pacíficas de resolución del conflicto diseñadas en el Plan de Convivencia.

- **Mantener un contacto fluido con las familias** informando de forma inmediata cualquier incidencia e involucrándolas en la resolución del conflicto.

- **Establecer una relación de cooperación interna y externa con otros agentes para lograr una intervención coherente, coordinada y circular** (Jefe de Estudios y Coordinador del Plan de Convivencia, Director, Orientador Escolar, Alumnado mediador y Ayudante, Tutores, Instructores de expedientes disciplinarios, Servicios Sociales del Ayuntamiento, Unidad de Menores del Cabildo, otros centros educativos...).

- **Evaluar anualmente en coordinación con Jefatura de Estudios el Plan de convivencia.**

- **Revisar los documentos empleados en el Aula de Convivencia** y realizar los cambios de mejora oportunos.

---

52. Compartimos con Fernández la definición del aula de convivencia y su diferenciación del aula de contención o supervivencia (capítulo XI. Condicionamientos y ética en la gestión de la convivencia).

5.3. Motivos para asistir al aula de convivencia

En general el alumnado asiste al Aula de Convivencia porque se recibe de él una queja que puede ser presentada por cualquier miembro de la comunidad educativa (padre, alumno, profesor, personal no docente) o por decisión propia para resolver un conflicto. Los principales motivos de su asistencia suelen ser:

– Cuando se le abre un parte de incidencias por reiteración de faltas leves o por comisión de falta grave o muy grave, de acuerdo con nuestra Tipificación de Faltas y el Decreto de Derechos y Deberes del Alumnado.
– Cuando cualquier miembro de la comunidad educativa, que considera conveniente que se hable con el alumno en el Aula de Convivencia, lo deriva mediante un comunicado de incidencia.
– Porque un compañero presenta una queja.
– Por su deseo de presentar una queja o hacer una declaración.
– Cuando ha sido citado por el tutor de convivencia para realizar actividades formativas, de reflexión o para revisar el seguimiento de su compromiso personal.
– Para solicitar una mediación.
– Para solicitar consejo u orientación ante un problema.

5.4. Estrategias de actuación del tutor de convivencia

El tutor de convivencia, empleando estrategias asertivas y constructivas, pretende positivar el conflicto y favorecer el crecimiento personal y social del alumno[53] a partir del desarrollo de la *autoconciencia* (darse cuenta de lo ocurrido), el *reconocimiento y canalización positiva de las emociones*, la *automotivación* (ser constante y tolerar la frustración), el *autoconocimiento y autorregulación*, la *empatía o pensamiento de perspectiva* (ponerse en el lugar del otro y comprenderlo), el *pensamiento causal y consecuencial* (ser responsables de nuestras actos, reflexionar sobre los motivos y asumir sus consecuencias, valorar las ventajas y los inconvenientes de nuestras actuaciones y aprender a prever las consecuencias de algo que se hace o se dice), el

---

53. Todos los documentos empleados en el Aula de Convivencia y en el protocolo escalonado han sido de elaboración propia y son revisados anualmente (ficha de reflexión, comunicado de incidencia, parte de incidencia, recepción de quejas, declaración, contrato didáctico, compromiso individual, compromiso grupal, seguimiento de compromiso, acuerdo de escolarización, derivaciones, comunicados a familias…)

pensamiento alternativo (actuar de forma más eficaz y positiva en situaciones conflictivas similares), la *petición de disculpas*, la *respuesta al fracaso y la frustración*, el *enfrentamiento a las presiones de otros,* el *manejo del miedo,* el *enfrentamiento al enfado de otras personas* y la *mediación o negociación.* (Segura, 1998). De este modo, el tutor de convivencia ejerce una función educativa esencial en el proceso de desarrollo emocional de nuestros alumnos, capacitándolos en habilidades tanto personales como de relación social, que les permiten actuar de forma asertiva en situaciones similares en el ámbito educativo, familiar y social (Trianes, 2001).

5.5. Competencias del tutor de convivencia dentro del plan global

El tutor de convivencia resuelve conflictos por la vía negociada o mediada; atiende a las quejas y declaraciones presentadas por cualquier miembro de la comunidad; sigue el incumplimiento de los compromisos adquiridos por el alumnado; realiza actividades de reflexión con el alumnado que asiste al aula; diseña y dirige actividades formativas adaptadas a la tipología del conflicto y a las necesidades del alumno; informa y se coordina con familias en la búsqueda de soluciones a los conflictos de sus hijos; deriva al alumnado mediador los conflictos interpersonales entre iguales; interviene en los grupos con conflictos convivenciales y colabora con el jefe de estudios (coordinador del Plan de Convivencia del centro) en los protocolos de acogida a nuevo alumnado, en el plan de prevención e intervención de acoso escolar, en el protocolo de actuación con alumnado en riesgo o con problemática conductual y en el plan de formación en técnicas asertivas y habilidades sociales de la comunidad escolar. Además, es el responsable de la memoria del Aula de Convivencia y del análisis de los conflictos tratados en la misma, corresponsable junto con el jefe de setudios de la evaluación del Plan de Convivencia del centro y de la difusión de nuestro protocolo y plan de mejora por otros centros educativos.

5.6. Protocolo de actuación del tutor de convivencia

La primera tarea del tutor de convivencia es definir el conflicto para darle el tratamiento adecuado y derivarlo al agente competente. Así puede optar por derivar el caso al Equipo de Mediación, al Departamento de Convivencia, al Departamento de Orientación, al director, al tutor, a la Comisión de Convivencia de Aula, o a otros profesionales o instancias…

Si es competencia del tutor de convivencia, su intervención difiere según la tipología de la incidencia (incumplimiento de normas, conflicto interpersonal, conflicto intrapersonal...) y si ésta es individual o grupal.

Si se trata de un incumplimiento de la normativa del centro, el tutor de convivencia juega el papel de **negociador** y dirige el proceso, ya que debe dejar claro que hay una norma, que hay que cumplirla y que su incumplimiento supone unas medidas. Su intervención, en estos casos, debe favorecer la reflexión personal sobre lo ocurrido, la asunción de medidas educativas-formativas y el establecimiento de un acuerdo final de cambio de actitud cuyo cumplimiento ha de ser seguido en el Aula de Convivencia en encuentros periódicos.

En el caso de conflictos interpersonales, el tutor de convivencia actúa como **mediador** favoreciendo el diálogo respetuoso entre las partes que han de buscar la solución que más satisfaga a ambas, evitando que existan ganadores o perdedores.

Cuando la incidencia no es individual sino grupal, la intervención se realiza a nivel de grupo-clase y persigue la reflexión sobre la situación problemática y la asunción de un compromiso de cambio de actitud que es seguido por el tutor de convivencia periódicamente y comunicado a familias.

5.6.1. La negociación ante el incumplimiento de normas o no aceptación de una mediación

Primeramente, el tutor de convivencia recibe la incidencia que debe estar reflejada en un documento escrito (parte de incidencia o comunicado de incidencia). A continuación, cita y recibe al alumno para comunicarle la incidencia y permitir el desahogo inicial. Además debe dejar claro que:

- La aceptación de la intervención del tutor de convivencia es voluntaria.
- La intervención está orientada a buscar la mejor solución al conflicto y la que menos perjudique al alumno.
- Debe ser honesto: no se debe mentir u ocultar datos deliberadamente.
- Los temas tratados son de carácter confidencial.

Tras el desahogo inicial y en una situación libre de reproches, se invita al alumno a cumplimentar una ficha de reflexión en la que puede contar su versión de lo ocurrido. Esta ficha no sólo favorece la reflexión personal sino que permite el desahogo y reduce los niveles de ansiedad del alumno, ya que así puede contar lo sucedido desde su punto de vista sin que nadie coarte su versión.

A partir de la ficha de reflexión, el tutor de convivencia facilita el diálogo reflexivo practicando la escucha activa y favoreciendo el pensamiento causal, la identificación de sentimientos propios y ajenos, así como el pensamiento consecuencial y alternativo.

A continuación informa al alumno de la falta cometida y negocia medidas y soluciones satisfactorias. Facilita la asunción de un compromiso personal y comunica a la familia de las incidencias cometidas y las medidas formativas negociadas. Finalmente, realiza el seguimiento del compromiso personal adquirido e informa y se coordina con otros agentes (padres, profesores, tutor, jefe de estudios, director, orientador...)

5.6.2. La mediación en los conflictos interpersonales

La intervención en estos casos se produce por la recepción en el Aula de Convivencia de una queja escrita presentada por un alumno que manifiesta su malestar, temor o enfado por la actuación de otro u otros compañeros. Tras una entrevista inicial con el alumno que presenta la queja, el tutor de convivencia determina la urgencia de la intervención, la gravedad del conflicto y le oferta, si es oportuno, su resolución por mediación[54].

En este último supuesto, también es el momento para optar por resolver el conflicto en el Aula de Convivencia, actuando como mediador un Tutor de Convivencia, o derivar el caso al Club de Alumnado Mediador que lo resolverá en el Rincón de la Mediación, un lugar acondicionado por los alumnos mediadores para desarrollar su labor. Al Club se derivan casos más sencillos, adecuados a la edad, madurez y formación del alumnado mediador.

Consideramos muy importante este servicio que ofrece el Aula de Convivencia al alumnado que desea presentar una queja de un compañero, por su contribución a frenar el acoso entre iguales en su fase inicial en la que el acosado recibe insultos, bromas molestas, agresiones leves (toques, collejas...), etc., pero aún tiene fuerza y capacidad para denunciar al acosador sin miedo a sus represalias. Además, al resolver estos casos por mediación se favorece el diálogo, se evitan los rencores y, con la asunción de compromisos y su seguimiento por el tutor de convivencia o los alumnos mediadores, se limita la reincidencia y se frena así la escalada del acoso.

En este tipo de conflicto interpersonal el procedimiento a seguir es:

---

54. Tanto si es el tutor de convivencia como si se encarga el alumnado, la mediación se regula por el procedimiento pautado por Torrego, J.C. (coord.) (2000).

1. Un alumno presenta por escrito en el Aula de Convivencia una queja de un compañero y en ese momento el Tutor de Convivencia hace la pre-mediación:

– Mantiene con el alumno una entrevista inicial para determinar la gravedad y urgencia de resolución del conflicto.
– Analiza si es un caso apropiado para resolverlo por mediación y quiénes deberían actuar como mediadores (tutor de convivencia o alumnado mediador).
– Si considera factible la mediación, se lo comunica a las partes y se les explica el proceso (reglas), la meta (asunción de un compromiso) y la importancia de la colaboración de ambos para resolver el caso.
– Finalmente, se establece la cita.

---

2. Se procede a realizar la mediación, una vez han aceptado las partes en conflicto.

5.6.3. La intervención en grupos

El Tutor de Convivencia también realiza intervenciones a nivel de grupo-clase, requeridas por el Equipo Directivo, Equipo Educativo o Tutor, por diversos motivos: pasividad general, disrupción, faltas de respeto, incumplimientos de normas, deterioros, etc. Las intervenciones en grupo se desarrollan durante parte del periodo de recreo y se utilizan las sesiones que se considere necesarias.

En estas intervenciones se expone al grupo los motivos de la intervención y se hace una reflexión sobre las faltas cometidas, las personas afectadas y las propuestas de solución. Entonces, en asamblea, se extraen las conclusiones sobre lo ocurrido, las propuestas de mejora y se asume un compromiso de cambio de actitud. A partir de éste, se programa un seguimiento semanal de los aspectos que deben ser valorados por el profesorado en sus clases. En el seguimiento grupal, las incidencias se señalan de forma personalizada para poder actuar a nivel particular, en el Aula de Convivencia, con el alumno que incumple su compromiso. Las familias son informadas durante todo el proceso (motivos, medidas, acuerdos) y, además, reciben un informe periódico (escrito y telefónico) sobre las incidencias relacionadas con sus hijos, para que así puedan actuar en casa.

5.7. La relación del tutor de convivencia con otros agentes

5.7.1. Coordinación interna y externa

En el desempeño de su trabajo, inmerso en este plan global y comunitario de gestión de las convivencia, el tutor de convivencia se coordina con otras personas y órganos del centro: alumnos mediadores y ayudantes, tutores de grupo, tutores de faltas, tutores afectivos, orientador escolar, jefe de estudios, director, instructores de expedientes disciplinarios y agentes sociales que intervienen en el ámbito escolar.

El aula de convivencia es un eslabón más en la cadena de resolución de conflictos en nuestro centro y cuando la situación conflictiva no es competencia del tutor de convivencia o requiere la intervención de otras personas o instancias no dudamos en recurrir a ellas para solicitar su apoyo y ayuda. Los casos que se consideren serán derivados del aula de convivencia a:

- Club de Alumnado Mediador si las partes aceptan la mediación.
- Departamento de Orientación cuando se detectan trastornos de conducta, conflictos intrapersonales, problemas familiares… que deben ser estudiados por el Orientador Escolar para su intervención o derivación a otros profesionales.
- Departamento de Orientación cuando el alumno o sus padres demandan orientación escolar o profesional o cuando se detecta la necesidad de realizar o revisar un Informe Psicopedagógico.
- Departamento de Convivencia donde de forma colegiada se decide si el caso puede ser tratado en el propio departamento o si por el contrario se deriva al director.

Cuando el caso es tratado de forma colegiada en el Departamento de Convivencia, el tutor de Convivencia, en coordinación con el jefe de estudios y el orientador escolar, mantienen un contacto con otras instancias externas (Departamento de Servicios Sociales de nuestro Ayuntamiento, Servicio de Atención al Menor y la Familia del Ayuntamiento, Unidad de Menores del Cabildo Insular de La Palma, responsables de residencias escolares y centros tutelados, etc.) para compartir información, solicitar su intervención, establecer un plan de actuación conjunta y realizar un seguimiento coordinado del mismo.

Cuando la falta que refleja el parte de incidencias se tipifica como muy grave, se produce reiteración continuada de faltas graves, se incumple lo acordado con los tutores de convivencia o no se acepta la negociación planteada en el propio Departamento de Convivencia, el caso se deriva al director, que lo resuelve en un expediente disciplinario donde normalmente se opta por la vía conciliada.

5.7.2. Coordinación y colaboración con las familias

Desde el aula de convivencia se comunica a las familias de forma inmediata, vía telefónica y por escrito, cualquier incidencia relacionada con sus hijos y se informa además de las medidas adoptadas y acuerdos consensuados con el alumno. Nos interesa no sólo mantenerlas informadas sino conseguir su implicación en la resolución del conflicto a distintos niveles según el caso (revisión diaria en casa del seguimiento del compromiso o, en caso de alumnado reincidente, contacto más directo y sistemático con los padres en reuniones periódicas con el tutor de convivencia para negociar un plan de actuación conjunta y revisar medidas y acuerdos).

6. MEMORIA DE LA CONVIVENCIA DURANTE EL CURSO ESCOLAR 2007-2008

La existencia de un plan sistematizado y protocolizado nos permite evaluar el estado de la convivencia y las medidas y acciones realizadas en el centro para introducir las mejoras que se consideren más oportunas y necesarias. Los resultados de la memoria realizada este año en el Aula de Convivencia son:

a) El 96% de las faltas se cometen en la ESO y el 4% en Bachillerato y Ciclo Formativo de Grado Medio

b) El nivel en el que se concentra la mayor parte de incidencias cometidas en el centro es 1º de ESO. La distribución de las faltas por niveles en el curso académico 2007/08 y su comparativa con el curso anterior ha sido:

DISTRIBUCIÓN DE LAS FALTAS POR NIVELES		
NIVEL	Curso 2006/07	**Curso 2007/08**
1º ESO	46'4%	**64,6%**
2º ESO	34'6%	**13,5%**
3º ESO	10'4%	**14,5%**
4º ESO	6'5%	**3,4%**
BACHTO	2'1%	**2,5%**
CFGM		**0,01%**

c) Con respecto a las vías utilizadas en el centro para comunicar las incidencias al aula de convivencia destacamos que la mayor parte de las incidencias las comunica el profesorado a través de Partes de Incidencias (49'2%), que reflejan faltas graves o reiteración de faltas leves sin respuesta a las medidas tomadas o faltas graves, o de Comunicados de Incidencias (11'3%), que normalmente manifiestan incidencias que muchas veces no son constitutivas de falta pero que se considera conveniente que sean tratadas en el aula de convivencia.

Otras incidencias son comunicadas por el alumnado (11'3%), mediante el documento de Quejas, que reflejan dificultades en las relaciones interpersonales principalmente entre compañeros. La mayor parte de estas quejas relatan faltas de respeto consistentes en agresiones verbales o gestuales (insultos, motes, amenazas, miradas desagradables, gestos…) y agresiones físicas leves (collejas, empujones, toques…). El alumnado que presenta quejas pertenece principalmente a 1º de ESO (56'9%), siendo en este nivel en el que más problemas de relación entre compañeros y situaciones de acoso en fase inicial se producen y donde menos prejuicios tienen a la hora de presentar una queja.

Es de destacar que no se ha producido durante el curso escolar ninguna agresión física grave entre alumnado del centro. Del uso que hacen los alumnos del documento de Quejas y del aula de convivencia deducimos la confianza que tienen en el trabajo realizado por los tutores de convivencia, posiblemente por dos factores principales: la eficacia en la resolución de los casos y la confidencialidad de los temas tratados. Este tipo de incidencias se han resuelto por mediación y en el curso 2007-2008 y 2008-2009 hemos contado con la colaboración de un estudiante de Educación Social en prácticas.

El nivel en el que se han abierto más partes de incidencias (73'9%), en el que se han presentado más quejas por parte del alumnado (56'9%), en el que se han recibido más comunicados de incidencias (44'3%) y en el que más alumnos han llegado a Convivencia por otras vías diferentes a las anteriores (65%), es 1º de ESO. Se convierte así en el nivel más conflictivo del centro posiblemente debido a múltiples factores:

– Alumnos repetidores.
– Alumnado de nueva incorporación al centro que, inicialmente, desconoce el protocolo de actuación del instituto y presenta dificultades de adaptarse al modelo de convivencia[55].

---

55. A pesar de tener un Plan de Transición de Primaria a Secundaria y de celebrar unas Jornadas de Acogida a inicio del curso escolar, este problema es muy habitual en el primer trimestre con el alumnado nuevo.

- Alumnos con muchas dificultades de aprendizaje y pocos hábitos de trabajo que promocionan de Primaria con materias suspendidas.
- Alumnado con dificultades de aprendizaje.
- Alumnos de desventaja socioeducativa con dificultades de adaptación escolar, con problemas de absentismo y con problemática familiar.
- Alumnos poco habilitados en la resolución pacífica de conflictos.

d) Comparando con el curso pasado a la tipología de las faltas y el porcentaje de las mismas señalamos:

TIPOLOGÍA DE FALTAS		
TEMÁTICA	**DESCRIPCIÓN**	**PORCENTAJE**
ASISTENCIA	Impuntualidad al llegar a clase	2'5%
	Fuga de clase o del centro	10'6% · **15'9%**
	Fuga causando problemas en el centro	2'8%
PASIVIDAD	Actitud pasiva (no traer material, no trabajar...) sin interrumpir el desarrollo de la clase.	6'5% · **6'5%**
DISRUPCIÓN	Actitud pasiva/disruptiva (no trabajar e interrumpir el normal desarrollo de la clase: hablar, hacer ruidos, levantarse...)	15'8%
	Actitud pasiva y/o disruptiva y falta de respeto al profesorado no siguiendo sus indicaciones.	11'2% · **33'5%**
	Actitud pasiva y/o disruptiva y falta de respeto a profesorado tratándole de forma incorrecta.	6,5%
RELACIÓN ENTRE COMPAÑEROS	No respeto a compañeros/as (agresión verbal o gestual: insultos, gestos o miradas desafiantes o provocadoras, amenazas, burlas, vejaciones...).	11%
	No respeto a compañeros/as (agresiones físicas leves: empujones, toques, collejas...)	9'5% · **20'5%**
	No respeto a compañeros/as (agresiones graves causando daños físicos en el compañero/a)	0%
RELACIÓN CON PROFESORADO	No sigue indicaciones o no obedece al profesorado.	5%
	Trata de forma incorrecta al profesorado.	7'1% · **12'1%**
DETERIOROS	Deterioro de material o instalaciones del centro o material de compañeros/as.	4'1% · **4'1%**
OTROS	Incumplimiento de normas de carácter general: juegos en el aula, comer en clase, uso de móviles, hurtos, falsificación de documentos, copia en exámenes, fumar en el centro...)	7'4% · **7'4%**

En la tipología de las incidencias destaca, en primer lugar, la disrupción en el aula (33'5%) relacionada con alumnado que no trabaja y que presenta conductas que impiden el normal desarrollo de la clase provocando continuas interrupciones, no respetando así el derecho al estudio de sus compañeros, ni la labor docente del profesorado que no puede impartir la clase con normalidad. De ellas, en un 17'7% se reta la autoridad del profesorado no obedeciendo sus órdenes o tratándole de forma incorrecta cuando éste amonesta por la conducta inapropiada del alumno. El 75,3% de este tipo de faltas está relacionada con alumnado que cursa 1º de ESO.

En segundo lugar, con un 20'5%, se encuentran las faltas de respeto a compañeros que, tal y como se refleja en la tabla, han consistido en agresiones gestuales o verbales (insultos, ofensas, amenazas…) y agresiones físicas leves (toques, collejas, empujones…) sin llegar a convertirse en graves. De nuevo queremos recordar que el 56'9% de éstas corresponden a 1º de ESO. Por ello, durante el curso escolar actual (2008-2009) el alumnado mediador está realizando un estudio sobre las relaciones interpersonales, los problemas de violencia y acoso en los niveles de 1º y 2º y el Aula de Convivencia ha diseñado varias acciones para definir y prevenir el acoso en los cinco grupos de 1º de ESO.

Destacamos la disminución significativa y progresiva de las agresiones graves en el transcurso de los últimos años, llegando a ser inexistentes, en el presente curso escolar, tanto dentro como en los aledaños del centro educativo. Consideramos que el hecho de que el alumnado presente sus quejas cuando se siente ofendido o amenazado y que éstas sean escuchadas, atendidas de forma inmediata y resueltas por mediación buscando que las partes se entiendan y encuentren una solución que les satisfaga a ambas, ha dado lugar a que desaparezcan las peleas en el centro. Por este motivo el centro ha potenciado la formación de alumnado mediador y ayudante habilitándole en estrategias de resolución pacífica de los conflictos.

En tercer lugar se encuentran las incidencias relacionadas con la impuntualidad y la no asistencia a parte o a la totalidad de la jornada escolar por fuga (15'9%), que aumentan con respecto al curso anterior, cuando se situaban en un 7'3%. Es preocupante que el 80'7% de estos problemas de asistencia se relacione de nuevo con alumnado de 1º de ESO. Para paliar esta situación hemos contado con el Plan de Intervención de alumnado en riesgo de abandono escolar y absentista y con la colaboración y coordinación de la Policía Municipal y los Servicios Sociales del Ayuntamiento. En esta problemática es muy positiva para el desarrollo de las medidas educativas propuestas por el centro la intervención de agentes sociales en el contexto escolar.

Con respecto al curso pasado disminuyen las faltas de respeto al profesorado, que se sitúan en un 12'1%, frente al 17'7% del curso anterior. Con respecto a este tipo de incidencias, a pesar de tener un plan global de gestión de la convivencia, detectamos que existe un perfil de profesorado con el que aumentan las conductas conflictivas y las faltas de respeto a su autoridad y persona, y que también hay profesorado demasiado permisivo que no registra las faltas aunque se produzcan.

Son escasos los deterioros causados a instalaciones y documentos del centro (4'1%); este tipo de incidencias se ha resuelto con medidas educativas correctoras orientadas a tareas de mantenimiento y mejora de las instalaciones del instituto además del pago económico del material deteriorado.

Con respecto al curso anterior también ha bajado el porcentaje de otras incidencias (no respeto a normas generales del centro), que este curso se situó en un 7'4% frente al 12'8% del año académico anterior.

e) Con respecto al análisis de las incidencias por niveles, concluimos que:

1º de ESO es el que presenta porcentajes más altos en todo tipo de incidencias, excepto en actitud pasiva sin interrumpir el desarrollo de la clase. Las tres situaciones más problemáticas y destacadas son: asistencia y puntualidad, disrupción y relación con el profesorado. Es sin duda el nivel más conflictivo. A él pertenece el 37'8% del alumnado que ha asistido al Aula de Convivencia, el 71'4% del alumnado reincidente en la comisión de faltas y el 54'5% del total de casos tratados en el Departamento de Convivencia. Es el nivel en el que el profesorado ha abierto más partes de incidencias (73'9% del total de partes de incidencias del centro), en su mayoría por actitud pasiva y disruptiva, por no seguir sus indicaciones y por trato incorrecto. También es el nivel en el que los alumnos han presentado más quejas (56'9%) referidas a problemas en las relaciones con sus compañeros con faltas de respeto consistentes en agresiones verbales, gestuales y físicas leves (insultos, motes, amenazas, gestos, toques, collejas...). Además, en este nivel y a petición de los equipos docentes y debido a la complejidad y conflictividad de algunos grupos, se llevó seguimiento de grupos desde el aula de convivencia.

Esta conflictividad en 1º de ESO es multicausal, ya que este nivel está integrado por:

– Alumnado de nueva incorporación al instituto, procedente de colegios de Primaria, que en un primer momento no tiene asimiladas nuestras normas de organización y funcionamiento ni interiorizado el protocolo de actuación[56].

---

56. Para dar respuesta a este problema, además de afianzar el Plan de Transición de Primaria a Secundaria, la Consejería de Educación nos aprobó, para el curso escolar 2008-2009, un proyecto de mejora para trabajar en red los tres centros educativos del distrito.

- Alumnado más infantil e inmaduro, con menos autocontrol, menos estrategias de resolución pacífica de problemas interpersonales y propenso a juegos y actuaciones que muchas veces acaban en la comisión de faltas.
- Alumnado con muchas dificultades de aprendizaje y sin hábitos de trabajo que promociona a 1º de ESO sin haber superado la Primaria. Además, algunos de estos alumnos vienen al centro sin ningún tipo de informe que les permita acceder a alguna medida de atención a la diversidad.
- Alumnado con muchos problemas adaptación al ámbito escolar que muestra conductas de rechazo al sistema educativo (absentismo, pasividad, disrupción, reto al profesorado…). La mayoría de estos alumnos no tienen un adecuado control familiar, adquieren hábitos inadecuados de ocio y tiempo libre y, muchos, arrastran problemas de aprendizaje desde Primaria. En estos casos, *los problemas educativos disfrazan verdaderos problemas sociales donde la escuela no puede dar todas las respuestas a sus necesidades.* En este sentido, consideramos esencial el plan de actuación interinstitucional y la intervención de los agentes sociales en la escuela.
- Alumnado repetidor en muchos casos con un perfil similar al anteriormente descrito.
- Alumnado muy diverso con problemas intrapersonales e incluso de salud mental que se encuentra sin estudiar, sin diagnosticar ni tratar médicamente y, si lo está, sin un seguimiento riguroso.

f) Las medidas aplicadas en el Aula de Convivencia para responder a las incidencias tratadas están resumidas a continuación en esta tabla:

MEDIDAS TOMADAS EN EL AULA DE CONVIVENCIA PARA EL TRATAMIENTO DE LAS INCIDENCIAS	
ORDINARIAS (se aplican en todas las incidencias tratadas)	• Ficha de reflexión sobre lo ocurrido. • Diálogo reflexivo a partir de la ficha de reflexión (escucha activa). • Comunicado a padres de la incidencia (vía telefónica y/o por escrito). • Comunicado a Tutores. • Negociación o mediación. • Compromiso individual del alumno. • Petición de disculpas si procede (tanto a alumnado como a profesorado).

EXTRAORDINARIAS (se toman sólo en caso que se considere necesario)	• Seguimiento continuo del compromiso del alumno en todas o en alguna área en concreto. • Trabajo con la familia manteniendo un contacto periódico continuo y fluido. • Actividades de reflexión y medidas educativas/formativas relacionadas con la falta cometida. • Talleres de habilidades cognitivas y sociales. • Derivaciones a otras instancias: internas (Departamento de Orientación, Jefatura, Dirección) para seguimiento y estudio del caso, o a otras instancias o profesionales si procede. • Reunión del Departamento de Convivencia para acuerdo de medidas: jefe de estudios, director, orientador, tutores de convivencia y agentes externos si procede (representante de Servicios Sociales) con alumno y familia. • Aplicación de los protocolos de acogida y de intervención diseñados con la participación de todos los agentes necesarios y la coordinación del jefe de estudios (acoso escolar, alumnado de nueva incorporación, alumnado absentista, alumnado con problemas de comportamiento). • Derivación del caso a Dirección para apertura de expediente disciplinario a resolver normalmente en la Comisión de Convivencia del Consejo Escolar (vía conciliada).

–   Con un 66,2% del alumnado que ha asistido al aula se han aplicado las medidas ordinarias.

–   Con un 23% del alumnado que asistió a Convivencia se realizó un seguimiento continuo del comportamiento y trabajo en el aula en las diferentes áreas, supervisado por la familia diariamente y por el tutor de convivencia en la fecha indicada al alumno/a. Este seguimiento se aplicó por diversos motivos: a petición de los equipos educativos, por sugerencia del tutor de convivencia, a petición de la familia e incluso por solicitud voluntaria del propio alumno.

–   Para un 87,3% del alumnado que ha asistido al aula de convivencia no se ha necesitado una intervención reiterada y han sido suficientes las medidas ordinarias o el seguimiento; sin embargo un 12,6% ha sido reincidente en la comisión de faltas. De los alumnos reincidentes el 71'4% pertenece a 1º de ESO, el 14,3% corresponde a 2º de ESO y el 10'4% a 3º de ESO, mientras que en 4º de ESO y Bachillerato la reincidencia es nula y en CFGM es de un 3'6%.

- A los alumnos reincidentes los hemos derivado, según el caso, a otros agentes del centro (jefe de estudios, director, orientador escolar) y el centro ha solicitado la ayuda de organismos y profesionales externos (Servicios Sociales, Salud Mental, Unidad de Atención a Drogodependientes, etc.).

- Con el 85,7% del alumnado reincidente se ha trabajado con Servicios Sociales, y especialmente, con la Unidad de Atención al Menor y la Familia. Debido a que gran parte de este alumnado no sólo presentaba problemas de disrupción en el aula sino también de absentismo, se nombró, según el protocolo diseñado, a un profesor como tutor afectivo, que realizó un seguimiento semanal de su asistencia y comportamiento en el centro. Quincenal o mensualmente[57] el jefe de estudios enviaba al Servicio de Atención al Menor y la Familia del Ayuntamiento un informe con la evolución del comportamiento de cada alumno (avances y dificultades encontradas) y se realizaba una reunión con uno de los responsables del alumnado en riesgo de los Servicios Sociales para evaluar las medidas acordadas entre las dos instituciones (escolar y municipal). Con este alumnado se ha aplicado un plan de intervención especial (horarios de atención personalizada, talleres de habilidades sociales, talleres de iniciación profesional, etc.), con el objeto de mantenerlo dentro del sistema educativo y capacitarlo en habilidades básicas para su desenvolvimiento social.

- Del alumnado reincidente derivado a jefatura de estudios un 39,3% fue llevado al Departamento de Convivencia, que se reúne con el alumno y su familia para analizar la situación escolar del joven y establecer acuerdos conciliados que eviten la apertura de un expediente disciplinario. Aunque no siempre se consiguieron los resultados más deseables, este recurso en el protocolo ha sido útil para abordar los problemas de integración socio-escolar de forma colegiada e interinstitucional, analizando el problema desde distintos puntos de vista y haciendo corresponsables en la búsqueda de soluciones a todos los sectores (centro-alumno-familia-agentes sociales). Por otra parte, estas reuniones del Departamento de Convivencia, en un instituto con una visión conciliadora de la resolución del conflicto, han sido ejemplarizantes para el resto del alumnado, que ha podido constatar que la reiteración en la comisión de faltas tiene consecuencias, aunque en nuestro caso no sea la expulsión[58].

- A lo largo del curso sólo a dos alumnos se les ha abierto expediente disciplinario por la comisión de una falta muy grave. En ambos casos el expediente ha sido resuelto en la Comisión de Convivencia del Consejo Escolar por la vía conciliada, aplicándose medidas formativas educativas.

---

57. Esta periodicidad depende de los acuerdos tomados entre la institución escolar y municipal.

58. En este sentido, nosotros somos contrarios a este tipo de soluciones, pues las expulsiones no solucionan los problemas, sino que los exportan a otro centro.

– Por último, en los grupos más conflictivos los tutores de vonvivencia realizaron intervenciones a petición del equipo directivo, de los equipos docentes o del tutor.

g) Entre las dificultades encontradas, señalamos:

– El aula de convivencia no funciona todas las horas y, por tanto, falta tiempo para atender debidamente al alumnado con mínima pérdida de clase y para informatizar todos los datos y atender debidamente las incidencias que llegan al aula. Hubo casos que no se resolvieron completamente por acumulación de trabajo y, en ocasiones, por no interrumpir el tratamiento de un tema importante, los tutores de convivencia llegaron a su grupo-clase con retraso.
– La concentración de alumnado conflictivo en 1º de ESO.
– A pesar de ofrecer un plan de acogida al profesorado de nueva incorporación, algunos profesores no respetan el protocolo de actuación escalonado de los distintos agentes y llega alumnado al aula de convivencia sin actuación de agentes anteriores al tutor de convivencia (profesor de área o guardia, tutor) o se presenta sin documento escrito que relate lo ocurrido[59].
– Excesivo número de alumnos con seguimiento, lo que supone falta de tiempo para valorarlos y controlarlos adecuadamente.
– Excesivo número de grupos con seguimiento[60].

7. VALORACIÓN DEL PLAN DE CONVIVENCIA DISEÑADO EN NUESTRO INSTITUTO

La valoración del modelo diseñado en nuestro instituto y de las estrategias y recursos empleados para tratar y prevenir el conflicto ha contribuido de forma fundamental a la mejora del clima social escolar y a la asunción natural de nuestro modelo de convivencia por:

a) *El abordaje constructivo del conflicto y la variedad de estrategias para dar respuestas al tratamiento y la prevención de conflictos.* Se responde a las que-

---

59. Esta situación es muy frecuente en el primer trimestre, hasta la interiorización del protocolo por el profesorado que lo desconoce. En este sentido, se ha querido afianzar el plan de acogida al profesorado de nueva incorporación en el curso escolar 2008-2009 para subsanar esta dificultad.

60. En este caso y en el anterior (seguimientos individuales), durante el curso 2008-2009 se intenta racionalizar el uso de esta medida para que no pierda su eficacia, así como pautar y sistematizar su corrección en tiempos concretos.

jas de cualquier miembro de la comunidad educativa de forma rápida y eficaz y se aplican métodos pacíficos para resolver las situaciones conflictivas. Las incidencias son tratadas como errores y los conflictos como oportunidades educativas.

b) *El cambio en la tipología del conflicto.* La disrupción y los problemas de indisciplina graves y muy graves son sustituidos por problemas de relación propios de la convivencia diaria y la pasividad/disrupción en el aula[61]. Consideramos que hemos logrado la interiorización de actitudes de diálogo, de reflexión, de negociación y de mediación, lo que conduce al enriquecimiento personal y profesional de los agentes que convivimos diariamente.

c) *El cambio en la percepción del conflicto* como algo natural, que tiene potencialidades educativas, siempre que se emplee la reflexión, la escucha, el diálogo y la asunción de compromisos.

d) *Una clara disminución de las expulsiones y de los expedientes disciplinarios ordinarios* (en los cuatro últimos años los pocos expedientes disciplinarios han sido resueltos por la vía conciliada). Las faltas leves no llegan a cronificarse y contagiarse. Las faltas graves y muy graves se circunscriben a un número reducido de alumnos en los que se centran nuestros esfuerzos para facilitarles su integración socio-escolar.

e) *Una gran disminución de partes de incidencia* porque son varios los documentos empleados para notificar una falta según la gravedad de la misma. También existe un plan de prevención y, además, la actuación de los tutores de convivencia frena la escalada del conflicto.

f) *Por la labor didáctica y formativa que ejercen los tutores de convivencia,* favoreciendo el autoconocimiento, desarrollando el lenguaje emocional, habilitando en estrategias comunicativas, desarrollando habilidades cognitivas y sociales, transmitiendo actitudes y valores positivos y fomentando la resolución pacífica de los conflictos.

g) *Su contribución a frenar la violencia escolar y el acoso entre iguales* por el protocolo de prevención e intervención en situaciones de acoso escolar, la atención prestada a las quejas del alumnado y la aplicación de la mediación para resolver estos conflictos interpersonales, abordándose así el acoso entre iguales en su fase inicial y evitando la escalada del mismo.

h) *Su labor en la detección de problemática familiar, social o intrapersonal* (baja autoestima, falta de autocontrol, trastornos de alimentación, iniciación en drogodependencias, problemas de salud mental...), derivando los casos a la

---

61. Los casos más graves se circunscriben a un número de alumnos en riesgo de abandono escolar a los que se les aplican los planes descritos, no sólo para responder a sus necesidades sino también para favorecer en el aula un clima social-escolar positivo al aprendizaje y la convivencia.

persona o instancia competente y cooperando con la misma en la medida de nuestras posibilidades y competencias.

i) *La intervención del tutor de convivencia en grupos conflictivos,* lo que supone una mejora considerable en su comportamiento, una disminución de comisión de faltas y una mejora del bienestar escolar.

j) *Su contribución a sustanciar cualquier informe o decisión* a tomar con un alumno (agrupamiento, medida de atención a la diversidad, solicitud de estudio, expediente disciplinario, etc.). En el aula de convivencia se archivan las incidencias, compromisos y medidas aplicadas (en el expediente personal de cada alumno). Esta información es confidencial y nunca pasa a formar parte del expediente académico del alumno.

k) *La satisfacción y agradecimiento de las familias* con las que hemos trabajado. Los padres se han mostrado satisfechos por haber recibido de forma inmediata información sobre las incidencias de sus hijos, por tenerles en cuenta a la hora de resolver el conflicto, acordando con ellos las medidas a aplicar, y por permitirles su implicación en el seguimiento de las mismas. Además han manifestado su agradecimiento por el apoyo prestado a sus hijos en el aula de convivencia y ven al tutor de convivencia como una persona que trabaja desde la unión y el acercamiento.

l) *La satisfacción del personal del centro* por la mejora de las condiciones de trabajo y el cambio de la imagen del instituto, tanto del profesorado que ha vivido el proceso de mejora como del profesorado de nueva incorporación.

m) *La percepción positiva que tiene nuestro alumnado de la convivencia en nuestro centro* (encuesta realizada en 2005 y encuesta realizada por el alumnado mediador en 2008-2009) manifestando que:

-La violencia no resuelve los conflictos	95%
-Hay más violencia en la calle que en el centro educativo	84,4%
-Cuando tienen un problema solicitan ayuda en el centro escolar	64,04%
-Se ha sentido escuchado y apoyado en el aula de convivencia	82%
-Casos de acoso escolar sistemático	3%
-Casos de acoso escolar aislado o puntual	10%
-Alumnado que ha recibido alguna vez amenaza de paliza fuera del instituto	7%
-Valoración positiva de las relaciones interpersonales en el instituto	90%

8. REFLEXIONES SOBRE NUESTRA EXPERIENCIA EN LA MEJORA DE LA CONVIVENCIA ESCOLAR

Hemos logrado la consolidación e interiorización de un «modelo de convivencia propio, surgido de nuestra experiencia, personalizado a las necesidades de nuestro contexto y fruto de la participación de todos». Un modelo ascendente y cooperativo que se preocupa tanto de la gestión de la disciplina como del aprendizaje natural y espontáneo de valores. Fruto de nuestra experiencia consideramos que:

– Los modelos de convivencia impuestos e importados no son operativos ni eficaces pues debemos adecuarnos y dar respuesta a las necesidades del contexto escolar y al perfil de la comunidad que lo compone.
– El modelo de convivencia debe crecer desde abajo y no imponerse desde arriba para poderlo asumir como propio.
– Un plan de gestión de la convivencia debe ser propio, flexible, abierto a la autocrítica y valoración de la comunidad. Por tanto, un plan de convivencia eficaz es evaluable e inconcluso.
– Un plan de la convivencia protocolizado y sistematizado permite tener las herramientas suficientes para medir anualmente este proceso de mejora, evaluar todas las actuaciones realizadas a nivel de centro e introducir los cambios que se consideren más oportunos.
– En nuestro plan de regulación de la convivencia escolar el aula de convivencia no es el único recurso, ni los tutores de convivencia los únicos agentes que intervienen en la resolución de un conflicto.
– Un modelo de gestión de la convivencia de un centro educativo es eficaz cuando está abierto a toda la comunidad y a su entorno al tiempo que se muestra flexible a los cambios.
– La operatividad del plan depende de su inclusión en la organización interna del centro y las innovaciones realizadas deben ser legitimadas en el PEC y NOF.
– La existencia de un plan de mejora en el centro no implica la eliminación del conflicto pero sí la preparación del centro ante el mismo pues nos proporciona las herramientas necesarias para actuar ante los problemas y situaciones que se presenten.
– Un plan de convivencia no da respuesta a todos los problemas. La obligatoriedad de la enseñanza (hasta los 16 años) en un sistema educativo rígido que no proporciona respuestas y salidas a las expectativas de todos los alumnos, lleva a los institutos a vivir problemas educativos que encubren verdaderos problemas sociales. El trabajo hay que hacerlo sin contar con las herramientas y los agentes necesarios para abordarlo. Por ello es necesario un trabajo en red (interinstitucional) para proporcionar a la escuela todos los recursos y agentes

necesarios para tratar la problemática social y las situaciones de rechazo y objeción escolar que debe abordar.

Para despedirnos, nos gustaría decir que:

> *"Nuestra experiencia ha supuesto trabajo, esfuerzo, dedicación, entusiasmo, cooperación, preparación, formación y, especialmente, el crecimiento personal y profesional de todos los que vivimos diariamente el conflicto en nuestro instituto".*

9. BIBLIOGRAFÍA

Adam, E. (2003). *Emociones y educación*. Barcelona: Graó.

Adell, M. (2003). *Estrategias para mejorar el rendimiento académico de los adolescentes*. Madrid: Pirámide.

Alzate, R. (1999): *Enfoque global de la escuela como marco de aplicación de los programas de resolución de conflictos*. Buenos Aires: Paidós.

Alzate, R. (1997). «Resolución de conflictos en la escuela». *Revista de Innovación educativa*, 7, pp. 107-122.

Arrieta, L. y Moresco, M. (1992). *Educar desde el conflicto*. Madrid: CCS.

Beane, A. (2006). *Bullying. Aulas libres de acoso*. Barcelona: Graó.

Caballo Villar, B. y Gradaílle Pernas, R. (2008). «La educación social como práctica mediadora en las relaciones escuela-comunidad local». *Revista Interuniversitaria de Pedagogía Social.*, 15, pp.45-55.

Casamayor, G. (coord.). (1998). *Cómo dar respuesta a los conflictos*. Barcelona: Graó.

Cascón, P. y Martín, C. (2004). *La alternativa al juego (1)*. Madrid: Catarata.

Cava, M. J. y Musitu, G. (2000). *La potenciación de la autoestima en la escuela*. Barcelona: Paidós.

Cerezo, F. (1997). *Conductas agresivas en la edad escolar*. Madrid: Pirámide.

Colectivo AMANI (2005). *Educación intercultural. Análisis y resolución de conflictos*. Madrid: Popular.

Chozas, A. (2003). El educador social en las instituciones educativas. En García Molina, J. (coord): *De nuevo, la educación social*. Madrid: Dykinson, pp. 127-135.

Díaz-Aguado, M.J. (2002). *Educación intercultural y aprendizaje cooperativo*. Madrid: Pirámide.

Elizondo, M. (2004). *Asertividad y escucha activa*. Sevilla: MAD.

Faber, A. y Mazlish, E. (2002). *Cómo hablar para que sus hijos estudien en casa y en el colegio*. Barcelona: Médici.

Fernández, I., Villaoslada, E. y Funes, S. (2002). *Conflicto en el centro escolar. El modelo de alumno ayudante como estrategia de intervención educativa*. Madrid: Catarata.

Fernández, I. (1999). *Prevención de la violencia y resolución de conflictos*. Madrid: Narcea.

Francia, A. (coord.) (1992). *Educar desde el conflicto*. Madrid: CCS.

Imbernón, F. (coord.). (2005). *Vivencias de maestros y maestras*. Barcelona: Graó.

Izal, M.C (2005). *Tutoría de valores con preadolescentes*. Madrid: CCS.

Kreidler, W. Citado por Torrego (op. cit.) y Mondragón (op. cit.)

Martín, C., Mora, D. y Perera, C. (2004). *Guía para la detección y notificación de situaciones de riesgo y maltrato infantil*. Consejería de Empleo y Asuntos Sociales del Gobierno de Canarias.

Melero, J. (1993). *Conflictividad y violencia en los centros escolares*. Madrid: Siglo XXI.

Mondragón, J. y Trigueros, I. (2002). *Intervención con menores: acción socioeducativa*. Madrid: Narcea.

Olweus, D. (2006). *Conductas de acoso y amenaza entre escolares*. Madrid: Morata.

Parcerisa Arán, A. (2008). «Educación Social en y con la institución escolar». *Revista Interuniversitaria de Pedagogía Social.*, 15, pp. 15-27.

Pereira, S. (2003). *El arte de educar en familia*. Madrid: CCS.

Pérez Serrano, G. (2003). *Pedagogía social-educación social. Construcción científica e intervención práctica*. Madrid: Narcea.

Prieto, A. y Guzmán, M. (2003). *Tutoría de valores para Secundaria/2*. Madrid: CCS.

Saldaña, C. (coord). (2001). *Detección y prevención en el aula de los problemas del adolescente*. Madrid: Pirámide.

Sarramona, J. (dir.). (1989). *Cómo resolver los conflictos en clase*. Barcelona: CEAC.

Segura, M., Arcas, M. y Mesa, J. (1998). *Programa de Competencia Social*. Consejería de Educación, Cultura y Deportes del Gobierno de Canarias.

Seminario de Educación para la paz. Asociación pro derechos humanos (2003). *La alternativa al juego (2)*. Madrid: Catarata.

Suckling, A. y Temple, C. (2006). *Herramientas contra el acoso escolar. Un enfoque integral*. Madrid: Morata.

Tierno, B. (2002). *La educación inteligente*. Madrid: Temas de hoy.

Torrego, J.C. (coord.) (2000). *Mediación de conflictos en instituciones educativas*. Madrid: Narcea.

Torrego, J.C. (coord.) (2006). *Modelo integrado de mejora de la convivencia*. Barcelona: Graó.

Torrego, J.C. (coord.) (2003). *Resolución de conflictos desde la acción tutorial*. Madrid: Consejería de Educación.

Trianes, M. V. y Fernández-Figarés, C. (2001). *Aprender a ser personas y a convivir*. Bilbao: Desclée.

Legislación:

Decreto 81/2001, de 19 de marzo, por el que se modifica el Decreto 292/1995 en el que se regulan los derechos y deberes del alumnado de los centros docentes no universitarios. (BOIC de 09/04/2001).

Orden de 11 de junio de 2001 por la que se regula el procedimiento conciliado para la resolución de conflictos de convivencia previsto en el Decreto 292/1995. (BOIC de 25/06/2001).

Decreto 292/1995, de 3 de octubre, por el que se regulan los derechos y deberes del alumnado de los centros docentes no universitarios en la Comunidad Autónoma de Canarias.

Ley Orgánica 2/2006, de 3 de mayo (BOE de 04/05/2006).

Real Decreto 275/2007, de 23 de febrero, por el que se crea el Observatorio Estatal de la convivencia escolar.

Ley 27/2005, de 30 de noviembre, de fomento de la educación y la cultura de la paz (BOE de 01/12/2005).

CAPÍTULO XI
CONDICIONAMIENTOS Y ÉTICA EN LA GESTIÓN DE LA CONVIVENCIA

Isabel Fernández García

Las nuevas propuestas de gestión de la convivencia centradas en la búsqueda de soluciones que atiendan en especial al alumno altamente conflictivo, o a aquel que de forma reiterada infrinja las normas y cree momentos de enfrentamiento y hostilidad, sugieren un tratamiento individualizado basado en la buena comunicación, la asunción por parte del alumno de la falta, la reflexión personal y el compromiso de cambio. Por otro lado, las normativas vigentes aportan un gran campo de intervención basado en la consecución de la misma con sanciones estipuladas y concretas. Esta dualidad de tratamiento se plasma en el día a día en los centros escolares, dado que un gran número de tutores, jefes de estudios, etc. intervienen continuamente buscando la negociación, el compromiso del alumno, además de la reparación en forma de sanción.

El interés de esta obra es la de proporcionar pautas y ejemplos que favorezcan la implantación de nuevas formas de proceder en la gestión de los conflictos en los centros escolares de Secundaria. Dentro de estas propuestas destacan las Aulas de Convivencia, los tutores de convivencia, cotutores, etc. Todas estas propuestas suponen un gran esfuerzo para realizar un tratamiento basado en la resolución de conflictos, más allá de la aplicación de la norma. En ninguno de estos modelos se sanciona ni se amenaza al alumno de futuros males si no se atiene a la normativa y no cambia radicalmente de actitud y comportamiento. Se trata en todo caso de escuchar al alumno, potenciar su capacidad de análisis y promover una solución y un compromiso por su parte. Un cambio orientado hacia el respeto a los otros y al sistema y, en definitiva, hacia una mejor adaptación al medio escolar.

Sin embargo, todos estos modelos suscitan dificultades en su puesta en práctica. Surgen dudas de todo tipo y cada centro escolar los aborda desde sus posibilidades, tanto con el cupo de profesores como al enfrentarse a las voces disonantes que reniegan de esta forma de abordar al alumno conflictivo. Veamos una serie de problemas que trataremos de analizar:

1. ¿Por qué dedicar tanto esfuerzo al alumno conflictivo? ¿Qué pasa con el otro alumnado, que no tiene problemas y no se le atiende plenamente?
2. ¿Qué valores queremos comunicar? ¿Cómo mantener la autoridad sin caer en debilidades y falta de respeto de los alumnos?
3. ¿Cómo se pueden organizar las Aulas de Convivencia?
4. ¿Quién ha de atender dichas aulas y cómo determinar su idoneidad?
5. ¿Qué problemas de coordinación y de acoplamiento dentro del organigrama de toma de decisiones del centro pueden acarrear?
6. ¿Hasta dónde pueden llegar las Aulas de Convivencia y cuáles pueden ser sus límites?
7. ¿Hacia dónde nos lleva todo esto?

1. EL ALUMNO CONFLICTIVO

El alumno más débil debe ser el más atendido. Hasta aquí todo el mundo estaría de acuerdo. Ahora bien, calificar al alumno conflictivo como el más débil es una forma muy eufemística de interpretar la situación. Los centros, en especial los situados en zonas desfavorecidas, están acostumbrados a estudiantes con casuísticas personales diferentes, en ocasiones realmente complejas y dolorosas. A menudo el alumnado en situación de riesgo social, con problemas familiares importantes, en contextos violentos o con modelos familiares desestructurados, suelen mostrar problemas de adaptación y desajuste en el medio escolar. Estos alumnos acaban llenando las aulas de expulsados, los despachos de Jefatura de Estudios, y gran parte de la labor de intervención de los Departamentos de Orientación y los tutores.

Aunque esto sea un hecho, no hay que olvidar que hay también otro grupo de alumnos con contextos familiares funcionales, en zonas no desfavorecidas, con apoyos sociales y familiares adecuados, que no obstante también muestran disgusto en el medio escolar y provocan altercados y faltas de respeto reiteradas. Las razones a veces pueden ser personales, sociales, circunstanciales, por presión de grupo de iguales, por una necesidad de liderar y llamar la atención de forma equivocada, o simplemente por ese momento preadolescente o adolescente que les sitúa en *guerra* con el entorno.

La distorsión que pueden producir a los otros es importante. El sentimiento de indignidad y falta de respeto al profesorado, y en su caso a sus propios compañeros, les acompaña, y de forma subterránea existe una sensación de rechazo y necesidad de aislarle para poder seguir con la marcha normal del centro. Como observó Uruñuela (2007), un pequeño grupo de estudiantes absorbe una gran proporción de los partes de un centro escolar y se les califica como alumnos disruptivos o negativos. Sinceramente podemos mantener que los alumnos en esta situación son en verdad fuertes, pero sabemos de entrada que, a pesar de sus pequeñas batallas ganadas en un sinfín de incidentes en el transcurso del año escolar, acabarán rindiéndose al perder su estatus y verse abocados al fracaso escolar, al rechazo de la mayoría. ¿Es acaso este alumno un personaje fuerte a los ojos de los otros, o por el contrario débil en su inadaptación al medio y su necesidad de constante protagonismo negativo?

Creemos que el alumno que cae en esta categoría necesita de ayuda más allá de una modelación de los límites, que sin duda ha de aprender. En este sentido todos los programas aplicados tienen como misión atender al débil, al que está en situación de riesgo escolar y social, y buscar el cambio deseado, restablecer una imagen positiva del joven frente al conjunto del centro, además de mejorar su autoestima.

2. LOS VALORES DE AYUDA, COMPROMISO Y RESPETO

Según se avanza en las propuestas de mejora de la convivencia se obvian una serie de valores que toda pedagogía de la convivencia debería tener en cuenta (Jares, 2006), y al que un sinfín de autores con sólidos modelos de intervención han hecho referencia: Fernández (1998), Torrego (2006), Díaz Aguado (1992 y 1994), Segura (2004), Ortega (2000), Ortega y Del Rey (2003 y 2004), etc. Estos valores pueden sintetizarse en búsqueda del diálogo, escucha de los sentimientos, respeto, etc. Todo ello en un marco de cooperación con un tratamiento sistémico. Aprender a convivir precisa crear oportunidades, hay que creer que los alumnos son capaces de gestionar conflictos de forma eficiente y resolutiva, dando oportunidades para que realicen esas decisiones y otorgando confianza tanto en los procesos de resolución como a las personas que lo llevan a cabo.

Desde esta perspectiva el error es una oportunidad para aprender y cabe la esperanza y la aceptación de la diversidad como realidad enriquecedora. De ahí que el alumno disruptivo puede incluirse dentro de un marco de convivencia como un reto a conseguir y, por lo tanto, como una oportunidad para intentar adaptarlo al medio escolar además de potenciar su desarrollo personal con una actitud positiva y respetuosa. Es evidente que un ambiente de centro inclusivo facilita la tarea de atraer al alumnado con dificultades, sobre todo si se le brindan oportunidades de tomar decisiones respecto a las vías de cambio y se le atiende en sus necesidades. Es esencial y clave para el cambio de actitud y de conducta de estos alumnos el sentirse aceptados y comprendidos, aunque se les exija una evolución drásticamente diferente de la actitud y comportamiento que manifiestan.

Se plantea en este sentido la duda acerca de si el tratamiento del alumno conflictivo no ha de basarse sobre todo en la aplicación de la norma, imponiendo límites y marcando la necesidad de mantener un mínimo de respeto. Es decir, desde la autoridad que muestra poder y es respetada. Es evidente que esta parte de la intervención es necesaria, pero su eficacia a menudo no da los frutos que se esperan. En ocasiones la aplicación rigurosa de la norma en exclusiva produce un gran rencor y consolida unos valores antisistema a menudo agresivos y violentos de difícil reconversión. La firmeza de la norma, que nunca ha de olvidarse, debe ser complementada con una aproximación a la parte humana del alumno, a los intereses o necesidades que le motivan para actuar indebidamente.

En demasiadas ocasiones el alumno disruptivo, tras ser amonestado, expulsado o castigado, refuerza su conducta indeseable y se hace odioso a los ojos de los demás. Su lucha personal por tener poder la ejerce desde la confrontación centrada en el rencor y la insatisfacción. La baja autoestima que conlleva esta posición social le provoca no temer consecuencia alguna y promover una cultura antisistema en la que hay cabida para mayores y continuas transgresiones. Esto nos mueve a buscar nuevas propuestas que proporcionen otras vías de solución.

La autoridad que buscamos es la capacidad de influir y guiar en positivo al alumno para que pueda crecer por sí mismo, puesto que confía en las indicaciones de la persona con *autoritas*. Como manifiesta Save The Children (2004), es una autoridad con poder en positivo, que guía al alumno para su protección y cuidado. Se trata por lo tanto de hacer un acompañamiento en el que se exige al alumno que piense y sienta las repercusiones de sus actos y, por lo tanto, transforme e integre nuevos o diferentes patrones de actuación.

Al enfrentarnos al alumno desde unos valores de inclusión, de tenerle en cuenta, de compromiso, de apoyo y ayuda en cooperación, damos una muestra de aquello que le exigimos. Esto supone que el alumnado siente que se le tiene en cuenta y que se cree en su capacidad de cambio potenciando su otro lado, que toda persona tiene, de solidaridad, de reflexión, de asumir culpas y de proponer soluciones viables y propias. A pesar de ello, el tratamiento de los alumnos en situación de conflicto escolar presenta sus altos y bajos. No suele ser lineal, es decir, tras realizar una serie de mejoras suele haber retrocesos y vuelven a caer en otro incidente conflictivo. Es importante entender que estos programas constituyen un seguimiento que va guiando, observando y dando ánimos y refuerzos positivos cuando se perciben actitudes de mejora. Esta animación hacia lo positivo es lenta, y en algunos casos frustrante, incluso en continua situación de fracaso, pero ¿acaso no partíamos del fracaso de todas formas?

A veces los fracasos de estas intervenciones son juzgados por la comunidad educativa con una fina lupa, mucho más fina que si se utiliza la aplicación de la norma y las sanciones. Sorprende lo poco que se valoran los pequeños cambios, aunque sean transitorios, y sobre todo esa relación interpersonal entre el interlocutor (tutor de convivencia) y el alumno que ha favorecido un apego emocional y social que facilita la revisión de la conducta. No hay que dejarse guiar por las voces que reclaman éxito total o, por el contrario, fracaso total si el alumno no cambia de un día para otro: el proceso es lento, requiere de tiempos largos y lazos sólidos. Esto es lo que dará credibilidad al modelo.

3. EL SISTEMA ESCOLAR ES UNA ORGANIZACIÓN COMPLEJA

Dentro del sistema escolar, todo lo que no se plasme en una organización determinada, precisa en tiempos y lugares, con funciones y evaluación, se considera carente de interés o en el mejor de los casos inexistente. En definitiva, las Aulas de Convivencia demandan una organización concreta que puede presentar diversos formatos organizativos.

Es imposible determinar cuál es la estructura más adecuada, cómo debe de organizar su tiempo el tutor de convivencia, o cómo coordinar el equipo que atiende el aula. Como ejemplos citemos el IES. Portada Alta de Málaga, primer Premio de Convivencia del MEC en 2006. Cuenta con treinta tutores del Aula de Convivencia, tantos como huecos horarios tiene el aula, y todos ellos son miembros de un seminario interno denominado Grupo de Convivencia, que aborda desde una actitud de resolución de conflictos, en sus horas de guardia, los problemas de conducta de los alumnos que no pueden permanecer en el aula.

También podemos citar el caso que se incluye en este capítulo, en el que una serie de profesores formados específicamente en resolución de conflictos y con un claro matiz recuperador y educativo apoyan y acompañan a los alumnos con dificultades en su cambio de actitud en una horas liberadas para esa tarea. A diferencia del primer modelo, se trata de profesores especializados, pocos y con unos criterios centrados en la función de tutor, de un buen tutor. Ambos modelos atienden al alumnado en conflicto, pero son diferentes, con estructuras organizativas también diferentes.

Por lo que vemos, el Aula de Convivencia no necesariamente requiere de un espacio, sino de unos profesores capaces, al tener el horario disponible, de atender al alumnado en algún despacho o espacio habilitado para el caso. Resulta muy aconsejable, y siempre deseable, que exista un espacio distinto del aula de expulsados que permita atender al alumnado de forma íntima y con tranquilidad. Esto exige tiempo disponible y requiere dedicación al cargo, con horas que sean de guardia o dentro del horario del profesor.

Hay que recalcar que el Aula de Convivencia no debe coincidir en el espacio con el aula o espacio donde se envía a los alumnos expulsados (contención o supervivencia). Representan, por el contrario, dos niveles de intervención. El aula de expulsados cubre la función de recoger al alumno que acaba de actuar indebidamente en el aula y que, tras una serie de llamadas de atención por parte del profesor, al no mostrar cambio e incluso efectuar más conductas indebidas, es expulsado durante un determinado periodo lectivo.

Sin embargo, los modelos a los que nos referimos suponen el segundo o más bien el tercer nivel de intervención, pues una vez revisada la situación del alumno por parte de Jefatura de Estudios y/o el tutor del alumno, se procede a su derivación al Aula de Convivencia o a ser tratado por el tutor de convivencia como estrategia de mejora de la situación del alumno para su integración normalizada en su clase. En este intervalo el alumno sigue con su vida en el aula con normalidad, y es más tarde, cuando es convocado por el tutor de convivencia o encargado del aula, que comienza su inserción en el tratamiento individualizado.

El alumno saldrá de clase para entrevistarse con el profesor encargado, pero retornará a la misma en cuanto concluya. En ciertas escuelas, que cuentan con programas de habilidades sociales o con material curricular para trabajar con el alumno en su desarrollo personal, de actitud y emocional, estos jóvenes pueden acudir al aula en momentos concretos, por un tiempo limitado, para realizar programas ajustados a sus necesidades. En ningún caso se considera que sean aulas a las que se envía a estos alumnos para aislarlos de los otros. Los procesos que se establecen apuntan hacia la inclusión, y no tanto hacia la separación ni el etiquetado del alumno disruptivo.

Otros modelos han utilizado una o dos horas de un conjunto de profesores voluntarios, que generosamente han cedido sus horas de Atención al Centro o complementarias, además de algunas guardias, para dedicarse a esta función. La organización es compleja y requiere de compromiso por parte del equipo directivo para poder llevar todo a cabo. Esto plantea serios problemas de cupo y sobre todo de justificación a los ojos de los otros profesores, los que no ejercen ninguna función en este sentido y simplemente cubren todas sus horas dando clases lectivas al alumnado.

4. ¿QUIÉN HA DE ATENDER LAS AULAS DE CONVIVENCIA Y CÓMO DETERMINAR SU IDONEIDAD?

La necesidad de atender al alumno disruptivo exige un alto nivel de coordinación y de acuerdos compartidos. Es decir, el profesorado que se convierte en tutor de convivencia o cotutor ha de compartir una serie de valores, actitudes y procedimientos en el tratamiento de los conflictos. Se trata de crear un equipo de profesores que actúen coordinadamente con unos objetivos bien fijados y en situaciones concretas.

La idoneidad no la puede regir el horario personal de un profesor dado; es decir, no puede adjudicarse esta tarea a profesorado que le falte horario personal o que no quiera impartir una clase determinada o una asignatura en especial. Por el contrario, los mejores profesores, los más implicados, los que más se preocupan por sus estudiantes, los que muestran interés por ayudar y buscar salidas a las necesidades de los alumnos, son los idóneos para estas tareas.

Por otra parte, gran número de actuaciones se están llevando a cabo desde la voluntariedad, desde la actitud de cooperar, ayudar, etc., pero sin contar necesariamente con la formación necesaria para realizar esta tarea. Aunque loable, no debemos caer en el simple activismo. El profesorado encargado de estas labores debe recibir formación en resolución de conflictos y aplicar actitudes y procedimientos refrendados y acordados por el grupo de compañeros que ejerza esa actividad. Se trata de poner en práctica la disciplina positiva (Castro y Dos Santos, 2001) con creatividad, investigando formas de intervenir muy ajustadas a cada caso en particular.

La cooperación es una de las piezas clave, además de escuchar y conocer las posibles derivaciones a otros órganos del centro o incluso de la comunidad. La creación de un equipo de tutores de convivencia, al igual que de los equipos de mediadores o de alumnos ayudantes, exige una filosofía compartida sobre por qué se está haciendo esta tarea y el sentido que tiene dentro del sistema escolar, sobre todo en el centro en particular.

5. ¿QUÉ PROBLEMAS DE COORDINACIÓN Y DE ACOPLAMIENTO DENTRO DEL ORGANIGRAMA PUEDEN SURGIR?

La coordinación de esta nueva estructura con otras instancias del sistema es necesaria y compleja. Un primer nivel de coordinación es la derivación del alumno al nuevo servicio. No obstante, ¿quién lo deriva, cuándo y dónde? Es una labor que requiere unos criterios claros y conocidos, pues cabe la posibilidad de que un alumno sea derivado por un profesor directamente al Aula de Convivencia porque no le puede soportar en clase, pero lo hace sin un análisis riguroso de su situación personal. Cada centro, en estos casos, solventa el problema con diferentes procedimientos.

Fernández (2001, 2006 y 2007) y Torrego y Fernández (2007) vienen exponiendo la necesidad de establecer protocolos de actuación en los centros escolares donde se precisen pautas de actuación en clase coherentes y consistentes para el conjunto del profesorado que enseña a un grupo. Esto se traduce en una serie de criterios previos a la utilización de estos recursos y del aula de expulsados. Lo que interesa es desplegar un tratamiento equilibrado de los conflictos, y no tanto la interpretación personal de cada profesor sobre la idoneidad o no de una conducta en el aula.

Puesto que pocos centros escolares han sido capaces de hablar entre sí acerca del tratamiento de los conflictos en el aula, y dado que a menudo los profesores no se comunican sus estrategias de control eficaces y disuasorias ante conductas disruptivas, la mayoría de los alumnos son derivados por Jefatura de Estudios basándose en los partes recogidos en clase.

Una vez derivados los alumnos al aula, el profesor-tutor de convivencia deberá coordinarse con los tutores de cada alumno y averiguar los rasgos y circunstancias personales de los mismos. En múltiples ocasiones hay que recopilar información desde el Departamento de Orientación, el profesor técnico de Servicios a la Comunidad (trabajador social) si lo hubiera en el centro, y cualquier otra instancia que participe en la resolución de conflictos en el centro con ese alumno en particular. En ciertos centros y comunidades autónomas existen los educadores de calle, que también intervienen con este tipo de alumnos. En otras ocasiones los estudiantes son derivados a los equipos de mediación o de alumnos ayudantes, lo que conlleva un tratamiento del caso dentro de su clase y en sus relaciones interpersonales.

Dada la complejidad de los diferentes agentes de intervención, es evidente la necesidad de una hora de coordinación al menos cada quince días, que facilite el intercambio de información y el replanteamiento de los procesos de seguimiento. El solapamiento de actuaciones entre los diferentes actores puede ser un manantial de conflictos, por lo que es muy importante crear confianza y establecer un proceso de trabajo en equipo de todos los profesionales cuyas actuaciones puedan redundar en una mejora de la situación personal del alumno. Además, si el tratamiento del alumno en el Aula de Convivencia no da los resultados deseados, los estudiantes volverán a ser tratados por la Jefatura de Estudios, que en su caso procederá a sancionarlos, y/o el Departamento de Orientación. En ningún caso el alumno pierde la relación con el tutor, sino que ambos profesores han de complementar sus actuaciones y mantenerse informados ante posibles cambios en la situación personal del joven.

Es preciso mencionar dos problemas latentes, pero presentes, en estos modelos. ¿Cuándo hay que sacarlos para realizar la entrevista? Muchos profesores muestran desagrado a la hora de sacar a un alumno de su clase, de su materia, de su momento de instrucción, pues puede suponer tener que volver a enganchar al alumno al proceso de aula. Es una resistencia que busca prevenir que el estudiante se descuelgue debido a su marcha. Es muy importante asegurarse de que el momento no daña de forma especial el aprendizaje del alumno ni su posible incorporación al currículum en situación de igualdad con sus compañeros. Estos incidentes, si son mal llevados por parte de los profesores, pueden ser el acicate para que el servicio de apoyo del Aula de Convivencia se desprestigie y acabe ignorándose, si no eliminándose.

El otro problema tiene que ver con el entorno familiar. La familia suele ser informada, no en todos los casos, del tratamiento particular y cuidadoso que está recibiendo su hijo. Es necesario conseguir su complicidad, o por lo menos que acepten la situación especial en la que se encuentra el joven. Si no es así, puede surgir un doble problema: la familia y el propio alumno. A menudo se fomentan actuaciones en las que las familias se implican y se comprometen a hacer un seguimiento de los acuerdos o planes de mejora que se propongan. Por todo ello los padres han de ser informados a principio de curso del servicio y de la posibilidad de que su hijo pueda acabar requiriendo su atención.

6. ¿CUÁL ES EL LÍMITE DE LAS AULAS DE CONVIVENCIA?

Las Aulas de Convivencia suponen una nueva propuesta que no es estática, sino que pueden evolucionar hacia otras propuestas creativas. Es verdad que la mayoría de los centros que están ampliando su gama de estrategias de intervención han comenzado con alguna propuesta basada en la resolución de conflictos (mediación, habilidades sociales, ayudantes, etc.) y que han aplicado la misma lógica y filosofía hacia el alumno disruptivo. Dentro de este orden de cosas se pueden abordar los conflictos curriculares promoviendo la atención personalizada al alumno con dificultades (tutor académico), hacia el alumno inmigrante o de otras culturas (tutor intercultural), etc. Los límites los tiene que trazar cada comunidad educativa a partir de sus objetivos al implantar una experiencia de este tipo y, sobre todo, de su cultura escolar. No hay que confundir estos modelos con sistemas alternativos o que suplanten las estructuras u órganos de decisión establecidos en los Reglamentos de Organización de Centros, sino como estructuras de ampliación, complementariedad y, por lo tanto, de mejora del sistema ya existente.

Sin embargo, puede ocurrir que no se asignen horas de dedicación específicas dentro de los horarios del profesorado, lo que supone que no se reconozca su función ni sea remunerada. En tal caso, los profesores se cansarán y acabarán por no participar. La voluntariedad tiene un límite, y la institucionalización exige organización, reconocimiento y mantenimiento en el tiempo. Por otra parte, esa misma institucionalización puede burocratizar los procesos y derivarlo hacia un talante punitivo más que reparador. Por último, un gran obstáculo, que realmente bloquearía la experiencia, sería la falta de reconocimiento en el claustro de profesores, ya que al no conseguir su colaboración podría quedar paralizado todo el procedimiento. Para ello hay que cuidar tanto los procesos de implantación de las innovaciones como el sentido dentro de los valores que se comparten.

7. ¿HACIA DÓNDE NOS LLEVA TODO ESTO?

Venimos constatando desde hace más de una década que los centros han ido introduciendo cambios significativos en los métodos de resolución de conflictos. Durante años las administraciones han hecho oídos sordos a estas innovaciones, si bien tampoco las han impedido. Actualmente, y dada la obligatoriedad de los Planes de Convivencia en casi todas las comunidades autónomas, las propuestas de resolución de conflictos han ganado estatus y reconocimiento. De ahí que ya consten en ciertas legislaciones autonómicas los equipos de mediación, los alumnos ayudantes, los cotutores y tutores de convivencia, los coordinadores de convivencia, los tutores interculturales, las Aulas de Convivencia, además de las Comisiones de Convivencia y los decretos normativos de derechos y deberes de los alumnos que estipulan el marco sancionador de las faltas.

Así pues, está claro que cabe la posibilidad de institucionalizar estas propuestas con el visto bueno de la administración y con el apoyo de la misma en forma de horas de dedicación al cargo, habilitación de espacios para el conflicto, formación específica, dotación económica, etc. También hay que entender que estas propuestas son todavía minoritarias en el conjunto del mapa escolar del territorio español. Queda mucho camino.

La institucionalización de estas propuestas en los centros escolares es en sí misma un beneficio y una desventaja. Beneficio, puesto que se convierte en formas necesarias y normalizadas de tratamiento de los conflictos; por otro lado se puede burocratizar y fosilizar al convertirse en una rutina, como la programación al principio de curso, que no se replantea con sinceridad o se revisa, en muchos casos, con poco ánimo de cambio y mejora reales.

Posiblemente, según se avance en la humanización de los conflictos, en la apertura de la toma de decisiones, y en el aprendizaje de ciudadanía que subyace en todos estos modelos, se tendrán que abrir a la comunidad y buscar la participación activa de padres y madres, además de una mayor coordinación con otros estamentos locales que puedan cooperar en una educación de la «tribu», como manifiesta José Antonio Marina. El voluntariado dentro y fuera del centro todavía es exiguo, la implicación de unos hacia otros en la resolución de conflictos, de profesores hacia profesores, de padres hacia padres, dentro de las relaciones de iguales, también se encuentra escasamente desarrollada. Quedan muchos frentes de mejora y de innovación que, según avanzan los modelos, surgen de forma espontánea y consentida por los implicados.

Posiblemente el punto fuerte radica en que todos estos modelos pueden facilitar los procesos de escolarización en un marco de convivencia menos traumático para algunos alumnos y promover mayores expectativas de éxito para los que más dificultades experimentan, a la vez que se alivia y mejora el clima para el resto de alumnos y también para los profesores.

8. BIBLIOGRAFÍA

Castro Posadas, J. y Dos Santos Pires, J. (2001). *Del castigo a la disciplina positiva*. Salamanca: Amarú.

Diaz Aguado, M. J. *Convivencia escolar y prevención de la violencia*, Ministerio de Educación, Cultura y Deporte, Centro Nacional de Información y Comunicación Educativa, 2002, http://www.cnic.mecd.es/recursos2/convivencia_escolar.

Díaz Aguado, M. J. (1994). *Educación y Desarrollo de la Tolerancia. Programa para favorecer la Interacción Educativa en contextos étnicamente heterogéneos*, Madrid: MEC.

Fernández, I. (1998). *Prevención de la violencia y resolución de conflictos*. Madrid: Narcea8.

Fernández, I. (2006). Haciendo frente a la disrupción desde la gestión del aula. En Torrego y otros: *Modelo integrado de mejora de la convivencia*. Barcelona: Graó.

Fernández, I. (2007). Estilo docente. En *La disrupción en las aulas. Problemas y soluciones*. Madrid: Ministerio de Educación y Ciencia, pp. 157-169.

Jares, X. (2006). *Pedagogía de la convivencia*. Barcelona: Graó.

Morales. M. (2007). *Ser persona y relacionarse: habilidades cognitivas y sociales y crecimiento moral.* Madrid: Narcea.

Ortega, R. y col. (2000). *Educar la convivencia para prevenir la violencia.* Madrid: Antonio Machado Libros (Visor).

Ortega R. y Del Rey, R. (2003). *Violencia escolar. Estrategias de prevención.* Barcelona: Graó.

Ortega, R. y Del Rey, R. (2004). *Construir la convivencia.* Barcelona: Edebé.

Save The Children (2004). *Amor, poder y violencia. Informe comparativo sobre el castigo corporal en el mundo.*

Torrego, J. (2003). *Convivencia y disciplina en la escuela.* Madrid: Alianza.

Torrego, J. (2006). *Modelo integrado de mejora de la convivencia.* Barcelona: Graó.

Torrego, J. y Fernández, I. (2007). «Protocolización de los conflictos de aula y centro. Convivencia en la escuela». *Escuela,* nº 7, marzo, pp. 1-8.

Uruñuela, P. (2007). Convivencia y conflictividad en las aulas. Análisis conceptual. En *La disrupción en las aulas. Problemas y soluciones.* Madrid: Ministerio de Educación y Ciencia, pp. 17-46.